CW01642281

Livre des morts des anciens Égyptiens

PAPYRUS HUNEFER

Isis et Nephthys protégeant la momie d'Osiris. À gauche en haut, l'Œil de Râ (Udjat) ; en bas, les quatre enfants d'Horus symbolisant les quatre régions de l'espace

Toutes les reproductions de cet ouvrage sont exécutées d'après les photos de la Bibliothèque nationale.

Liste descriptive des illustrations à la fin de l'ouvrage.

Grégoire
KOLPAKTCHY

Dr phil., ancien élève de l'École pratique des hautes études (section d'Égyptologie) à la Sorbonne, diplômé de l'École nationale des langues orientales

Livre des morts des anciens Égyptiens

J'AI LU

Collection dirigée
par Ahmed Djouder

© Dervy-Livres, 1979, 1983, 1987, 1991
Publié par l'Omnium littéraire en 1954, 1966 et 1973
© Éditions Dervy, 1994, 1999, 2002

À la mémoire du Lieutenant

IVAN BARJANSKY
Chevalier de la Légion d'honneur
Médaille de la Résistance
Croix de Guerre
fusillé par l'ennemi le 9 juin 1944
à l'âge de 31 ans.
G.K.

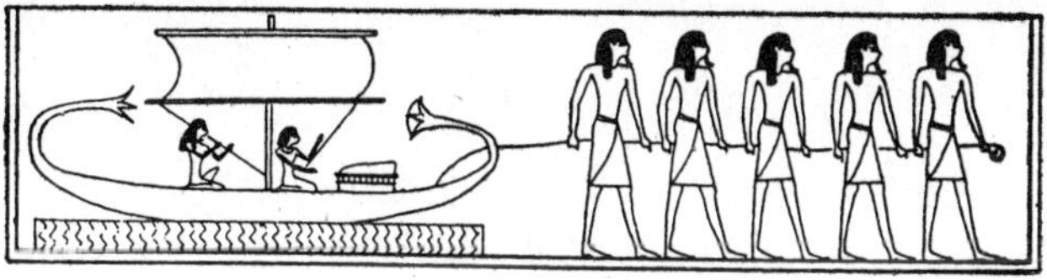

« Ignores-tu, ô Asclépios, que l'Égypte est l'image du ciel et qu'elle est la projection ici-bas de toute l'ordonnance des choses célestes ? Cependant, il faut que tu saches : un temps viendra où il semblera que les Égyptiens ont en vain observé le culte des dieux avec tant de pitié et que toutes leurs saintes invocations ont été stériles et inexaucées. La divinité quittera la terre et remontera au ciel, abandonnant l'Égypte, son antique séjour, et la laissant veuve de religion, privée de la présence des dieux... Alors cette terre sanctifiée par tant de chapelles et de temples sera couverte de tombeaux et de morts. Ô Égypte, Égypte ! Il ne restera de ta religion que de vagues récits que la postérité ne croira plus et des mots gravés sur la pierre et racontant ta piété. »

(*Hermès Trismégiste*,
trad. de L. Ménard, Paris, Éd. Librairie Académique,
1867, p. 147.)

MANUSCRIT ANHAI
(Musée Britannique)

Horus adoré : 1) par des divinités,
2) par Iaani (cynocéphales), 3) par Isis et Nephthys,
4) par l'âme de la défunte Anhai.

INTRODUCTION

Sommaire de l'introduction

I. – L'intérêt des anciens Égyptiens pour le problème de la mort. – Les mystères religieux constituent d'abord un privilège royal. – Divulgation des mystères. – Textes des pyramides et le *Livre des Morts*. – Histoire du *Livre* et ses traits caractéristiques. – Mystère d'Osiris, Homme cosmique déchu. – L'attachement de l'Égyptien à la Terre lui inspire l'idée d'exercer sa volonté de puissance sur le monde de l'Au-delà. – Technique égyptienne de la survie. – Hybridation, phénomène spécifiquement égyptien. – Passion de l'Égyptien pour l'énigme de l'existence et pour l'éternité. – Sphinx de Gizeh.

Dante et le *Livre des Morts*. – Trois mondes : le Ciel, la Terre et le Monde Inférieur. – Vie posthume dans l'ordre chronologique, d'après le *Livre*. – Jugement osirien. – Le défunt, « héritier des dieux ». – La cérémonie de Djed, symbole de la résurrection. – L'Œil d'Horus. – Panthéon égyptien. – La toute-puissance de la magie.

Histoire de la traduction du *Livre des Morts*. – Nécessité d'une propédeutique ésotérique. – Jugements sévères des égyptologues sur le *Livre*. – La résurrection du *Livre*, document initiatique. –

Méthode de traduction adoptée dans le présent ouvrage.

II. – Le caractère spécifique du *Livre des Morts*.

III. – Caractère musical du *Livre* et ses principaux leitmotive. – Héritage de l'ancienne Égypte : le Saint-Graal et l'Alchimie. – « Le Voyage nocturne du Soleil » et l'initiation.

Déchiffrement des hiéroglyphes et l'énigme égyptienne. – Valeur éducative de l'irrationalisme égyptien. – Mystère de la mort. – Mission de l'ancienne Égypte et le rôle d'Hermès Trismégiste. – Une morale et une écriture cosmiques. – Comment on fait l'éducation d'un peuple. – « Trahison » des mystères et ses conséquences.

L'humanisme égyptien. – Problème des dieux aux formes animales.

Possibilité illimitée, caractère essentiel de l'Au-delà. – Métamorphose universelle. – L'équilibre cosmique.

Doctrine de l'être multiple de l'homme. – Conflit entre Horus et Seth.

Grandeur de la vision égyptienne du monde. – Surréalisme égyptien. – Pauvreté de la langue et de la littérature égyptiennes. – Les perspectives de l'égyptologie ésotérique.

IV. – Le *Livre des Morts tibétain*. – Le Çivaïsme et le Christianisme. – L'Osirianisme, l'alchimie et la psychanalyse. – L'existentialisme athée et le problème de la mort.

INTRODUCTION

I[1]

Parmi les peuples de l'Antiquité, aucun n'a manifesté pour le mystère de la mort un intérêt aussi passionné et aussi exclusif que le peuple égyptien. Penché sur cette énigme depuis l'aube de sa civilisation, cherchant des solutions, organisant toute sa vie politique, sociale et religieuse en fonction de ce problème, l'ancien Égyptien, en possession d'une tradition ésotérique immémoriale et de centres initiatiques nombreux et bien organisés, crut pouvoir dominer la mort. L'élite du peuple – les initiés – élabora une technique qui, croyait-elle, permettait au défunt de diriger son existence posthume. Toutefois, ce privilège mystérieux fut d'abord réservé aux rois, témoins les textes des pyramides des Ve et VIe dynasties (2500 av. J.-C.). Plus tard, vers la fin de l'Ancien Empire, à la suite des bouleversements d'ordres social, politique et religieux (dont quelques échos sont parvenus jusqu'à nous), la doctrine des mystères religieux fut « trahie ». Une sorte de révolution que nous qualifierons de « communiste » eut

1. Cette première partie de l'introduction, écrite en 1944, parut dans la revue *Initiation et Science*, n° XXI-XXII.

lieu : dorénavant, tout le monde eut accès aux biens de l'Au-delà : un simple mortel devenait « roi » et « dieu », après la mort, à condition toutefois de posséder les formules, les « paroles de puissance ».

Dès la XIe dynastie (2000 av. J.-C.), l'usage des inscriptions magiques se répand : d'abord sur les parois de sarcophages, plus tard, sur des rouleaux de papyrus qu'on mettait à l'intérieur des cercueils. De nos jours, les musées de l'Ancien et du Nouveau Monde possèdent des centaines de ces rouleaux. Les parents du mort commandaient à des scribes une sélection de « chapitres » plus ou moins abondante (la plus copieuse que nous possédions, le papyrus de Turin, compte environ cent soixante « chapitres »). Cette sélection se limitait, le plus souvent, à un rouleau de trois ou quatre mètres. Le choix des chapitres était probablement laissé à la discrétion des scribes. Jamais ce texte ne fut codifié ; mais il fut révisé à l'époque saïte (VIIe et VIe siècle av. J.-C.). Telle que nous la possédons aujourd'hui, la collection de ces « chapitres » se présente sous forme de quelque 190 fragments (ou « chapitres »), de dimensions et de valeur très inégales. Richard Lepsius en donna la première édition en 1842, sous le nom de *Livre des Morts*. (Quoique inexacte, cette appellation fut adoptée dans la suite par l'égyptologie officielle.)

Presque tous les « chapitres » du *Livre* commencent par un titre indiquant – avec une exactitude très approximative – quel usage on pouvait faire du texte. Suivent le nom du défunt, ceux de ses parents, ainsi que l'indication de sa position sociale (nous avons laissé de côté, dans le présent ouvrage, la traduction de ces détails). Enfin, le corps du sujet est constitué par un vaste monologue du défunt où celui-ci s'adresse tantôt à lui-même, tantôt aux dieux et aux entités de l'Au-delà. Comme dans tous les textes de provenance orientale, les répétitions rendent parfois le débit monotone ; mais souvent la diction s'élève, frémissante, pathétique, tendue à l'extrême. L'attitude du récitant (du défunt) est, en général, celle d'un visionnaire : des visions succèdent à des visions ; la gamme affective tout entière est parcourue avec une virtuosité incomparable, d'où une certaine incohérence pourtant n'est jamais absente.

De même que le défunt laisse glisser, au gré du courant, sa « barque », de même il fait suivre à son discours les méandres sinueux de ses visions : elles surgissent et assaillent le récitant, l'une chassant l'autre, deux ou trois se présentant à la fois. L'état émotif du récitant, en pleine ambivalence, oscille continuellement : il s'affirme dieu, voire supérieur à tous les autres dieux, mais il supplie les dieux de le secourir, s'humilie et ne cache pas son désarroi devant les démons. À une affirmation effrénée du moi immortel, immuable, divin, succède l'expression d'une peur abjecte et d'une rampante humilité. Des préoccupations très prosaïques (possession des biens, soif des jouissances, attachement à la terre) côtoient de sublimes envolées vers l'Éternité et vers l'Absolu. Bref, c'est une suite d'instantanés psychologiques, d'un réalisme parfois poignant : nulle concession au goût, à la convention, à la décence même : car il s'agit uniquement, pour cette âme, de ne pas subir la « deuxième mort ». Si certains passages s'avèrent dramatiques, voire pathétiques, ces envolées répondent à de profondes émotions religieuses ; nulle recherche artistique, l'effet n'étant ni voulu ni calculé. La lutte pour la survie fait mobiliser au défunt toutes ses ressources psychiques et ses disponibilités morales ; car il peut se trouver face à face avec des situations où personne ne saurait l'aider ; tout dépend de sa présence d'esprit, de son sang-froid, de son courage et, surtout, de son savoir ésotérique. Il ne lui suffit pas d'avoir été pur et irréprochable sur terre, s'il ne peut déjouer les ruses et les pièges des démons, s'il n'a présents dans la mémoire les « noms » des divinités qu'il rencontre, s'il ne connaît les routes à parcourir, les emplacements des lacs, des montagnes, des marécages, etc.

S'agit-il ici de prélogique ou de translogique ? L'âme est ici aux prises avec des mondes dont le contact a été depuis longtemps perdu par l'homme moderne. Cinq millénaires ont creusé de tels abîmes entre nous et les fondateurs de notre civilisation que toutes les ressources de notre science et toute notre piété agissante ne sont, certes, de trop pour pénétrer dans les mystères de l'âme d'autrefois...

L'ancien Égyptien était hypnotisé, fasciné par le Mystère de la Mort. L'Univers tout entier était pour lui un sarcophage immense, cosmique. Au centre se trouvait Osiris, l'Homme Cosmique, déchu, emprisonné, paralysé. Son corps était soumis aux Forces du Mal. C'est l'« Homme Premier » des gnostiques et de Mani, l'Adam Kadmon de la Cabbale, le protagoniste de la tragédie cosmique initiale. L'« Être-Bon », Osiris, s'est sacrifié ; et ce sacrifice est demeuré mystérieux et énigmatique. (Plus tard, la grandiose doctrine de Mani, venue d'Égypte, révéla trop de mystères pour être à même de survivre...[1])

1. D'après l'« Acta Archelai », les principales thèses du futur manichéisme furent, tout d'abord, formulées, au IIe siècle, par Skythianos, qui vivait en Égypte et fut initié aux mystères égyptiens. Transmis à son disciple, Térébinthos, les livres de Skythianos parvinrent, en Babylonie, aux mains du futur fondateur en titre de la nouvelle religion, Mani.

La divinité centrale – Osiris – étant morte, les autres dieux ne se manifestent qu'en fonction de cette tragédie : ils vénèrent et glorifient sa mémoire ; ils pleurent Osiris ; ils le vengent. Comme une contagion, la mort d'Osiris affecte les rangs des dieux mâles, grands et petits : Râ et Horus, Ptah et Amon, Hapi, Kebhsennuf, etc., raides et les bras croisés sur la poitrine, – dans la pose hiératique de momie –, surgissent devant nous sous les traits d'un Osiris immobilisé par la mort. Les dieux se meurent ; les dieux sont morts... Et les déesses ? Elles vivent, pour pleurer et pour se lamenter. Une atmosphère lugubre, fantastique, irréelle se répand sur toute la vie égyptienne : une ambiance de nécrobiose, de nécrophilie, de nécromancie...

Les Forces du Mal triomphent. Certes, Isis et Nephthys, Hathor et Neith protègent le monde endeuillé ; mais Isis – la déesse principale – est *Veuve*. Comme un orphelin, comme un « Enfant de la Veuve », tout initié égyptien vit sur la terre abandonné, solitaire, résigné...

Osiris est mort, mais Osiris existe. Il est là, Seigneur de l'Amenti, Roi du Monde Inférieur. Il est le juge suprême des morts. Immobile, figé, enserré dans ses bandelettes de momie, il reçoit leurs hommages. Certes, il existe ; mais c'est une ombre sans consistance, un fantôme, moins réel que les morts eux-mêmes qui viennent et s'en vont, qui se bousculent et se lamentent dans les ténèbres éternelles. Ce qui constitue le caractère spécifique – et unique – du *Livre des Morts*, c'est cette conciliation singulière et surprenante d'un Osiris à la fois présent et absent. Il ne se manifeste guère. C'est un dieu-souvenir, un dieu-symbole. Pour lui prêter un reflet de vie, le *Livre* l'identifie, à tour de rôle, avec les autres dieux : avec

Râ, avec Tum, avec Horus, etc., le panthéon égyptien devient une nécropole ; seuls parmi les dieux, Thoth et Anubis gardent entière leur liberté de mouvements.

Osiris, homme-dieu cosmique, est le pivot de l'Univers. La tragédie de sa mort est le symbole de l'Écroulement cosmique initial. Derrière la légende rapportée par Plutarque, on distingue les contours d'une réalité ésotérique très ancienne qui est à la base de toutes les grandes religions du monde et dont la chute d'Adam n'est qu'un écho plus récent...

Osiris n'étant qu'un fantôme, toute la vie terrestre devient irréelle ; elle n'est qu'un vestibule de l'existence posthume, une salle d'attente, une sorte de répétition générale de l'*authentique* existence dans l'Au-delà.

Si l'ancien Égyptien avait été un être aux réactions logiques normales, il aurait abouti à une sorte de védantisme. Mais le destin historique voulut qu'il en fût autrement. La tragédie d'Osiris remplissait l'âme égyptienne d'une indicible angoisse ; cette âme se résignait quant à la vie d'ici-bas, mais ne consentait nullement à abdiquer ses droits quant à l'Au-delà. Car, à l'encontre du riverain du Gange, le riverain du Nil n'était nullement indifférent à toutes les douceurs de la vie ; sa nature douce, aimable, tendre et sensuelle était attirée vers le monde d'ici-bas. Il l'aimait cette terre « rouge » ou « noire » de ses ancêtres. Il aspirait à une vie méditative, exempte de tout souci. Il se plaisait à contempler les levers du soleil et ses couchers derrière les montagnes du « désert rouge », pendant que les barques glissaient en silence sur les eaux du Nil majestueux. Il aimait cette terre avec ses champs de blé verdoyants, la vie quotidienne, paisible et monotone, interrompue, de temps en temps, par des fêtes et par des processions religieuses. Il aimait la bonne chère et la danse ; il raffolait de la chasse, de la pêche et des longs voyages. Il n'était pas non plus indifférent aux avantages que procurent les richesses et un rang élevé dans la hiérarchie sociale. En cela, il était tout ce qu'il y a de plus moderne.

Or, en face de cette passion pour la vie, se levait le spectre de la mort osirienne ; et de l'opposition irréconciliable entre les données de sa vision ésotérique du monde et le tempérament inné de l'Égyptien est résultée une attitude spirituelle qui est unique dans les annales de l'esprit humain.

Précisément parce qu'il était attaché à la vie terrestre, l'Égyptien – et ici intervient le renversement dialectique dont il était coutumier – considérait la vie sur terre comme un « préambule » sans grande valeur, un pis-aller. Nous crions au paradoxe. Pourtant les textes se donnent la peine de nous expliquer cet apparent paralogisme. La vie sur terre, se disait l'Égyptien, était de courte durée, instable, tissée d'aléas. Or, l'Égyptien tenait à tout ce qui était solide, inébranlable, immuable, éternel comme la pierre. La vie terrestre ne lui offrant pas ces garanties, il décide donc de chercher son idéal ailleurs. Parti pour ce voyage en conquistador, il découvre un autre « Continent », aux vastes espaces, aux perspectives immenses et grandioses, un Continent permanent et durable, la vie dans l'Au-delà ; et il entreprend de le « coloniser ». Ce qui paraît aujourd'hui une folie, une absurdité, pis, un enfantillage, ne soulevait, il y a sept mille ans, aucun doute sur les bords du Nil. L'Égyptien abandonnait la vie terrestre comme un bateau qui coule et se réfugiait dans la vie posthume...

Ayant vécu ici-bas terrorisé par le spectre de la mort, dans une ambiance de nécrobiose, l'Égyptien se proposait de faire triompher – dans l'Au-delà – la Vie sur la Mort, ou d'amener une sorte de conciliation entre ces deux inconciliables. Une distinction entre la vie et la mort, telle que nous la concevons, était, en général, contraire à la mentalité égyptienne. De là résultait, dans la pensée et l'imagination égyptiennes, cette hybridation qui nous confond, aujourd'hui, d'admiration et de stupeur.

On pourrait également présenter de la façon suivante le cheminement de la pensée égyptienne.

La vie dans le cosmos est soumise aux pulsations rythmiques, tels l'inspir et l'expir, la nuit et le jour, l'été et l'hiver ; faisant partie du *Devoir* cosmique, ces rythmes se situent à l'antipode de la catégorie de l'*Être*.

L'homme, placé devant un cadavre figé, voit dans le phénomène de la mort la négation du changement, du Devenir ; il identifie donc la Mort avec la catégorie ontologique de l'Être et, par suite, avec l'éternité. C'était tout particulièrement la réaction *initiale* des anciens Égyptiens vis-à-vis de leurs momies.

Que si, par contre, on faisait pénétrer – par une singulière démarche de l'esprit, par un tour de force dialectique – la vie dans le processus de la mort, englobant celle-ci dans le cadre ainsi élargi, la mort se révélerait alors comme un nouvel aspect de la vie ; la notion d'une mort-anéantissement apparaîtrait comme une illusion derrière laquelle la vie, inépuisable, poursuivrait à l'infini son œuvre d'épanouissement.

La catégorie de l'Être n'étant plus identique avec le domaine de la mort, l'Être-Éternité est refoulé vers une nouvelle région, *au-delà* de la Mort.

En résumé, la démarche de la pensée égyptienne pourrait être présentée comme suit : 1) la vie (thèse), 2) la mort (antithèse) et 3) l'être absolu, l'éternité (synthèse).

L'initié égyptien partait du principe que le phénomène de la mort physique n'était qu'une métamorphose de la conscience. Pour lui, l'âme, après avoir franchi le « Seuil », parcourait les étapes successives d'une évolution « normale »... Il le savait ; cependant, il voulait *autre chose* ; et sa science ésotérique lui permettait d'oser...

De même que nous formons et modelons, de nos mains ou à l'aide de nos instruments, la matière physique qui nous entoure, de même les hommes possédaient, à l'époque de la composition du *Livre des Morts* (cette époque coïncide avec l'aube de la civilisation dans la Vallée du Nil), en dehors de leurs connaissances ésotériques, des moyens pratiques, perdus depuis, qu'on désigne aujourd'hui du nom de « magie ». La magie théurgique et la magie opératoire fleurissaient sur les bords du Nil : aussi bien dans le menu peuple que dans les centres des Mystères les plus fermés d'Héliopolis, d'Hermopolis et d'Abydos.

Armé de ses connaissances ésotériques, en possession de toutes les ressources de la magie, l'Égyptien n'ambitionnait donc rien de moins que de modifier l'évolution « normale » de l'âme dans la vie posthume ; il entendait lui faire parcourir une courbe conforme à sa mission spirituelle, telle qu'elle était alors conçue.

La dissolution du corps humain après la mort est, pour la conscience matérialiste d'aujourd'hui, l'unique aspect, l'unique réalité de la mort, à l'exclusion de toute autre. Il n'en était pas ainsi pour la science ésotérique d'autrefois. La mort ne constituait pour l'Égyptien que la première étape d'une longue chaîne de phénomènes d'ordre supra-physique. Le raisonnement que l'on suivait dans les centres initiatiques de l'Égypte, traduit dans notre langage d'aujourd'hui, se résumerait à peu près en ceci. La mort physique étant le premier maillon de cette chaîne, si l'on parvenait à la paralyser ou à la neutraliser, en modifiant la *nature* même de ce premier maillon, toute la chaîne, toute la série des phénomènes qui s'ensuivaient serait bousculée, disloquée, et orientée à volonté. En d'autres termes, la magie pouvait intervenir et modeler à loisir le cours de l'évolution posthume. C'était une technique savante et raffinée dont les traces ont été depuis longtemps perdues.

En embaumant le cadavre et en procédant à une série d'opérations magiques, le prêtre modifiait radicalement l'évolution posthume du défunt. Il le faisait froidement, comme un ingénieur qui construit un pont capable de supporter le poids d'un express, sans nulle préoccupation « métaphysique » ou « mystique ». Grâce à ces procédés de magie, l'Égyptien créait, dans le domaine de l'Au-delà, un royaume insulaire peuplé d'ombres, royaume où le défunt devait demeurer après sa mort, monde hybride de par son essence et participant à la fois de la nature physique et de la nature trans-physique, ou spirituelle.

Après avoir aboli la barrière entre la Vie et la Mort, entre l'Ici-bas et l'Au-delà, l'Égyptien procédait, avec un admirable esprit de suite, à en abolir d'autres : entre le monde divin et les mondes animal et végétal, entre l'homme et le dieu, entre le passé et l'avenir, entre différentes modalités d'existence. Pour se démontrer à lui-même et pour prouver aux autres sa toute-puissance, le défunt devient faucon, serpent, disque solaire, tamaris, tour à tour toutes les divinités du Ciel et du Monde Inférieur. Mais ces métamorphoses n'intéressaient que la superficie de l'être ; le Moi qui est « l'Hier, l'Aujourd'hui et le Demain et dont le Nom demeure un mystère » restait immuable.

Il n'y avait qu'un pas à franchir entre l'idée de la métamorphose universelle et la notion d'une potentialité cosmique universelle pure et simple. Ce pas fut franchi. C'est ainsi que l'Égyptien fut amené à nier la distinction entre la réalité et la possibilité. La notion de l'impossible n'existait pas pour lui ; la seule chose impossible, pour lui, était peut-être justement l'impossible. Hathor est « la mère de son père et la fille de son fils » ; Tum-Ra-Horchuti est « le père de sa mère » ; Ta-Urt est « la mère de celui qui l'a engendrée avec sa mère », etc. Toutes les données du monde visible et invisible s'amalgamaient, s'unissaient, dans une sorte d'alchimie invraisemblable, pour produire des formes nouvelles, inédites, inouïes : les dieux à têtes d'animaux, un dieu à la *double* tête de lion, une déesse au corps de scorpion, un serpent à trois têtes dont une à la queue et marchant sur quatre pieds humains, des plantes tendant des bras humains, etc.

Cette disposition d'esprit répand sur le cosmos égyptien une atmosphère de liberté, de plasticité, de richesse artistique ; sur le plan de la pensée, nous sommes déroutés par le manque de suite dans les idées (les psychiatres ont parlé d'une « schizophrénie » égyptienne). Le défunt parle de lui-même tantôt à la première, tantôt à la deuxième ou à la troisième personne. Il est vieillard et nouveau-né, plante, disque solaire, dieu unique.

Il implore le secours de divinités, et leur promet sa protection. Un souffle de liberté absolue, un arbitraire sans bornes, caractérisent la pensée égyptienne. Aucune nécessité cosmique, logique, spirituelle ne lie le défunt : il est maître de sa destinée. Il crée par la parole de sa bouche ; par un effort de sa volonté magique il atteint à la toute-puissance divine. Il sent que rien ne lui résiste ; car il vit dans l'éternel.

C'est de là que provient cette atmosphère d'énigme qui a toujours enveloppé notre notion de l'ancienne Égypte. La vision égyptienne du monde était une contradiction élevée à la hauteur d'un principe. Osiris est éternellement mort, mais, on l'a vu, il est le gage de la vie éternelle ; le défunt aspire à une éternité figée et immuable comme un bloc de pierre ; mais il n'en est pas moins perpétuellement en mouvement, passant d'une métamorphose à l'autre ; et les mystères égyptiens deviennent de plus en plus énigmatiques à mesure qu'ils se révèlent aux yeux des profanes. L'énigmatique, le problématique, le mystérieux était pour l'Égyptien un besoin aussi impérieux que l'est pour l'homme d'aujourd'hui la cohésion de la structure logique.

L'Égyptien était ivre de l'Éternité, de l'Immuable, de l'Infini dans le temps et dans l'espace ; mais il ne les concevait pas autrement que comme des abîmes d'irrationnel. Le devenir cosmique (Khepra) le remplissait d'admiration ; mais ses préférences allaient vers la pierre qui, pour lui, symbolisait l'immuable échappant à la roue du devenir : statue de pierre figée dans une posture sacrale, sarcophages de pierre au ciel étoilé, sanctuaire de pierre, momie de pierre... Devenir pierre c'était « contempler cent millions d'années ». Et le Sphinx de pierre, le Sphinx de Gizeh, figé dans les sables du désert, pathétique dans son silence, serein en face de l'Éternité, lui, l'incarnation de l'énigme cosmique, n'était-il pas le génie tutélaire de l'Égypte, l'axe de cristallisation de ses énergies spirituelles ? La passion du Sphinx pour le côté problématique de la condition humaine, pour la sagesse ésotérique, son dédain pour l'intellect logique et stérile, pour la raison discursive, faisaient de lui le véritable inspirateur de la vision égyptienne du monde.

*

* *

Quiconque parcourt le *Livre des Morts* est amené, involontairement, à se rappeler mainte page de la *Divine Comédie* ; mais il ne tarde pas à constater, malgré l'identité du sujet, les différences profondes qui séparent ces deux manifestations exceptionnelles de la pensée humaine. Le périple de Dante dans l'Océan de l'Au-delà est si bien ordonné, les parties de son œuvre sont si bien agencées que, malgré notre admiration, nous devons parfois réprimer un sentiment de lassitude. Rien de pareil dans le *Livre des Morts*. Certes, le défunt qui parle ici a également devant lui trois mondes de l'Au-delà ; mais ceux-ci sont : le Monde Inférieur, le Ciel et... la Terre ; car la Terre – pour le défunt – fait partie de son Univers ; il y est attaché par toutes les fibres de son être ; il pense à sa maison abandonnée, à son fils, ordonnateur légitime de ses offrandes sépulcrales ; à ses champs verdoyants sur les bords du Nil majestueux, aux levers et aux couchers du soleil au-dessus du

« désert rouge »... Et, avant tout, il n'oublie jamais, dans ses pensées-visions, sa « demeure de l'éternité » (son tombeau) et son cadavre sur Terre. Un lien magique l'y rattache. Son âme revient sur Terre pour, de temps en temps, habiter dans son corps préservé intact ; pour lui « parler en amie » ; pour le surveiller. Le défunt voit également le prêtre qui officie pour le salut de son âme, les initiés marchant en silence, les sanctuaires et les temples de sa cité... Bref, la Terre, devenue une partie intégrante de l'Au-delà, occupe un rang égal au Ciel et au Monde Inférieur ; dans ceux-ci nous trouvons beaucoup plus de peine à nous orienter.

Dans ce monologue qui constitue le *Livre*, dans cette série ininterrompue de visions-tableaux et des réactions qu'ils provoquent, tout se trouve dans un état chaotique : le triomphe côtoie le désarroi et la terreur ; l'humiliation la plus abjecte suit la menace pleine de morgue ; la vision glisse, sans s'arrêter, de la Barque de Râ vers les ténèbres du Duat et vers le Lac de Feu ; le Voyageur se trouve tantôt dans la constellation de la Hanche, tantôt dans les Champs des Bienheureux, tantôt dans l'entourage de Râ ; on ne sait jamais au juste de quel endroit du monde spirituel retentit le discours. C'est avec difficulté que nous retrouvons parfois notre fil d'Ariane dans ce labyrinthe inextricable, dans ce chaos de visions, d'exclamations, d'allusions, de menaces, de prières, d'affirmations orgueilleuses, de manifestations de la peur, de l'angoisse et du dégoût... Le manque d'art, d'apprêt, d'artifice est manifeste ; et pourtant, si l'on sait lire, si on laisse agir sur soi cette suite désordonnée de tableaux, ces gammes des états affectifs les plus variés, une impression d'ensemble commence à se dégager.

Chronologiquement parlant, l'évolution posthume est coupée en deux périodes, de longueur inégale, par l'effet du jugement osirien.

Tout d'abord, l'âme, ayant franchi le « Portail de la mort », émerge dans l'Au-delà ; elle est éblouie par la « pleine lumière du jour ». Le court fragment, apparemment mutilé, du chapitre CLVIII, nous donne ses premières impressions. Ayant repris conscience, l'âme est irrésistiblement attirée vers le corps qu'elle venait d'abandonner ; elle y revient. Mais des entités chargées de la guider l'« entraînent » loin du cercueil. Elle devra traverser une « région de ténèbres » que nous brosse magnifiquement un fragment réaliste intercalé dans le chapitre CLXXV et qui commence par ces mots : « Ô Tum ! Qu'est-ce donc cet endroit où j'arrive ? » Désespoir et désarroi, lamentations et cris remplissent les ténèbres. Le chemin est obstrué. L'air et l'eau manquent. (Mais les tableaux sombres de ce genre sont rares dans notre *Livre*.)

L'étape suivante est constituée par l'arrivée du défunt devant Osiris, le « Dieu-Bon », le « Dieu-au-Cœur-Arrêté ». Celui-ci est le roi du Monde Inférieur en général ; sa demeure se trouve dans l'Amenti (Pays d'Occident) ; le reste du Monde Inférieur porte le nom de Duat ; cette région est plus sombre et plus désolée ; elle renferme le Lac (ou l'Île) de Feu, les Champs de Feu (l'Enfer proprement dit) et les souterrains de torture où les démons « dont les doigts font terriblement mal » s'adonnent à cœur joie à leur effroyable besogne.

Debout devant Osiris, le défunt glorifie le « Dieu-au-Cœur-Arrêté ». Or, Osiris est mort ; il est celui qui dans son être incarne la pure essence de la mort ; pendant que les défunts qui l'entourent se lamentent et lui adressent la parole, il reste figé, immobile, pétrifié. Énigmatiquement lointain, il ne se manifeste pas. Pourtant, de tout son Être se dégage une telle puissance de rédemption, de charité, de sainteté, de lumière et de tendresse divine que le défunt comprend : c'est ici le Salut, le gage de la Vie éternelle.

Les bras levés en adoration devant le dieu immobile derrière lequel, debout, se tiennent Isis et Nephthys, le défunt prononce les formules consacrées... À partir de ce moment, l'Union mystique est un fait : le défunt et Osiris deviennent un seul être ; de même qu'un chrétien meurt en Christ (« in Christo morimur »), de même un Égyptien mourait en Osiris. Dès lors, le défunt ne se qualifie plus, comme autrefois, un Nebseni ou un Hunefer, mais un Nebseni-Osiris, un Hunefer-Osiris, ou même un « Osiris » tout court.

Dans l'étape suivante, le défunt comparaît devant le fameux tribunal de justice présidé, nominalement, par Osiris. Il est amené par Horus ou Anubis devant un aréopage composé de quarante-deux juges. La déesse de la Vérité-Justice, Maat, est naturellement présente, mais ne prend point part aux débats. Thoth fait office de greffier. Le défunt récite sa célèbre « Confession négative » (chapitre CXXV). Sur une balance, Anubis pèse le cœur du défunt. Si, à la suite de cette épreuve, le défunt était condamné, il devait demeurer – pour combien de temps ? nous l'ignorons – dans le Royaume du Duat. Si, par contre, il était absous et déclaré « justifié » – et les papyrus qui accompagnaient les morts ne voulaient pas admettre d'autre éventualité –, il devenait un Esprit sanctifié (iakhu).

À partir de ce moment, une nouvelle vie, une vie divine, commençait pour lui. Il devenait libre de ses actes, d'une liberté absolue. Il pouvait parcourir à son gré le Ciel, la Terre et le Monde Inférieur, réconforter les damnés, apporter son secours aux désespérés, visiter les Champs de la Paix et les Champs des Bienheureux (le Paradis), s'asseoir dans la Barque de Râ ou dans celle de Khepra, naviguer dans l'Océan céleste, déjouer les ruses et les pièges des démons, converser d'égal à égal avec toutes les divinités, visiter les étoiles les plus éloignées, se transformer, à volonté, en oiseau, en fleur, en serpent, etc. Car il était devenu lui-même un dieu.

Les souffrances qu'il avait subies, les expériences multiples de sa vie terrestre et de l'Au-delà, la conscience, enfin, de sa mission cosmique lui inspiraient un sentiment de légitime orgueil. Il constatait qu'il était jeune, vigoureux, et qu'il débordait de vitalité, tandis que la plupart des dieux qui l'entouraient présentaient des signes manifestes d'un âge avancé, de décrépitude même. Il se disait que les « dieux anciens » avaient besoin d'être secourus et épaulés. Voilà pourquoi il ne se lasse pas, dans notre *Livre*, de se proclamer « l'héritier des dieux ». Il y a là un frappant parallélisme avec saint Paul qui voit dans les « fidèles » des « cohéritiers » du Christ.

Le défunt s'identifie donc, à tour de rôle, avec chacun des dieux : uni à Osiris par sa mort, il devient Tum, Ptah, Thoth, Horus, etc. Horus étant l'héritier de son père, Osiris, le défunt, communiant avec Horus, devient l'héritier d'Osiris, et par cela même, l'héritier du monde divin en général. Les dieux saluent en lui leur successeur, le reçoivent avec joie.

D'après les théologiens d'Héliopolis, le monde divin avait dépassé le point culminant de son évolution ; il se faisait vieux.

L'élite de l'humanité – les saints et les initiés surhumains – devait prendre sur elle le fardeau du gouvernement cosmique.

C'est ici l'humanisme intégral : l'homme devient le pivot de l'univers...

Le défunt est, du reste, conscient de sa nature cosmique : son corps physique, son âme, son esprit, son « double » (l'ange gardien d'autres théologies), son « Corps glorieux », etc., sont les effets d'une longue évolution s'étendant sur des milliards d'années. Il y a plus : par certains côtés, l'homme parfait et sanctifié serait supérieur aux dieux : il serait leur sauveur, leur rédempteur ; il apporte aux dieux en offrande, « pour les nourrir », l'essence de sa sainteté (nous rencontrons les mêmes courants d'idées dans le bouddhisme) ; il les délivre du mal ; il est leur espoir, leur gage d'avenir, leur successeur, leur idéal.

Traduites en langage d'aujourd'hui, ces doctrines du *Livre* se résument en ceci : certaines solutions (ou « réalisations ») d'ordre cosmique ne sauraient avoir lieu que par l'entremise d'un être humain ayant atteint le plus haut degré de la perfection surhumaine. Comme Krishna dans les chants 10-11 de la *Bhagavad-Gita*, le défunt égyptien contemple toutes les divinités se manifestant dans son « Cosmos intérieur ». Alors les hymnes aux dieux se muent en adoration frémissante et solennelle du miracle des miracles : le Moi absolu, qui se manifeste par ces paroles : « Je suis l'Hier. Je suis l'Aujourd'hui. Je suis le Demain. Mon Nom est un mystère » (chapitre LXIV).

Rien d'étonnant à ce que le défunt, devenu un homme divinisé et « égal aux dieux », prétende diriger les événements d'ordre cosmique, commander aux Génies planétaires, se faire obéir des dieux et combattre le dragon qui menace l'ordonnance des mondes.

Cette identification du moi humain avec le moi divin est d'ailleurs un trait commun à toutes les mystiques, occidentales aussi bien qu'orientales ; les Upanishad, le Vedanta proclament la doctrine du « Aham Brahmâsmi » (« Je suis le dieu Brahma »), les mystiques persans les suivent dans cette voie et Maître Eckhart semble, en plein XIVe siècle, un écho de l'Inde.

À plus d'une reprise, le *Livre* parle des catastrophes cosmiques d'autrefois, des écroulements des mondes... La catastrophe osirienne en est un des aspects. L'immense Corps gît par terre, prostré, inanimé. Il symbolise l'écroulement de toute l'œuvre de la création divine.

Une cérémonie datant des temps immémoriaux consistait dans le *redressement* de la momie d'Osiris ; d'horizontale elle devenait verticale : c'est la cérémonie du Djed (Zed) qui était pratiquée surtout dans la ville de Djedu (Busiris) et qui ne symbolise ni plus ni moins que le redressement cosmique, comme contrepartie à l'écroulement cosmique. Mise debout, la momie triomphait de l'inertie et de la mort. La position verticale de la colonne vertébrale (ce triomphe de l'homme sur le règne animal) était symbolisée par un prisme carré découpé dans un tronc d'arbre et portant également le nom de Djed ou Zed ; il était croisé vers son milieu par quatre barres horizontales. Plus tard, ce symbole devient l'image hiéroglyphique de la stabilité et de l'immutabilité.

À l'encontre d'Osiris, figé et immobile, le défunt fait preuve d'une activité débordante : il se déplace continuellement, se fraie un chemin, la lance à la main, à travers tous les obstacles du Ciel et du Duat, navigue dans la Barque de Râ, visite les sanctuaires des dieux et prend part aux Mystères de l'Au-delà. En même temps, il passe par toute une série de métamorphoses : le faucon d'or, l'ibis, le phénix, l'hirondelle, le serpent, etc. Cette facilité de déplacement unie au pouvoir de transformation était le gage de perfection et d'immortalité.

Très souvent nous rencontrons dans le *Livre* la mention de l'« Œil divin d'Horus » (parfois dénommé « Œil de Râ », ou l'« Œil de Tum », etc.). C'était une image-vision des plus puissantes. Son équivalent sur le plan terrestre était le Disque solaire. L'Œil d'Horus, émanation d'Horus, était une divinité distincte, puissante, à profil bien dessiné, guerrière, active, qui veillait sur l'Ordonnance cosmique et combattait ses ennemis ; elle vengeait la Justice bafouée. Dans un cosmos en désarroi, allant à la dérive, c'est l'archange saint Michel (ou le Métatron de la Cabbale), le pouvoir efficient du redressement.

Nous rencontrons encore : la déesse Maat (Justice et Vérité), qui incarne la notion de l'ordre divin, de l'Ordonnance et de l'Équilibre cosmiques, opposés aux forces du mal et du Chaos ; la déesse Hathor, Mère du Monde, qui est une déesse ancienne, épouse de Tum, représentée sous les traits d'une « Vache Sacrée » ; le dieu Khepra, qui préside au devenir universel, etc.

Les principaux des « dieux anciens » mentionnés dans le *Livre* sont : Nu (Nun), l'Océan cosmique primordial où reposent les germes de tous les mondes à venir ; Shu et Tefnut (l'Air et l'Humidité) ; Kêb (Geb), dieu de la Terre ; Nut, déesse du Ciel ; enfin Tum (Atum), l'« unique », le « solitaire », le dieu du Soleil nocturne. Râ occupe, à peu de chose près, la place de Zeus dans la théologie grecque. Ptah, Amon et Khnum sont des dieux démiurges.

Presque à chaque page du *Livre* nous trouvons des allusions à la magie, à des incantations, à des opérations théurgiques, etc. Ce besoin d'agir sur le Cosmos et sur les entités – visibles et invisibles – par le Savoir, par le Vouloir et par la Parole sacrée, besoin que nous nous représentons mal aujourd'hui, était, il y a cinq mille ans, encore très réel et faisait partie intégrante de la vie quotidienne, ainsi que de la vie sacrée et rituelle. Ses manifestations ne provoquaient aucune espèce d'étonnement ni de doute.

Le pouvoir des « noms » faisait partie de la magie. Connaître le nom de quelqu'un – le nom « caché » – c'était posséder le secret le plus intime, la clef grâce à laquelle on avait ce quelqu'un à sa merci. Prononcer le nom c'était façonner par la voix son image spirituelle. Écrire le nom, c'était dessiner son image matérielle. C'est pourquoi le défunt devait garder dans sa mémoire les noms de toutes les entités qu'il pouvait éventuellement rencontrer dans l'au-delà.

*

*   *

« Folie, absurdité et déraison » (*Wahnsinn, Unsinn und Aberwitz*), c'est en ces termes qu'il y a cinquante ans le grand maître de l'égyptologie allemande, Adolf Erman, définissait la mentalité des anciens Égyptiens. « Un peuple de fous », renchérissent, en ricanant, ses collègues anglais. Le *Livre des Morts* ? « Un conte à dormir debout, d'un ennui insurmontable, un tas d'absurdités et de folies... On se sent étouffé sous l'énorme avalanche d'insanités et de niaiseries. » Des médecins ajoutaient : « C'est là un peuple offrant tous les symptômes de l'hystérie collective et de la schizophrénie. »

Quatre traductions du *Livre* avaient paru dans l'espace de trente ans, dont trois en anglais : Birch (1867), Le Page Renouf (non terminée, 1897) et W. Budge (1898) ; et une en français, par P. Pierret (1882). Puis ce fut le silence.

Tout concourt à rendre la traduction du *Livre* très difficile : une mentalité inabordable, escarpée comme un rocher, plongeant par ses racines dans la « prélogique » et dans la « préhistoire », un texte plein d'allusions mythologiques et théologiques, d'images insolites et de formules empruntées aux cultes des Mystères et à la magie ; la langue d'une densité laconique, presque sténographique, et enfin, l'état corrompu du texte parfois peu clair, déjà – comme le prouvent les gloses et les commentaires –, pour les scribes des dernières dynasties.

Une autre difficulté s'y ajoute. Le texte hiéroglyphique ne comporte, comme on le sait, aucun signe de ponctuation. Il se déroule, trouble et majestueux, comme les eaux du Nil, d'un bout à l'autre du chapitre ; et c'est à l'égyptologue qu'incombe le devoir de le « découper » d'après le sens – ou le non-sens – qu'il attribue au texte. On peut se faire aisément une idée de l'arbitraire qui règne dans ce domaine. Une traduction absolument « fidèle » peut aboutir – à la suite d'une fausse manœuvre de découpage – à un fatras d'absurdités.

Les traducteurs du *Livre*, connaissant par expérience les difficultés de leur tâche, disaient ceci : Pierret : « Une traduction irréprochable et définitive du *Livre* est un rêve irréalisable. » Renouf : « La plus précise connaissance du vocabulaire et de la grammaire égyptienne ne pourrait percer l'obscurité provenant des allégories et des allusions. *La difficulté réside non pas dans la traduction littérale, mais dans la compréhension du sens*... La traduction de Birch, par le fait même de son extrême fidélité à l'original, est entièrement inintelligible. »

Après ces avertissements, allons-nous donc aborder les difficultés du *Livre* par une « attaque frontale » ? Traduire le texte « fidèlement », mot par mot ? Malgré toutes les ressources lexicologiques et grammaticales dont dispose l'égyptologie d'aujourd'hui, cette entreprise, nous semble-t-il, serait vouée à un échec certain. Les quatre expériences du siècle précédent l'ont suffisamment démontré.

Les textes du *Livre* furent – à une époque immémoriale – rédigés par des techniciens de l'ésotérisme, à l'usage des postulants assez versés dans les questions traitées. La scène où se joue l'immense et pathétique monologue du *Livre* n'est pas notre terre, mais cet « Au-delà » dont les lois, d'après la tradition ésotérique, diffèrent totalement des nôtres, au point de leur être parfois diamétralement opposées. Or, les plus éminents parmi les égyptologues modernes étaient – à notre connaissance – « chimiquement purs » de toute teinture d'ésotérisme ; d'où leur mépris pour le *Livre*. Imaginez un professeur d'allemand, vierge de toute connaissance philosophique, traduisant mot par mot la *Phénoménologie de l'esprit* de Hegel ! De même, le *Livre des Morts* dépasse largement la compétence des philologues et des archéologues.

On ne peut traduire le *Livre des Morts* comme on traduit un manuel de jardinage. Ce n'est pas non plus l'œuvre d'un génie individuel, si transcendant qu'il fût, Homère ou Dante. D'innombrables générations de théologiens et de visionnaires de génie, guides spirituels de leur peuple, responsables de son salut dans l'Au-delà, y ont travaillé ; ils y ont mis tout leur cœur, toute l'angoisse de leur âme devant le mystère de la mort, tout le sérieux que comporte le sujet.

Les anciens Égyptiens prétendaient que le *Livre* avait été inspiré, voire écrit, par Thoth lui-même. C'est Thoth qui parle par la bouche du défunt (chapitre I) et qui révèle la volonté des dieux. Des hymnes, des chapitres entiers, transmis – tel un héritage sacré – de père en fils, étaient appris par cœur.

Si notre raison en désarroi se sent parfois saisie de vertige devant l'incohérence apparente de la pensée et le foisonnement des images, si elle perd le fil dans ce labyrinthe, notre impuissance à « comprendre » est imputable à nous-mêmes ; les auteurs du *Livre* n'y sont pour rien.

Inspiré par le Sphinx, génie-conducteur de l'antique Égypte, le *Livre des Morts* DOIT rester énigmatique ; il le sera toujours, dans son essence ; même si, dans des milliers d'années à venir, l'égyptologie se penche encore sur ces textes, il demeurera l'expression d'un fond irrationnel, contradictoire et mystérieux de l'existence. Essayer de rendre ce texte transparent comme une page de Descartes et cohérent comme la pensée d'Aristote serait aller à l'encontre de l'esprit égyptien. Ce serait le trahir. Si plusieurs passages sont – et resteront – opaques, s'ils nous parlent à mots couverts, par énigmes et détours, ce manque de clarté est dû non seulement à notre ignorance – qui est grande –, mais à une cryptographie *voulue* et pratiquée par les auteurs du *Livre*, à un chiffrage né de la passion égyptienne pour tout ce qui est caché, secret et mystérieux. La traduction devra donc faire ressortir – au lieu de s'essayer à l'atténuer – ce caractère essentiel. Une certaine ambiance de mystère, d'énigme, d'incompréhensible, doit flotter dans l'air et envelopper le texte, pour répondre à l'esprit de l'original.

Lire cet ouvrage est un art : laisser agir sur soi – par la seule force d'évocation imaginative, visionnaire – ces *instantanés* qui se suivent sans ordre apparent, sans aucun lien logique, qui se chevauchent, qui se contredisent... Comme dans un tableau impressionniste, des touches s'ajoutent à des touches ; l'impression générale qui s'en dégage est celle d'un grand mystère devant lequel, impuissante, se tait la raison humaine.

L'éclipse de compréhension et d'appréciation vis-à-vis de ce monument – le plus ancien, peut-être, de l'esprit humain – devra, tôt ou tard, prendre fin. Il est temps que ce *Livre*, enterré comme une momie il y a deux mille ans, fête, pareil à Osiris, sa Résurrection.

La traduction que nous livrons ici au public n'est qu'une tentative, un essai d'herméneutique. Les difficultés qu'a dû surmonter le traducteur ont été considérables et l'ont contraint, à plusieurs reprises, d'abandonner le travail commencé en 1921. La tâche lui paraissait parfois impossible. Puis, avec le temps, les doutes se levaient, des solutions s'imposaient, l'impossible devenait possible.

Nous estimons que telle qu'elle est, avec toutes ses défaillances et toutes ses imperfections, cette traduction pourra rendre des services. Notre modeste ambition est de convaincre quelques-uns, si peu nombreux soient-ils, que les anciens Égyptiens n'étaient nullement un peuple d'aliénés en proie à une hystérie collective et que leur élite était en possession d'une profonde science ésotérique. Nous croyons qu'à travers les multiples voiles qui se superposent depuis cinq millénaires et qui dérobent à notre vue spirituelle la réalité des faits dont parle le *Livre*, nous pouvons deviner et ressentir, plus ou moins distinctement, quelques contours estompés, quelque sursaut angoissé du cœur humain d'autrefois, quelque certitude enivrante de la vie en Dieu. Les mystères initiatiques sont là, patents. Leur présence nous éblouit comme le soleil du Midi. Car quelle que fût l'origine du *Livre* – empiétement abusif ? trahison ? volonté lucide de révélation ? – ce document unique fait passer devant nos yeux ce que, autrefois, l'on cachait le plus : les mystères initiatiques.

Qu'on se demande ce que l'on sait des « mystères » d'autrefois : l'Inde, Babylone, la Perse gardent le silence. Les mystères de la Bible sont couverts d'un double ou triple voile de chiffrage. Quelques allusions d'Eschyle et de Pindare, de Plutarque et de Jamblique, voilà tout ce que nous savons des mystères grecs. Ici, en Égypte, tout est clair, net ; tout s'étale sous une lumière crue. Le ton est direct, presque terre à terre ; c'est un « technicien » qui parle. Rien de superflu : des choses qui « portent », des instruments de travail. Le style est souvent lapidaire, condensé, froid. Des formules « algébriques » qui s'étagent, se superposent. Jamais, au grand jamais, aucune allusion à un esprit qui douterait, qui hésiterait, qui réclamerait des « preuves »...

Le premier devoir que s'imposera donc le traducteur (et le lecteur) du *Livre* sera d'aborder celui-ci dans un sentiment de pieux respect. Alors, peu à peu, graduellement, il verra que, en silence, les voiles se lèvent, les portes s'ouvrent, les solutions d'énigmes s'imposent. Car il ne s'agit de rien de moins que de ressusciter un Mort, de recréer un texte sacré dont le sens exact échappait déjà aux scribes égyptiens, contemporains d'Orphée et de Moïse.

Ce travail est donc tout autre chose qu'une tentative purement philologique. Sans sacrifier nos scrupules d'ordre grammatical et lexicologique, nous avons voulu pénétrer derrière le rideau des mots et recréer l'ambiance de l'ésotérisme qui, à chaque pas, jaillit du texte.

Ce n'est pas à nous de juger si nous y avons réussi.

II

Tout au long des millénaires, à travers des générations successives, la conscience humaine s'est trouvée axée sur la préoccupation mystique de *la mort*, laissant entrevoir un prolongement à cette existence terrestre dans une Vie qui est « au-delà » et qui la dépasse.

Nulle part cette préoccupation n'a été aussi prononcée que dans l'Ancienne Égypte.

Une certaine orientation de la pensée au Moyen Âge pourrait être rapprochée de ces courants égyptiens.

Avec la Renaissance, la philosophie matérialiste a fait, progressivement, reculer tout intérêt pour la Vie après la mort. La radicale élimination de celle-ci du champ de vision de l'Homme devient, aux mains des matérialistes, une sorte de levier d'Archimède.

Désormais, l'homme ne manifeste plus aucune compréhension de l'immense domaine de la vie immatérielle. L'Esprit et l'ordre moral se trouvent, du même coup, menacés. Il ne reste plus alors qu'un vide absolu, un néant qui effraie l'Homme et qui ôte tout sens à son existence.

Les grandes masses supportent, en apparence, allègrement cette amputation. Se contentant des joies et des amusements qui semblent, provisoirement, et relativement, assurés.

Quant au reste...

Certains sujets cependant, plus vulnérables, ne sauraient réagir qu'avec violence : suicides en série, drogues, criminalité juvénile sont alors des phénomènes courants. Tandis que l'immoralisme est de rigueur... (Pourquoi pas ?... Au nom de quoi ?...)

La mort était envisagée, autrefois, comme une porte de communication entre ce monde, visible, et l'Autre monde, inaccessible, celui-là, à une quelconque perception d'ordre sensoriel.

Depuis des siècles déjà, cette porte ayant été solidement fermée, cadenassée, condamnée et jalousement gardée, les plus écoutés parmi les penseurs de notre temps (Heidegger, Sartre) proclament hautement le caractère illusoire ou imaginaire de *la porte* en question. Cela ferait partie d'une mythologie fantaisiste et ne serait qu'un symptôme de superstition et d'ignorance. Le monde d'aujourd'hui flotte à la dérive... C'est un bateau amputé de ses mâts, de ses voiles et de son gouvernail. Ainsi, dans un très proche avenir, pourrait-il devenir la proie de la première bourrasque survenant à l'improviste.

Si la réflexion sur le caractère *positif et sacré* de la mort pénétrait à nouveau dans la conscience de l'Homme, sans doute en serait-il autrement. En se « réveillant », l'humanité enfin prendrait courageusement des mesures... Contre son égarement si long. Et contre le culte de l'Absurde qui est à rejeter !

Les descriptions de la Vie après la mort constituent le caractère essentiel du *Livre des Morts* égyptien. Une atmosphère d'inédit, de bizarre s'y trouve magistralement rendue. En même temps que le renversement de nos perspectives habituelles.

Les initiés égyptiens possédaient à fond la science de « nécrosophie », laquelle a été perdue ; et si elle pouvait être redécouverte, ce serait un moyen de recréer des dynamismes insoupçonnés, susceptibles même de transformer nos façons de penser et de vivre.

Les tableaux de la Vie se déroulent, sans cesse, devant les « yeux de l'esprit » du mort...

Le Moi du mort, ancré dans les différents organes de son corps physique (ces « racines matérielles » devant subir l'effet de la décomposition), disparaît. Et l'âme flotte, à la merci des courants qui l'emportent ; elle ne s'appartient plus.

Le désordre et le chaos de la vie moderne, avec sa cacaphonie et sa laideur, proviennent de l'incompréhension du phénomène de la *mort*. Par l'effet de cette ignorance, une douloureuse existence se trouve dépourvue de toute signification, de toute profondeur métaphysique.

Car, si paradoxal que cela puisse paraître, c'est le phénomène de la mort qui octroie à l'existence sur terre son sens profond, son poids spécifique.

Le peuple de l'Ancienne Égypte vivait déjà à une époque de déclin spirituel, ou de décadence (par exemple, si on le compare à l'Inde). Il était bien obligé de chercher, de tâtonner.

« Or, de nos jours, la cécité des hommes est devenue totale ; cette circonstance amène, chez l'immense majorité des gens, la conviction que la vie sur terre, toute saturée d'absurdité qu'elle est, devrait se suffire à elle-même... »

III

Le *Livre des Morts*, cette « bible de l'Ancienne Égypte », dont le titre exact est « Sortie vers [la Lumière du] Jour », possède une résonance musicale aux rythmes graves, lents et solennels, tantôt sur le mode majeur, tantôt sur le mode mineur ; il semble appeler à son secours un accompagnement musical. C'est une fugue immense dont les thèmes se suivent, se talonnent, se chevauchent, se croisent, se perdent et dont le « renversement » est un des procédés favoris.

Rien ne saurait mieux nous faire pénétrer dans l'esprit de ces visions et nous les faire apprécier qu'une *lecture très lente* accompagnée d'une musique lente et solennelle, par exemple : Vivaldi, Albinoni, Haendel, Gluck.

L'effet produit par certains chapitres, par exemple, par le chapitre CLXXII, en serait décuplé.

Voici quelques-uns des « leitmotive » du *Livre* :

1) Le Jugement après la mort et la « justification » du défunt ;

2) Ses voyages au Ciel, sur la Terre et dans le Monde Inférieur ;

3) Le défunt est reçu à bras ouverts par les dieux ; il est proclamé dieu, frère d'Horus et son héritier ;

4) Il combat les démons, ennemis des dieux ;

5) Il se sent rajeuni ; il devient un « nouveau-né » ;

6) La potentialité illimitée du défunt (ses « métamorphoses ») ;

7) La Barque céleste (de Râ, de Nut, etc.) ;

8) La complexité de la composition psychique et spirituelle de l'être humain ;

9) Le principe de réciprocité (« Si Râ vit, je vis ») ;

10) Les catastrophes cosmiques ;

11) L'Équilibre cosmique et la « Balance » ;

12) La nature cosmique de l'Homme.

*
* *

On sait, d'après ce qui précède, que le *Livre des Morts* était destiné non seulement aux proches du défunt désireux de se procurer, à l'usage du disparu, « un passeport pour l'Au-delà », mais aussi aux milieux attirés, de près ou de loin, par les connaissances initiatiques et par les mystères. Tout compte fait, cela revenait au même, car la mort était – et pour beaucoup elle l'est encore – une sorte d'initiation... Seulement, pour les êtres primaires, penchés vers la matière (et de tout temps ils constituent la majorité), la réalité spirituelle reflétée dans le *Livre des Morts* apparaissait sous le voile des images quotidiennes prises à la lettre : la Barque du Soleil – bien entendu pareille en tout point aux barques qu'on voyait tous les jours voguer sur le Nil – ; la nourriture terrestre – bière, lait, pain, viande, fruits –, qu'on avait tant appréciée pendant la vie ; les voyages mouvementés, etc. Mais pour un Égyptien d'élite, au courant des mystères et des traditions ésotériques, et surtout pour un initié, la réalité était tout autre, et il l'abordait dans un esprit différent.

Prenons comme exemple l'image de la Barque solaire, la plus fréquente et la plus importante parmi toutes les visions ; ce motif symbolique de barque, portant le disque du Soleil ou l'image du dieu Râ, est repris – sous des formes variées – tout au long du *Livre*. Que signifiait-il pour une conscience ésotérique ? Il est évident que le disque du Soleil, ou le dieu Râ, symbolisait le principe solaire. Mais la Barque elle-même ? Que représentait-elle ?

Sous cette image, familière à chaque Égyptien, se cachait – schématisé et stylisé – le principe lunaire, le Croissant de la Lune (Thoth, en sa qualité de dieu de la Lune, accompagnait souvent la Barque). Il s'agissait donc, dans ce symbole d'une Union ou d'une « Synarchie » des deux Luminaires. On se souviendra que le même symbole – le Soleil inscrit dans le demi-cercle du Croissant – ornait la tête d'Apis, ainsi que celles d'Hathor, de Thoth, d'Isis, de Khonsu et de tant d'autres divinités ; cette image forme, à coup sûr, le noyau central de toute la théologie égyptienne. La question se pose donc : d'où venait l'importance attribuée par l'ésotérisme égyptien à cette synarchie des Luminaires ?

La Lune, considérée du point de vue spirituel, n'est nullement inférieure au Soleil ; les deux principes s'opposent comme deux forces absolument égales, équipollentes. Or, la Tradition ésotérique enseigne que, unis à l'origine et faisant corps avec la Terre, les Luminaires se sont scindés d'avec celle-ci, puis séparés entre eux ; ce fut le point de départ de l'Involution cosmique ou, pour user du langage de la Bible, l'étape initiale de la « Chute ».

Il s'agit, bien entendu, non seulement de l'Homme (cosmique ou pas), mais du Cosmos tout entier. La catastrophe biblique n'était que le dernier maillon d'une longue chaîne d'écroulements cosmiques dont parle le *Livre des Morts* ; or, une des étapes initiales parcourues fut l'opposition des deux Luminaires, ou plutôt celle des Êtres spirituels des deux camps respectifs. Leurs natures, en effet, sont diamétralement opposées.

La nature physique de la « Lune » est humide et froide ; sa nature « psychique » est vague et changeante ; elle gouverne la germination, la gestation, l'imagination et la sphère affective ; elle favorise l'adaptation, l'assimilation, les « métamorphoses ». Elle commande les forces de différenciation et du « Devenir » ; elle est « féminine ».

Le « Soleil », considéré au point de vue physique, est sec et chaud ; il gouverne la raison discursive, impersonnelle et objective ; principe d'intégration, il fixe et immobilise tout ce qui pénètre dans son champ d'action ; il est l'Ordre cosmique et la Justice impartiale, l'Être absolu (opposé au Devenir) ; le Soleil est « masculin ».

Au point de vue spirituel, les deux Luminaires se trouvent, chacun, à la tête d'un « camp » ou d'un champ de forces, et l'interaction de ces deux principes (Yin et Yang de l'ésotérisme chinois, les deux colonnes de l'Arbre séphirothique de la Cabbale, le Sulphur et le Mercure de l'Alchimie) produit « la montée et la descente des Seaux d'Or »...

Toutefois, la Tradition ne perdait pas de vue le caractère provisoire de l'Involution, qui n'était, en somme, qu'un pis-aller, qu'un replâtrage rendu inévitable. Le but essentiel demeurait toujours le retour vers la Montée, vers l'Évolution.

Les auteurs du *Livre des Morts* proposaient donc à la méditation de leurs lecteurs cette vision de la Barque Solaire, symbole du suprême Salut. Lorsque le « Soleil » et la « Lune », disaient-ils, au lieu de s'opposer l'un à l'autre et d'aggraver l'état d'Involution, seront parvenus à une Synarchie, alors seraient vaincus le Sexe et la Mort, ces deux néfastes conséquences de la « Chute ».

Osiris dont les attaches, tant lunaires que solaires, ont été relevées par les égyptologues, est le couple *initial* Soleil-Lune ; la Synarchie originelle une fois brisée, les « membres » arrachés du « corps » divin furent disséminés, éparpillés dans tous les coins de l'« Égypte », c'est-à-dire de l'Univers. Ce sont les planètes, les étoiles fixes, les Luminaires et tous les êtres de la nature. La « résurrection » du dieu-martyr signifierait le rétablissement de la Synarchie dans son intégrité première...

En attendant, Osiris, figé dans la mort, enserré dans ses bandelettes de momie, est le monde tout entier fixé, pétrifié, cristallisé, ankylosé et matérialisé, privé de la liberté et soumis aux « lois » de la nature et aux rythmes implacables du destin.

C'est la défaite d'Osiris qui, plus tard, rendit inévitable le sacrifice rédempteur du Christ...

Osiris est le Christ préfiguré. Comme un Annonciateur du Messie, il en « prépare le chemin ». Toutefois, la doctrine chrétienne présente un renversement saisissant des rôles joués par les deux protagonistes divins : le Père y sacrifie le Fils ; dans l'Osirianisme c'est, au contraire, le Père qui se sacrifie et c'est le Fils (Horus) qui rétablit la situation...

Grâce à la mort tragique d'Osiris, l'Égyptien pouvait faire pénétrer la Vie dans le domaine de la Mort et transformer ainsi toute une zone de l'Au-delà en une « île » cosmique artificielle.

La signification du Sang versé sur la Croix est tout autre : le sacrifice du Christ incorpore dans la vie terrestre la mort, afin qu'elle soit vaincue ici-bas par un effort moral de tous les instants. Car l'homme d'aujourd'hui, par l'effet continu de l'Involution, est placé, on le verra, dans une situation infiniment plus difficile que celle de l'ancien Égyptien. De plus en plus, la menace de la « seconde mort » pèse sur lui ; c'est pourquoi la doctrine chrétienne enseigne qu'il ne saurait l'écarter qu'en mettant à profit son bref séjour sur terre...

*

* *

Dans les premiers siècles de notre ère, à l'époque de la prolifération des religions et des Églises, l'Égypte vit naître deux puissantes écoles de gnosticisme, celles de Basilide et de Valentin ; plus tard, un grand mouvement ésotérique, parti d'Égypte, transplanté en Iran, s'amalgamant avec d'autres courants gnostiques, ainsi qu'avec des éléments locaux, donna naissance au manichéisme, religion puissante et profonde qui eut une existence millénaire.

Irradiant vers l'Est jusqu'à la Chine et vers l'Ouest jusqu'à l'Afrique du Nord et l'Espagne, les différents courants gnostiques atteignirent la région des Pyrénées (Mont Salvatge) et celle de la Bretagne. Là, ils s'amalgamèrent aux conceptions du christianisme ésotérique et aux traditions druidiques survivantes, et aboutirent à la vision du Saint Graal. Bien que la filiation historique ne se laisse pas établir de façon certaine, la similitude des visions occultes fait penser à une inspiration égyptienne.

Si complexe que soit le symbolisme du Saint Graal, le symbole central, le Graal (Gradalis) – le sanctissime Vaisseau, l'« écuelle » de la Cène, où Jésus mangeait avec les douze apôtres et où fut recueilli le Sang précieux, tantôt calice, tantôt ciboire de la messe – symbolise le Croissant de la Lune, le Principe lunaire ; l'hostie représente, au-dessus du calice, le Principe solaire.

Ainsi donc, Apis fut le symbole préfiguré du Saint Graal. Le « rachat du vieil Adam », voilà ce que représente la Barque céleste portant le disque de Râ...

*

*   *

Revenons à la Barque de Râ. Son voyage diurne sur la voûte céleste était observable. Mais où disparaissait-elle pendant la nuit ? Elle descendait, apparemment, à l'ouest du Nil terrestre ; à l'aube, elle réapparaissait à l'est ; il était donc évident – disait-on au peuple – que pendant la nuit la Barque naviguait dans un sens inverse et dans une région qui n'était ni céleste ni terrestre ; cette région devait se trouver, par conséquent, sous la terre ; elle coïncidait donc avec le domaine de la Mort, c'est-à-dire avec le Duat.

On expliquait aux non-initiés que cette traversée nocturne était difficile et dangereuse et que le défunt devait s'efforcer de l'accomplir non par ses propres moyens, mais en montant dans la Barque de Râ.

Deux livres, de vrais « Guides Bleus » du monde inférieur – l'un connu sous le nom de *Ce qu'il y a dans l'Au-delà*, l'autre sous celui du *Livre des Portes* –, donnent une description assez sèche et technique des diverses régions, indiquent leurs noms respectifs, ceux des divinités bienveillantes ou hostiles qui y séjournent et mettent le défunt en garde contre d'éventuels dangers.

Pour les Égyptiens d'élite, les douze « Portes » que traversait dans l'Au-delà la Barque du Soleil correspondaient aux douze étapes de l'initiation ; et la description des difficultés du « voyage » nous donne un aperçu des angoisses vécues par les initiés d'autrefois.

Ainsi, à la quatrième heure de la nuit, la Barque traversait la région du dieu Sokari – l'ancienne divinité du royaume des morts –, un désert immense, ténébreux où de monstrueux serpents rampaient de toutes parts et où la Barque devait être remplacée par des traîneaux qui glissaient entre les parois abruptes d'un couloir sombre et étroit, entrecoupé de portes.

La cinquième « heure » constituait l'endroit le plus profond et le plus difficile à franchir du couloir connu sous le nom du Re-stau.

À partir de la sixième « heure », la barque remplace de nouveau les traîneaux ; le fleuve montait graduellement, et l'on traversait un « Abîme des eaux » (la dixième heure) et un « Enfer de feu » (la onzième heure).

Nous trouvons dans le *Livre des Morts* de fréquentes allusions au voyage à travers la région du Re-stau.

*

* *

Il y a deux cents ans, les érudits ignoraient encore le secret des hiéroglyphes ; mais sur la foi des Anciens, on était plein d'admiration pour la sagesse mystérieuse de l'ancienne Égypte. Il a été réservé à notre époque d'avoir découvert que cette légendaire et antique sagesse n'avait été qu'un bluff et une fable fabriquée de toutes pièces par les prêtres égyptiens à l'usage des Grecs crédules. Une preuve ? Dans les textes découverts à ce jour on ne trouve nulle trace de cette prétendue « sagesse »...

Ce tour de force est dû, indirectement, à la brillante découverte de François Champollion.

Car on crut, tout d'abord, après le déchiffrement des hiéroglyphes, pouvoir soulever le voile de l'Égypte, tous ses voiles. Il n'en était rien : la découverte de Champollion ne fit qu'en accentuer les contours. L'Égypte demeure fermée et inaccessible, – comme elle l'avait été aux temps de Képler et d'Athanase Kircher.

La compréhension de l'écriture égyptienne, prise en elle-même, ne mène nulle part. La sagesse de ce peuple étrange ressemble à un de ces châteaux forts du Moyen Âge construits sous forme de fortifications concentriques superposées. La ceinture extérieure – les hiéroglyphes – une fois conquise, on se trouve en présence d'un second mur, encore plus formidable : celui du chiffrage ésotérique.

*

*   *

L'égyptologie officielle n'aime guère qu'on lui parle du caractère « énigmatique » de la culture égyptienne. Elle hausse les épaules. « Énigmes ? Quelles énigmes ? »

Or, tandis que l'ancien Grec était, de par sa nature, avide de savoir et curieux de posséder le secret des choses, l'Égyptien se plaisait à contempler les énigmes à l'état initial, à visualiser leur totalité stimulante ; il lui répugnait à les disséquer (on ne dissèque que des cadavres), à les creuser, à les fouiller, à étaler en formules abstraites le secret inviolable de l'Être. L'Égyptien aspirait à la *totalité*. Et il voyait *grand*.

Lequel des deux peuples, des Égyptiens ou des Grecs, avait raison ? L'impasse dans laquelle l'humanité civilisée se débat aujourd'hui n'est-elle pas l'héritage du rationalisme grec dégagé progressivement de la mystique égyptienne et retouché par la médiocrité latine ? N'eût-il pas mieux valu s'arrêter à mi-chemin, comme les Égyptiens ? Car avoir constaté l'existence de l'énigme était déjà beaucoup...

L'énigmatique attirait l'Égyptien comme la beauté fascinait le Grec ; et de même que celui-ci recherchait partout l'harmonie, la symétrie, l'équilibre, les proportions justes et les rythmes, de même celui-là se délectait de l'incompréhensible, de l'inconcevable, du contradictoire et de l'irrationnel.

L'ancien Égyptien, en effet, possédait des antennes pour le fond IRRATIONNEL de l'existence ; pour cette vie terrestre qui est une mort échelonnée ; pour cette mort qui, à ses yeux, possédait tous les attributs d'une vraie vie ; pour cet Être absolu de l'ontologie (« TUM ») identifié par lui avec le Néant ; pour cette attraction (sympathie) universelle qui est « l'autre visage » de la répulsion et de la haine ; pour cette lutte, enfin, lutte implacable, sévissant sur tous les plans de l'existence et dans tous les coins de l'Univers, et qui ne fait qu'obéir, en réalité, à un plan sereinement établi, harmonieux, plein d'une calme et profonde sagesse...

Toute la dialectique d'Héraclite et – deux millénaires plus tard – celle d'Hegel, voilà le substrat et l'axe de cristallisation de la Weltanschauung égyptienne ; et c'est, pour nous, l'élément le plus précieux de son apport spirituel.

Fidèle à ce principe de contradiction, base de son ontologie, l'Égyptien traite avec dédain la raison humaine et élève l'homme, cet être « raisonnable » entre tous (rekhit), au niveau des dieux ; il adore l'éternité immuable incarnée dans ses « dieux anciens », et place à la tête de son panthéon un dieu mort...

Cette vision du monde ne fut jamais exprimée par les Égyptiens en concepts abstraits (l'abstraction n'étant pas de leur ressort) ; mais elle est toujours là, sous la forme d'une ambiance mystérieuse et énigmatique.

La valeur éducative de l'irrationalisme égyptien est grande ; celui-ci forme un contrepoids à la platitude rationaliste que notre époque nous impose. Voilà pourquoi l'homme d'aujourd'hui se sent obscurément attiré vers l'ancienne Égypte, terre classique des mystères, et vers cette dialectique, propre au tempérament de ce peuple et qui évolue avec virtuosité au milieu du cliquetis des antinomies existentielles.

L'originalité et l'étrangeté de la vision égyptienne du monde nous font paraître comme fade et inexpressif le « miracle grec » dont nous sommes les héritiers directs. La démesure égyptienne écrase la mesure grecque ; elle le fait sans une ombre d'effort, – par la présence presque tangible et palpable de l'Au-delà. Il n'est pas postulé, cet Au-delà ; il n'est pas montré, démontré, proclamé : il est tout simplement là, présent devant nous, silencieux, immobile et grandiose.

La vision hindoue est plus articulée ; elle pénètre plus profondément dans la structure du monde caché ; et la cabbale chinoise nous fait entrevoir avec plus de finesse toute la complexité de son agencement ; mais aucune civilisation du passé n'a jamais révélé le grandiose effet global de l'énigme existentielle, comme l'a fait la pensée égyptienne d'autrefois.

Quel est donc l'*instrument* qui a produit ce « miracle » égyptien ?

C'est la mainmise de l'élite égyptienne sur le mystère de la mort, une mainmise absolue, tyrannique et exclusive. Qu'on s'imagine, en outre, un peuple dur, sourd, obstiné ; un peuple qui ne voit rien, ne veut rien voir, si ce n'est ce mystère fascinant, hallucinant...

C'est ainsi, par la démesure, que le destin forge des miracles...

*

* *

La mort est un mystère, dans le sens ésotérique du terme.

Devant nous gît une dépouille humaine, abandonnée par un être *invisible, inconnu* ; un organisme physique merveilleux a été foudroyé et brisé ; c'est le dernier maillon d'une longue, longue chaîne de catastrophes et d'écroulements cosmiques et de chutes des dieux...

Une résonance mystique et émotionnelle d'un dynamisme insoupçonné, d'un potentiel énorme, se dégage de cette vision immédiate qui ouvre toutes grandes les portes sur l'Au-delà...

L'atmosphère de l'énigme qui entoure l'ancienne Égypte provient précisément de ce fait : le rideau du mystère de la mort fut soulevé. La mort ne fut pas vaincue sur les bords du Nil, ce qui est impossible ; mais un pont magique fut jeté par-dessus cet abîme...

Pendant les trois millénaires, ou plus, de l'histoire égyptienne, la mort devint, du roi au dernier esclave, l'unique pensée, l'unique souci, l'unique préoccupation. On se levait le matin et l'on se couchait, le soir, en n'ayant que cette inquiétude, cette angoisse au cœur. On s'en entretenait dans le cercle étroit de la famille et dans la pénombre sacrée des temples ; et chaque geste, chaque acte de la vie quotidienne était examiné, discuté et passé au crible ; tout était enveloppé dans ce souci perpétuel et obsédant de l'Au-delà.

Ainsi la vie de ce peuple, limitée dans l'Espace, soumise étroitement aux rythmes des saisons, monotone et fruste, naturellement penchée vers la terre et ses joies éphémères, devint spiritualisée et sublimée à l'extrême.

*

* *

Il semblerait, à première vue, que la vision du monde de l'ancien Égyptien n'offrait rien de tragique, la religion mettant à sa disposition des moyens d'échapper à l'emprise de la mort et ouvrant de séduisantes perspectives sur une existence douce, agréable et, par-dessus le marché, éternelle. En effet, l'immense majorité du peuple égyptien ne se préoccupait guère de l'arrière-plan cosmique ; égoïste, elle préférait ignorer à quel prix son salut avait été acheté.

Toutefois, cette illusion de laisser-aller optimiste s'évanouit aussitôt que l'on a dépassé les idées courantes au sujet de l'ancienne Égypte ; en effet, quand nous nous laissons guider par le célèbre traité de Plutarque, l'immense angoisse qui étreignait les cœurs de l'élite égyptienne nous devient compréhensible. Spectatrice de la tragédie cosmique, cette élite devait prendre conscience de l'irréparable et passer, lors des mystères, en compagnie du dieu sacrifié, Osiris, par les affres de la mort. Placée devant un fait accompli – la victoire du Mal –, elle ignorait encore l'ineffable consolation du chrétien : la résurrection victorieuse, le triomphe du dieu ; elle se contentait donc d'un simulacre symbolique de la résurrection osirienne. Quant à l'humanité dans son ensemble, elle offrait l'image d'un immense corps (Osiris) brisé et éparpillé.

Le *Livre des Morts* ne nous cache pas son pessimisme : le monde lui apparaît comme un champ de bataille jonché de décombres, comme une catastrophe sans nom. Osiris devient le symbole d'un échec définitif : en effet, c'est un dieu-Échec en personne.

Toutefois, n'oublions pas le dynamisme de l'idée du sacrifice de soi-même sur le plan affectif, sa résonance mystique. Une tristesse infinie, une noble résignation, une complainte douce et assourdie répandaient autour du dieu sacrifié une atmosphère d'affection, de gratitude, de dévouement sans bornes. Mais en même temps, par un étrange renversement dialectique dont l'Égyptien était coutumier, l'échec d'Osiris est placé dans une perspective particulière ; ce dieu-Échec, érigé sur un piédestal, devient orné de tous les attributs de la victoire et du triomphe. Osiris fut vaincu, d'accord. Mais s'il a *voulu* l'être ? Si sa défaite, son sacrifice volontaire faisaient partie d'un plan d'ensemble sotériologique, tel un rachat des fautes commises par autrui ?

Ainsi la profonde mélancolie de la vision égyptienne du monde donnait naissance à une joie dionysiaque d'une puissance insoupçonnée ; elle envahissait l'âme, la débordait et la submergeait dans une sorte de délire divin, d'enivrement sacré.

L'homme ne partage-t-il pas le destin d'Osiris ? Sa multiplicité n'est-elle pas disloquée et dispersée, après la mort, comme celle d'Osiris ? Mais le voilà, le défunt, ressuscité... « Jeune dieu », il parcourt le Ciel et la Terre, salué des dieux ses frères et communiant avec l'Infini de l'Espace et avec l'Éternité...

L'Infini et l'Éternité alimentaient le seul enthousiasme dont l'Égyptien était capable ; grâce à cette expérience mystique, l'intuition de la glaciale et immuable Éternité provoquait chez lui un enivrement dionysiaque fait de tendresse et d'épouvante...

Les Grecs, seuls, ont hérité de l'Égypte les mystères d'Osiris lequel est devenu, chez eux, Dionysos ; et de l'ivresse dionysiaque est née la tragédie grecque.

Or, ce n'est pas de gaité de cœur ni mus par une malsaine curiosité que les Égyptiens se sont préoccupés du problème de la mort et qu'ils ont de toutes pièces élaboré une science et une technique de la mort, une « nécrosophie ».

Une nécessité historique, une mission spéciale les a poussés dans cette voie...

*

* *

Chaque peuple reçoit une mission historique à remplir, grande ou petite ; mais cette tâche il ne l'accomplit pas tout seul, par un jeu de contingences, guidé seulement par le hasard, par ses instincts ou par son « inconscient » : il est formé, instruit, dirigé, en vue de sa mission, par ses guides spirituels ; et cette œuvre de longue haleine ne réussit pas toujours... Le cas de l'ancienne Égypte est tout particulièrement intéressant, car on y peut étudier une entreprise d'orientation qui a réussi, ou presque...

On connaît – d'après les légendes et les données de la Tradition – la personne de l'instructeur (guide, initiateur) du peuple égyptien ; son nom d'emprunt, plus tard hellénisé (Platon le mentionne dans le *Phèdre* et dans le *Philèbe*), fut Hermès Trismégiste (ou : « Trois fois grand »).

Outre les mystères « hermétiques » que le Trismégiste implanta dans la ville sacrée de Troth, Khemenu, il était également initié aux mystères solaires de Zoroastre et transmit cet enseignement au centre initiatique d'Héliopolis. C'est dire que sa vision du monde était dominée par le problème du Mal : l'homme, d'après lui, devait, avant tout, aspirer à la perfection et à la pureté morales ; il était placé devant le choix entre les deux camps ennemis : ceux d'Ahura-Mazdâo et d'Angra-may-niu[1] ; de son choix dépendaient son salut individuel et, indirectement, celui du Cosmos. De l'accord entre ces deux doctrines – hermopolitaine et héliopolitaine –, greffées sur le « corps » spirituel de l'Égypte, de ce « mariage alchimique » et des réactions particulières à la mentalité égyptienne sortit toute la civilisation de la vallée du Nil.

1. Traduit en égyptien : entre Osiris (Horus) et Seth.

Or, Hermès Trismégiste qui reçut pour mission d'orienter l'évolution historique de l'Égypte par le moyen de ces deux centres initiatiques n'était probablement pas de sang égyptien. La tâche qu'il dut aborder était, même pour un surhomme, prodigieuse. Car il trouvait devant lui un peuple obstiné, dur, presque ingouvernable ; passablement amoral, indifférent au bien et au mal ; un peuple, enfin, passionnément attaché – en poète et en rêveur romantique – aux douces joies de la terre, indolent, incapable d'abstraction et d'intérêt spéculatif d'aucune sorte. Le Trismégiste sut transformer cette mentalité et ce caractère au point de les rendre méconnaissables ; il fit de l'Égypte « la Lumière du Monde ».

Comment s'y est-il pris ?

Sa manière de résoudre le problème par des moyens d'ordre psychologique, ésotérique, pédagogique – sur une échelle mondiale – peut être résumée de la façon suivante.

La démarche initiale tendait à détacher de la terre la pensée égyptienne et à lui imprimer un sentiment d'enthousiasme pour l'Infini spatial et pour la Durée illimitée. On fit considérer au peuple le caractère transitoire de la vie terrestre, sa brièveté décevante. D'autre part, la vie dans l'Au-delà était longue, éternelle peut-être... Comment faire pour y reporter le centre de l'intérêt et insuffler au peuple cet engouement passionné dont l'Égyptien était coutumier ? C'était le point délicat de la démonstration et c'est là que l'originalité du Trismégiste éclate.

La vie dans l'Au-delà, disait-il, pouvait, sans aucune solution de continuité, être, au moyen d'une technique savante, indéfiniment prolongée et organisée à volonté.

Ainsi l'Égyptien, avec son enthousiasme coutumier, se lança à corps perdu dans l'océan de la magie théurgique et opératoire. Il y aurait pu descendre très bas, aussi loin que son contemporain de la Babylonie, adonnée à la magie noire ; mais un coup de barre du Trismégiste para à ce danger : il greffa sur le « corps » de l'Égypte la sublime doctrine de Zoroastre[1] et enseigna à ce peuple amoral et « intéressé » l'importance *pratique* de l'attitude morale, conforme à la structure occulte du Cosmos.

Il disait à l'Égyptien :

— Veux-tu vivre avec les dieux ? Sois donc pur et parfait comme le sont les dieux.

— Veux-tu devenir un dieu toi-même ? Sois-en digne ! Que ta conduite sur terre soit conforme aux volontés des dieux ; qu'elle suive l'ordonnance divine du Cosmos ; alors les dieux n'auront pas *honte* de ta présence (chapitre XIV du *Livre*), et tu pourras leur parler d'égal à égal.

Certes, tous les Égyptiens n'étaient pas des enfants de chœur, loin de là ; mais la réalité concrète de l'ordre moral vivait dans la conscience de l'élite qui dirigeait les destinées du peuple.

Pour cette élite, l'ordre moral humain coïncidait avec l'ordonnance cosmique. C'était la structure, l'ossature (occulte) du Cosmos, l'ensemble des lignes de forces qui le maintenait en vie ; les lois spirituelles qui le gouvernaient et sans lesquelles le monde sombrerait dans l'anarchie et l'acosmie : c'était l'Âme même du monde.

Le soleil, la lune, les planètes dans leurs courses, servaient cet ordre moral, l'incarnaient, le diri-

1. Il s'agit, bien entendu, de Zoroastre l'Ancien qui a vécu plusieurs millénaires avant le commencement de notre ère.

geaient ; et la morale humaine n'était qu'un aspect particulier de l'ordonnance cosmique. Quiconque enfreignait la morale, attaquait de front la Synarchie cosmique, devenait son ennemi déclaré et un allié du Camp adverse...

Grâce à cette perspective, aussi grandiose que concrète, la morale devenait un lien vivant entre l'homme et l'Univers, une source d'inspiration artistique, religieuse et philosophique.

Le sens moral, chez un Égyptien d'élite, était de l'ordre d'une expérience mystique immédiate et non pas un ensemble codifié et mort-né de prescriptions rudimentaires et abstraites d'un Décalogue, cette « morale d'esclaves »[1].

Ainsi, imperceptiblement, l'Égyptien se détachait de la Terre ; il était conquis à l'idéal de la perfection morale. Le plan du Trismégiste, un vrai levier d'Archimède d'ordre psychologique et ésotérique, avec les trois étapes de sa réalisation, réussit à transformer l'Égypte de fond en comble et à l'initier au Plérôme – au Cosmos spirituel – par le mystère de la Mort.

*

*   *

Parallèlement à ces révélations, le Trismégiste enseigna aux Égyptiens l'art de l'écriture. Il se rendait compte que l'humanité continuait sa descente involutive ; la réalité ésotérique s'estompait au loin ; de plus en plus le monde devenait figé, saisi par la

1. On rencontre, chez les Stoïciens grecs, une morale analogue, dont l'inspiration égyptienne est probable ; de même, le Tao chinois présente des analogies frappantes avec l'enseignement moral hermétique.

mort, telle une MOMIE. La prodigieuse mémoire des anciens hommes s'éteignait ; d'où la nécessité de l'écriture...

Une grande distance sépare l'Égyptien de l'Hindou préhistorique pour qui toute écriture était une profanation du divin ; car la vie spirituelle meurt au moment même où elle est fixée par écrit. Le savoir traditionnel de l'Hindou (smṛti) et son savoir initiatique, ésotérique (çruti) étaient donc, tous les deux, transmis oralement.

L'Égyptien, plus éloigné de la Source de l'Esprit que l'Hindou, plus profondément plongé dans la matière, prend conscience du froid glacial qui se répand dans le Cosmos et qui fige son cœur. Le Cosmos se meurt et devient une Momie...

Tant pis ! Mais quel beau LIVRE que ce Cosmos !

L'idée qui présidait à l'écriture hiéroglyphique émanait du centre initiatique d'Hermopolis (Khemenu) où le culte de Thoth donna naissance à la doctrine du Verbe divin, du Logos créateur et de la magie. La doctrine du Trismégiste montrait le monde visible dans son état figé ; mais, derrière la sagesse cristallisée et la perfection de la nature soumise aux « lois », elle enseignait la présence de la volonté créatrice des dieux, volonté éteinte, il est vrai, mais dont les traces se voyaient partout.

Trismégiste disait donc : « Regardez le ciel avec ses étoiles, ses Luminaires, ses nuages ; regardez la terre avec ses montagnes, ses fleuves et ses plantes. Tout ceci n'est autre chose que l'expression de la volonté divine, de la pensée divine ; le Cosmos tout entier est un Livre cosmique, un Manuscrit, un gigantesque rouleau de Papyrus issu des mains des dieux. Cherchez donc à lire et à comprendre ce Livre ouvert et étalé devant vous, cette révélation des dieux. »

Ainsi naquirent – de la « langue écrite des dieux » – les hiéroglyphes égyptiens, ces copies exactes des autres HIÉROGLYPHES, tracés ceux-là par la main des dieux sur l'immense Papyrus du Ciel et de la Terre...

*

* *

Nous avons dit plus haut que la réussite du Trismégiste fut *presque* complète. Sur un point seulement il eut à subir un échec : ce fut la « trahison des mystères ».

Depuis quarante ans, on sait, en effet, grâce à la publication d'un texte important[1], que les mystères – à la suite de quels événements ? l'histoire l'ignore – furent trahis. Ce fait historique se situe après la chute de la VIe dynastie (autour de l'année 2400 avant J.-C.).

À l'origine réservée à des élus (les rois, leurs conseillers intimes et les hauts dignitaires de l'Église), connue de nous dans les « textes des Pyramides » (Ve et VIe dynastie), la littérature funéraire présentait un caractère bien différent du *Livre des Morts* : le roi n'apparaît jamais comme un suppliant anxieux ; il ne parle jamais à la première personne ; le culte d'Osiris n'est pas aussi prononcé que dans le *Livre* ; finalement, la confession (le chapitre CXXV du *Livre*) est absente.

1. Le papyrus de Leide, publié et traduit par A.-H. Gardiner (1909), qui offre un tableau frappant de cette « révolution bolcheviste » pendant laquelle les portes des mystères furent forcées. (Voir également A. Moret : *Histoire de l'Orient*, Paris, Presses universitaires de France, 1936, tome I, p. 256.)

Dorénavant, des formules toutes-puissantes, jadis réservées aux seuls rois et aux hauts dignitaires (initiés), sont en possession du peuple. La magie est divulguée ; les secrets des pharaons ont été profanés ; et les mystères d'Osiris sont célébrés publiquement ; la population entière y participe.

On pense que certaines parties au moins du *Livre des Morts* existaient déjà à cette lointaine époque. Ces textes ont-ils eu à souffrir, lors de la révolution ? Nous l'ignorons. Il se pourrait que certaines particularités du *Livre* en proviennent, par exemple l'excès de l'égocentrisme et l'emprise exercée par les penchants terrestres, de même que, parfois, une certaine vulgarité, étrangère généralement à cet air pur et raréfié des montagnes qui est l'attribut des élites...

Les grandes masses ne pouvaient, naturellement, sonder les abîmes de profondeur qu'elles côtoyaient. Les scribes bâclaient leur besogne, sans se soucier du sens ésotérique des mots. D'épaisses couches d'incompréhension s'amoncelaient sur ces textes sacrés, au fur et à mesure que le temps s'écoulait...

Le *Livre des Morts* reflète donc l'immense et *double* tragédie de ce peuple étrange. L'écroulement osirien est un fait cosmique et entraîne dans son sillage l'humanité tout entière ; pourtant, ce fait fut ressenti par l'élite égyptienne comme une tragédie proprement nationale. Le deuxième drame fut l'abaissement graduel, à la suite de la trahison des mystères, du niveau ésotérique.

La vie d'un philosophe, dit Platon, n'est qu'une longue méditation sur la mort qui l'attend. Cette idée profonde et noblement exprimée était, sans doute, une réminiscence du long séjour du philosophe en Égypte, à l'ombre des sanctuaires initiatiques. Toutefois, il serait erroné de s'imaginer le peuple de l'ancienne Égypte, en masse, comme une confrérie composée uniquement de philosophes méditant sur la mort. Loin de là : enjoué, passionnément attaché à la vie terrestre, l'Égyptien moyen était assez loin de l'idéal platonicien. S'il pensait à la mort pendant la vie, c'était uniquement pour échapper à son emprise et pour la transmuer, à l'aide de la magie, dans une existence posthume quasi terrestre. Les perspectives purement philosophiques furent ainsi faussées, et volatilisé le parfum mystique que nous a conservé la pensée platonicienne.

Les mystères profanés de l'Égypte furent, plus tard, rétablis dans leur intégrité ; les brèches furent colmatées. Comment ? Au prix de quels efforts, de quels sacrifices ? Nous l'ignorons. Toutefois, une partie des trésors initiatiques se répandit dans les masses qui ne les comprirent guère ou qui les interprétèrent à leur façon. Le *Livre des Morts* figura au nombre de ce que, de notre temps, l'on appelle les « conquêtes des classes laborieuses ».

Ouvert à tout le monde, accessible au premier venu, il reflète dans sa double comptabilité un grand secret : celui du compromis tacite entre les centres initiatiques et les grandes masses, un compromis d'autant plus facile à réaliser que les masses égyptiennes étaient, de par leur éducation millénaire et leur tempérament inné, habituées à assimiler aveuglément des formules énigmatiques et incompréhensibles.

D'ailleurs, à côté des chapitres inabordables, chiffrés, verrouillés par de grands experts en ces matières et qui sont destinés, apparemment, à une élite d'initiés, on trouve des passages d'inspiration nettement exotérique : l'énumération des volailles rôties, des pains d'orge, des vases de lait, des hanches des bêtes abattues, etc.

D'autre part, on s'imagine difficilement comment réagissaient aux images grandioses des chapitres XVII, XLII, LXIV, CXXV, CLXXII, etc., un petit commerçant, un artisan, un laboureur de l'ancienne Égypte qui les entendaient réciter... Qu'en dirait aujourd'hui un de leurs confrères occidentaux ?

Toute regrettable qu'elle fût, la « trahison » des mystères égyptiens les fit entrer dans la vie quotidienne du pays et communiqua à celui-ci l'ambiance magique et mystérieuse qu'on lui a connue depuis. Le niveau spirituel baissa, mais les richesses ésotériques se répandirent de tous côtés comme les torrents d'eau d'une digue rompue. La littérature relative à la vie posthume (les textes des sarcophages, le *Livre des Portes*, le *Livre des Morts*, le *Livre de ce qu'il y a dans l'Au-delà*, etc.) en sortit.

Il fallut que toute une civilisation fût imprégnée de mystère pour que, constituée par là même en modèle et exemple, elle servît à l'éducation, voire au redressement des peuples futurs qui, pataugeant dans la matière, se refusaient obstinément à ouvrir les yeux...

En effet, les textes sacrés égyptiens ne ressemblent guère à ceux des autres peuples. Tandis que les théologies grecque ou hindoue, mexicaine ou sumérienne demeurent pour nous autant de *mythologies* (c'est-à-dire de fables, dont le contenu réel est savamment camouflé), les expériences vécues d'un initié égyptien sont étalées « en clair », souvent avec un réalisme que rien ne saurait égaler.

En somme, la « trahison » des mystères fait partie de la destinée historique de l'Égypte, de sa mission spirituelle, de l'héritage qu'elle nous a transmis. Car il est fort probable que, sans cette trahison, nous ne serions pas aujourd'hui en possession des trésors initiatiques de l'ancienne Égypte. Gardés jalousement, ils auraient péri avec le peuple qui les avait créés et qui les aurait emportés dans son tombeau.

*
*   *

L'Être humain, pour l'ancien Égyptien, se trouvait au centre même du Cosmos : il se révélait comme le nœud gordien, l'espoir des dieux et – le plus souvent – leur désespoir, l'Héritier unique, capricieux, arbitraire, volontairement imparfait, généralement au-dessous de lui-même, mais capable des plus hautes destinées.

Car le monde avec ses dieux, disaient les Égyptiens, se faisait vieux ; il déclinait vers un Crépuscule inéluctable – au moment même où l'être humain, jeune, vigoureux, doué de potentialités infinies, qu'il ne soupçonnait pas lui-même, émergeait, plein de sève, et pénétrait sur la scène de l'Univers. Et jamais, pour le *Livre des Morts*, l'homme n'était aussi divin qu'après avoir dépouillé son corps, cette enveloppe terrestre qui l'entraînait vers l'animalité. Alors les dieux qui marchaient à sa rencontre lui tendaient les bras et éclataient en cris d'allégresse ; car ils reconnaissaient en lui leur égal et leur Héritier légitime.

Mais que contemplait-il alors, ce nouveau-venu ?

Pourquoi les dieux eux-mêmes étaient-ils affublés de têtes si étranges ?

D'où venaient-elles, ces divinités à tête de lion, de faucon, d'ibis, de chacal, de tortue, de scorpion, de singe, de serpent, de crocodile, de scarabée, d'hippopotame ?

L'Égyptien ne ressentait nullement ce masque animal comme une « diminutio capitis » du dieu respectif. Au contraire, c'était un signe distinctif de la divinité. La note animale dans la fixation des traits divins était une note juste, une note réaliste ; elle s'imposait avec une sorte de nécessité impérative aussi bien artistique que théologique. On sent qu'une grande énigme se cachait – et se cache – sous ces masques d'animaux, énigme tout autre, en vérité, que celle du « totem », élaborée par l'imagination luxuriante et « scientifique » de Sir James Frazer.

Dans le domaine philosophique, beaucoup plus tard, Aristote, le premier, attira l'attention sur les ressemblances qui existaient entre certains animaux et les catégories respectives de la physionomie humaine.

D'autre part, le visage humain, en général, est un océan où toutes les animalités, se manifestant simultanément, se trouvent neutralisées, comme des paires d'oppositions, et constituent ainsi un ensemble équilibré de possibilités animales cachées. Bref, le visage humain n'exprime rien de particulier, étant lui-même la potentialité absolue. C'est pourquoi, s'actualisant dans le temps, il est infiniment mobile : mais, à la longue, il est fade et insignifiant.

Le « masque » animal, par contre, possède une expression fixe et déterminée, éternellement actuelle. Cette fixité de pierre apparente l'expression de la tête animale à certaines régions de l'esprit, caractérisées par la pérennité, qui exerçaient une grande attirance sur le génie égyptien[1].

1. Signalons, en passant, que le masque, comme tel, possède le poids et la profondeur, ces « dimensions spirituelles ». Car sa nature métaphysique est la *négation*. Or, la logique enseigne que le jugement négatif s'apparente à l'infini.

Notons également que l'ancien Égyptien vivait à une époque où les liens de l'homme avec la nature n'avaient pas encore été dissous. Le monde n'était pas, pour lui, aussi cloisonné qu'il l'est pour nous : pas de frontières infranchissables entre la pierre et l'homme, entre la plante et l'homme ; quant à l'animal, il entrait de plain-pied dans la grande famille humaine.

L'Égyptien ressentait l'essence métaphysique de la pierre dans ce qu'elle présente d'éternel et d'immuable ; et cette notion, il l'incarnait dans les monuments de pierre (les pyramides, les temples). Il ressentait le monde végétal dans sa pureté essentielle et dans son innocence ; et ses vêtements, les colonnes de ses temples en empruntaient les formes. Enfin, les animaux demeuraient pour lui les porteurs du symbolisme initiatique.

Que l'on compare les divinités grecques, si humaines en apparence, aux divinités égyptiennes. Combien les premières perdent dans la comparaison ! Est-il étonnant qu'un Zeus tyrannique et adultère ait réveillé, chez les Grecs, des penchants vers l'athéisme ? Et Hermès, agile, persifleur et tricheur, quelle valeur initiatique pouvait-il présenter, lui, le maître de l'ésotérisme ? Bref, rien de mystérieux, apparemment, chez ces habitants de l'Olympe.

Tout autre est l'impression qui se dégage du panthéon égyptien. Les dieux sont graves et mystérieux. Une tête d'animal met une distance entre le fidèle et son dieu. Tantôt sous forme de momie, au masque noir, vert ou jaune clair ; tantôt sous le masque animal, toujours silencieux, ces dieux manifestent leur volonté par des gestes lents et solennels.

Que l'on compare l'Hermès de Praxitèle, ce bel athlète, au sourire mondain et fade, avec Thoth à la tête d'ibis, divinité initiatique, grand maître des mystères. Dans cette tête d'oiseau, sans mobilité aucune, bizarre, noire, les yeux, implacables et perçants, font peur. Rien ne saurait être dissimulé à ce dieu, quand son regard fixe le défunt dont le cœur sans défense gît sur un plateau de la Balance fatidique...

*
* *

Les Égyptiens estimaient que, en naissant sur terre, l'homme mourait pour le monde de l'Au-delà ; ses potentialités surhumaines subissaient une éclipse. La mort terrestre n'était, par contre, qu'une nouvelle « naissance », une renaissance dans l'esprit, un rajeunissement du moi profond. Le défunt devenait un « nouveau-né »[1]. Le plan où il émergeait, après le passage du Seuil, ce plan visionnaire des Égyptiens, est la région de l'absolue *Possibilité* ; rien n'y est déterminé, délimité, fixé, stable ; tout y subit la loi du mouvement ; et ce qui s'y manifeste apparaît sous un masque symbolique (comme, par exemple, les masques des divinités égyptiennes).

Le contact avec cette « Région de la Potentialité généralisée » réveille chez un défunt dûment préparé la conscience de la potentialité absolue inhérente à l'être humain. Celui-ci était autrefois malléable, plastique, changeant à l'infini ses formes, couleurs, manifestations et reflétant comme un miroir tout son entourage (le caméléon est une survivance de ces

1. Héraclite, qui devait le meilleur de sa philosophie à l'inspiration égyptienne, disait : « Les hommes vivent leur mort et meurent leur vie. »

lointaines époques ; la légende grecque de Protée relève du même phénomène préhistorique).

Après la mort, le corps terrestre à peine éliminé, les possibilités de l'être humain, comprimées pendant la vie terrestre, jaillissent, débordent du cadre de la personnalité ; et le transformisme illimité, cette fonction de la potentialité universelle, entre dans ses droits. Le défunt se trouve dès lors dans la « Région des Métamorphoses », caractérisée par une extrême rapidité et variété de transformations ; et il éprouve le désir, ou le besoin, de parcourir *à volonté* toute la « gamme des métamorphoses » en vue de démontrer à lui-même et aux autres la richesse insondable du moi absolu. Libéré dorénavant de l'emprise des Archontes planétaires, ayant reconquis ses aptitudes protéiformes, il peut vivre l'expérience d'une liberté totale. Cette expérience mystique ne devient concluante qu'au moment où l'homme réalise *in actu* tout ce que, jusque-là, il avait été *in potentia*, c'est-à-dire lorsqu'il est à même d'incarner, l'une après l'autre, ses possibilités, c'est-à-dire de « passer par des métamorphoses ». Car chaque forme (hirondelle, serpent, lion) correspond à un faisceau de possibilités.

Ainsi le pouvoir de métamorphose et de transformisme général était, pour l'ancien Égyptien, la démonstration première de sa liberté, qui l'égalait aux dieux. On comprendra, à présent, pourquoi les dieux lui posaient la question : « Es-tu capable des Métamorphoses ? », c'est-à-dire : « À présent que tu te trouves hors de l'atteinte de ton corps mortel et de l'esclavage de la Terre, es-tu conscient de ta liberté surhumaine ? »

L'idée de métamorphose fut une des plus profondes élaborées par la spiritualité égyptienne. Les philosophes grecs, si habiles à profiter des reliefs des symposions égyptiens, n'en surent pourtant rien tirer. Quelques littérateurs alexandrins, en mal de copie, mirent à contribution cette idée pour l'accommoder sous forme d'une mythologie versifiée. Ovide, les pillant sans vergogne, confectionna sa fade compilation. Apulée, initié aux mystères d'Isis, mit à profit ses connaissances dans son célèbre roman.

Maître Eckhart fut le premier en Europe qui, guidé par son intuition mystique personnelle, retrouva, au XIIIe siècle, le concept de la possibilité illimitée, à la différence des Upanishad, où elle trouve souvent une expression abstraite et quasi mathématique. Très prononcée chez S. Kierkegaard, la métaphysique de possibilités fut reprise, depuis trente ans, chez les ontologues (N. Hartmann) et chez les existentialistes allemands (Jaspers).

Mais nulle part l'idée des possibilités latentes et de la métamorphose protéiforme ne remporta autant de triomphes que dans le domaine de l'Alchimie, née du sol de l'Égypte...

*

* *

Au centre de la vision morale de l'Égyptien trônait l'Équilibre cosmique incarné dans Maat (Vérité-Justice), déesse à deux plumes sur la tête.

Plus qu'aucun autre peuple de l'Antiquité ou des Temps Modernes, l'Égyptien éprouvait une sensation très nette – presque organique – de la « Libration de la Balance » de l'Arbre sephirothique exprimée dans l'Arcane VIII (« Justice ») : l'ordre par l'équilibre et par la symétrie.

Déjà la position géographique de l'Égypte lui montrait la voie : les deux déserts (les « deux horizons ») se maintenant en équilibre comme deux plateaux de la Balance dont la vallée du Nil serait le fléau. Les « deux terres » de l'Égypte (le Nord et le Sud) se complétaient mutuellement. Ensuite, l'Égyptien opposait le Ciel à la Terre, la Lumière aux Ténèbres, le Jour à la Nuit. Dans le domaine de la théologie, il fit ressortir le parallélisme équilibré des paires : Anubis-Upuaut, Isis-Nephthys, Seth-Horus. Devant nous surgissent des divinités doubles : Shu-Tefnut, Horus double, Maat double (Vérité + Justice), Akeru, etc. Le royaume des Morts est double : Amenti + Duat ; il possède un équivalent *double* du paradis : Sekht-Hetep + Sekht-Ianru. Il existait une ville sacrée double (Pé + Dep). Les noms de certaines divinités étaient jumelés (Râ-Osiris, Râ-Tum, Ptah-Tatenen, Amon-Min, etc.). L'ogdoade de Khemenu comportait quatre paires de divinités (mâles et femelles) ; la couronne des rois était double ; le plan du Devenir s'opposait à celui de l'Éternité immuable. Enfin, dans l'architecture, on trouve l'interaction rigoureuse des verticales et des horizontales ; dans la sculpture, une symétrie figée ; dans la littérature, un parallélisme compassé (hérité par la Bible). Mais la plus étonnante et la plus grandiose conséquence de ce principe, ce fut de réussir à englober l'Au-delà dans le circuit métaphysique – comme un contrepoids à l'Ici-bas. Ainsi fut créée une immense *Balance Cosmique* et établi un équilibre entre le monde visible et le monde invisible, un équilibre dont l'immense grandeur et d'incalculables corollaires ne sauraient nous échapper.

Maat (Vérité-Justice), c'est l'ordre cosmique fondé sur l'équilibre, le substrat de l'Univers synarchique.

Plus tard, dans l'Alchimie, issue de l'enseignement ésotérique égyptien, l'opposition du Mercure (Solve) et du Sulphure (Coagula) – cette Balance dont le « Sel » est le fléau – correspond à l'équilibre entre le plan du perpétuel Devenir et celui de l'Éternité fixe.

Partout on trouve la même harmonie stable, profonde, de cette civilisation fondée sur l'antinomie et sur la tension dialectique...

*

* *

L'ancienne doctrine de la nature complexe de l'être humain distinguait, grosso modo, trois étapes dans la composition de l'homme : corps, âme et esprit, dont chacune comportait d'autres divisions.

L'esprit fut éliminé le premier ; l'âme suivit le mouvement ; aujourd'hui, elle n'est considérée que comme un simple « épiphénomène » du corps, réalité unique, celui-ci.

Sommes-nous donc aujourd'hui plus ignorants – malgré des milliers d'instituts et de laboratoires de psychologie expérimentale disséminés de par le monde – de ce qui se passe à l'intérieur de notre corps, dans les limites de notre peau, que ne l'était l'élite égyptienne d'il y a cinq mille ans ?

Nous ne savons rien, en effet, absolument rien, des différents échelons de notre être *invisible*, de leur cohésion ou de leur interférence.

Car l'homme est, avant tout, un être invisible...

Selon le *Livre*, les frictions et les conflits qui se produisent, dès notre vivant, entre les différentes composantes de l'entité humaine se font jour, de plus belle, après la mort, lorsque l'enveloppe terrestre, qui les avait bloqués dans les étroites limites du corps, éclate. Les forces centrifuges de cet ensemble disparate le disloquent graduellement, en soumettant l'homme invisible à une pénible épreuve morale.

La conscience une fois réveillée – après la mort et le passage du Seuil – le défunt se demande, en présence de cette « dispersion des membres d'Osiris », comment maintenir leur cohésion. Le *Livre* mentionne souvent cette préoccupation ; il distingue plusieurs « composantes » de l'être humain.

Tout d'abord, le corps physique, c'est-à-dire le cadavre momifié. Il devenait, pour le défunt, un objet de contemplation et de méditation ; ce n'était plus « lui-même » ; c'était pourtant toujours sa propriété, le lien qui l'unissait à la terre, le point où sa « barque » désemparée avait jeté son ancre. Dorénavant, le rôle *positif* du corps terrestre était, de toute évidence, terminé ; mais celui-ci demeurait un instrument passif de la magie opératoire.

C'était comme un proche parent auquel le défunt était attaché par des souvenirs communs, par des habitudes contractées pendant la vie terrestre. La contemplation de la momie aidait le défunt à s'orienter dans l'Au-delà, lui fournissait une illusion de stabilité et de sécurité. Mais à côté des regrets éveillés par tant de souvenirs communs lui rappelant les « bons moments » passés sur la terre, un esprit nouveau surgissait en lui : la conscience de sa mission divine.

Au moment où le corps terrestre cessait de jouer un rôle actif, les autres ingrédients de l'être humain rendaient nécessaire la création d'une nouvelle base de la coordination hiérarchique. Ce substrat vivant et actif, ce « socle » de la vie posthume, l'Égyptien le désigne sous le nom de KA ; il joue, après la mort, le rôle du corps terrestre pendant la vie ; caractérisé par une stabilité absolue, ayant le point d'appui à l'intérieur de l'être humain, mais tendu vers la périphérie, il pourvoit le défunt de cet équilibre stable qui lui manque le plus. C'était la partie la plus résistante, la plus condensée de son être invisible. (Son identité avec le « corps vital », le « prâna-çarira » des Hindous, est probable, mais non certaine.)

Le KA (que nous traduisons par le « double éthérique ») était, quoique immatériel, en tout point ressemblant au corps physique du défunt. Il remplaçait, après la mort, le corps terrestre, ainsi que la conscience du « moi » empirique (« nuk »), durant la vie : comme celui-ci, il devient l'axe de cristallisation de l'entité du défunt ; sans le KA, tout l'échafaudage s'écroule, se désagrège, se disperse. Mais, pour préserver le KA, il fallait conserver indemne le cadavre : c'est la raison de l'embaumement. À l'encontre de ce que, pendant la vie, notre centre psychique (le « moi ») tend vers le centre de notre être, le KA s'étend, doué après la mort de tendances centrifuges, vers la périphérie du Cosmos. Bref, tout ce qui pourvoit le défunt de stabilité, vitalité, force, vient de KA ; en outre, il assure la « cohésion des membres ».

Comme le KA ne pouvait plus résider dans le cadavre momifié, il avait besoin d'une effigie du mort offrant toutes les garanties de ressemblance. D'où l'extraordinaire essor de la sculpture funéraire des Égyptiens ; c'est le KA qui en fut l'inspirateur.

Beaucoup moindre était le rôle joué par la deuxième « composante » de l'être posthume : le KHAIBIT (traduit : « l'Ombre ») ; c'était le substrat de tous les désirs élémentaires, des passions animales, des vices, etc. Le KHAIBIT, vu son état corrompu, courait de grands dangers dans l'Au-delà : il pouvait être détruit, dévoré, dérobé ; il se manifestait sous la forme d'un « fantôme ». (C'est l'« écorce » des Cabbalistes, le sûkshma-çarira des Hindous.)

L'« âme »[1] du défunt (BA) était jumelée avec son « cœur » (IB). [Noter la métathèse.]

Le BA était représenté sous les traits d'un oiseau à tête humaine ; comparé à KHAIBIT, c'est l'âme supérieure, capable de raisonnement, de réflexion, de jugement, de décisions lucides. C'est BA (et son siège, IB) qui est menacé par la « seconde mort », c'est-à-dire par la décomposition et par la perte graduelle de conscience.

À l'encontre du KA dont l'existence dépendait des offrandes symboliques (représentées en bas-reliefs ou en peintures sur les parois du tombeau), le BA avait besoin d'offrandes en nature (pains, fruits, volaille rôtie, bière) ; dès que le flux d'offrandes s'arrêtait (et, tôt ou tard, c'était inévitable) son existence cessait. Le KA était sédentaire ; le BA était doué d'un prodigieux dynamisme : il se déplaçait avec une grande facilité et parcourait à volonté toute la gamme des métamorphoses.

L'« âme » (BA) se trouve à mi-chemin entre les enveloppes-véhicules (Ka et Khaibit) et l'*esprit*, partie éternelle de l'être humain.

La vie normale de l'« esprit » du défunt était conditionnée, tout d'abord, par sa « justification » ; ensuite, par sa « purification » rituelle et par sa « sanctification » dans le sein d'Osiris.

L'« esprit sanctifié » (iakhu ou khu) correspond au « manas » des Hindous ; c'est l'attribut de l'Élu, du Parfait, de l'Initié. Il habitait les « Champs de la

1. Le terme de l'« âme » a été rejeté par plusieurs égyptologues, mais la psychologie officielle serait bien embarrassée de trouver un autre terme.

Paix » et les « Champs des Joncs », en compagnie des dieux, loin des vicissitudes pénibles du Duat peuplé de pécheurs.

Un échelon plus haut, nous trouvons le « SAHU » (« Corps glorieux », ou « bouddhi » des Hindous) : l'esprit ayant reçu le « sceau » de la consécration et de l'illumination. Sahu, « corpus glorificationis », correspondait à la Pierre philosophale des alchimistes ; c'étaient la sublimation et la rédemption de la « matière » et du corps matériel du défunt, parvenu au plus haut point de sa spiritualisation.

C'était, en même temps, la reconversion de la catégorie du Devenir en celle de l'Être.

Ici s'arrête l'ascension de l'être humain, d'après les doctrines égyptiennes. Nous n'y trouvons rien qui correspondrait à l'Atman (le moi absolu) des Hindous. En revanche, les textes mentionnent encore deux « composantes » : le « Nom » (REN) magique (mystérieux, sacré et caché) et la « Volonté » magique (SEKHEM). Avoir oublié le Nom pendant le « passage » de la vie à la mort mettait en danger l'existence du défunt ; connaître le Nom d'un Esprit ou d'un dieu équivalait à les avoir à sa merci.

Le Iakhu, le Sahu et le Ren étaient exempts de la « seconde mort » et n'avaient plus besoin d'offrandes sépulcrales, car ils demeuraient au sein d'Osiris...

*

*   *

Le conflit d'Horus avec Seth est un des leitmotive de la spiritualité égyptienne.

Horus n'est cependant pas une divinité individuelle au profil bien accusé, mais plutôt la dénomination commune pour une classe entière d'êtres spirituels fougueux, orgueilleux et combatifs, d'une fierté souveraine et d'un égocentrisme effréné. C'est sous son inspiration que le défunt – son « frère » et son « héritier » – devient, lui aussi, égocentrique et orgueilleux, et dans ses tirades affecte un air altier, plein de morgue. Un certain narcissisme luciférien n'est pas étranger à cette classe d'êtres dont les uns se rattachent à Isis (Harsiesi et Harpocrate), les autres à Osiris (« Horus l'Aîné » et « Horus, vengeur de son Père »). D'autres Horus sont incorporés dans Râ, Tum, etc. Il y a enfin des Horus « indépendants » : « Horus l'Unificateur des deux Terres » (de l'Égypte), « H. des deux Horizons » (Harakhte), les Horus planétaires (Saturne, Jupiter, Mars), « H. rouge », « H. bleu », « H. aveugle », etc.

Horus, qui est l'Héritier et le Légataire universel de tous les dieux, peut, à l'occasion, se substituer à eux ; il inspire et guide la culture égyptienne dans ce qu'elle offre de mâle, de volontaire, d'enthousiaste et de dionysiaque.

Le problème de Seth est celui des « anges déchus ». Par son tempérament opposé à Horus, Seth est glacial, taciturne, haineux, d'une intelligence profonde, implacable, incisive ; c'est un moqueur impitoyable, dans le genre de Méphistophélès ; il se plaît à traîner dans la boue tout ce qui est sacré et sublime. Ayant été émasculé par Horus, il est froid, stérile, « objectif » et « scientifique » ; en même temps, c'est un réaliste et un calculateur.

Seth avait été fils, frère, époux et père des dieux, ennemi des démons ; il avait fait partie de leur « Compagnie ». Puis, un beau jour, il assassine son frère Osiris et passe avec armes et bagages dans le camp de l'ennemi, devenant ainsi l'allié du Dragon de l'Abîme, un monstre, un objet de dégoût et d'horreur pour les dieux, et tout spécialement pour Horus, « Vengeur de son père » ; Seth est un adversaire sournois, rusé et d'autant plus dangereux qu'il connaît les plans secrets des dieux. Ce qui complique les choses, c'est que cette attitude de Seth a toute l'apparence d'un acte *voulu* par les dieux, puisque la lutte des « deux compagnons » (Horus et Seth) semble faire partie du plan divin, comme un élément indispensable de l'équilibre cosmique (l'Arcane X), nécessaire pour perpétuer la « Libration de la Balance ». Tout abhorré qu'il est, Seth fait partie de l'« économie » cosmique ; on le combat, mais on ne saurait se passer de lui. La lutte entre les dieux est nécessaire ; le Mal est indispensable. En combattant les dieux, Seth sert à réaliser leurs plans.

Les rapports qui avaient existé, à l'origine, entre Seth et Horus furent faussés par la défaillance (« chute ») de Seth. Car, au départ, ces deux divinités se tenaient en équilibre, telles deux tendances opposées de la nature : l'une (Horus), pleine de dynamismes créateurs et transformateurs, parcourt toute la gamme des formes et préside au Devenir cosmique ; l'autre (Seth) incarne le principe sec, concentré, immuable, tendant vers la fixation centripète : c'est la Durée, l'Éternité, l'Être absolu.

En termes d'Alchimie, c'est l'opposition [Solve-Coagula] du « Mercure » (Horus) et du Sulphure (Seth).

La « chute » de Seth faussa l'Équilibre cosmique. La place de l'Éternité, concentrée dans le « Hic et Nunc », fut usurpée par la Mort, par le raidissement de l'Univers-Momie, par la stérilité spirituelle et par le froid glacial de la haine.

Face à cette Balance cosmique faussée, un redressement s'imposait. Et ce fut l'intronisation de cette

Éternité triomphante et victorieuse, enthousiasmante et inspiratrice, que le génie égyptien sut arracher aux griffes de Seth...

*

* *

L'Égyptien voyait *grand* et dédaignait les finesses, les détails, les corollaires ; il les laissait aux autres. Peu d'idées directrices, mais quelques idées de poids ; une envergure imposante de l'esprit. Pas de vaines prétentions, mais des réalités tangibles. Est-il besoin de démontrer que dans tout cela notre époque prend le contre-pied de l'ancienne Égypte ?

Au centre des méditations égyptiennes trônait l'Éternité : l'Infini spatial et la Durée sans limites. L'Égyptien n'avait-il pas à manipuler la seule certitude, la seule réalité de la vie ?

La mort s'offre à notre vue comme un bloc, comme un mur d'airain, immuable, inébranlable, éternel. Elle confère ce caractère unique à la sculpture égyptienne qui – figée, bloquée, pétrifiée – sait négliger, les balayant d'un revers de la main, tous les détails.

Le verbiage futile des Grecs fatiguait un Égyptien d'élite : « Vous êtes d'éternels enfants, ô Grecs ! » Il demeurait silencieux, calme, lent dans ses mouvements, sérieux ; une dignité immense émanait de tout son être, et son silence même parlait la langue de la sagesse...

On conçoit mal, à notre époque, où tant d'intérêts divergents – politique, sport, argent, spectacles, plaisirs – préoccupent les esprits, qu'une idée unique ait pu exercer une telle obsession.

En fonction de cette préoccupation exclusive paraissaient – au second plan – les dieux ; et l'organisation de la vie nationale, sociale, économique était orientée vers le même but. Cette grandiose simplicité imprime à l'ancienne Égypte son cachet.

Volonté de puissance ? Certes ; mais, en outre, une volonté d'Absolu, dont on se fait difficilement une idée, aujourd'hui. La vie posthume n'était pas seule à passionner l'Égyptien : derrière elle se profilait l'Éternité ; communier avec celle-ci : voilà ce qu'il ambitionnait. C'est le mystère des pyramides et du Sphinx de Gizeh...

*

* *

Une légende, racontée par Plutarque et reprise par Novalis, relate qu'une statue féminine voilée s'offrait aux regards des visiteurs pénétrant dans le grand temple de Saïs ; elle tenait dans ses mains une tablette, avec l'inscription : « Je suis Isis la Grande ; celle qui fut, celle qui est, celle qui sera, éternellement. Nul mortel n'a jamais soulevé mon voile. »

Cette légende nous fournit la clef de la vision égyptienne du monde, de ce sens inné pour l'énigmatique et l'irrationnel qui caractérisait ce peuple. Car il savait, en vertu d'une intuition mystique infaillible, que notre univers humain, régi apparemment par la raison, n'est qu'un îlot battu en brèche par un océan d'irrationalisme effréné et d'hallucinations sans limites. Ainsi l'Égypte était devenue la terre sacrée du surréalisme, du vrai. Le caractère bizarre, inédit, des images qu'elle nous offre, la dislocation des perspectives, le coq-à-l'âne hybride de toutes les associations visuelles ou idéologiques, l'obsession hallucinatoire des tableaux de l'Au-delà, tout cela réussit à mettre sur pied une « réalité » qui n'est pas d'Ici-bas et qui contredit nos habitudes de pensée. C'est précisément cette vaste zone qu'aborde le *Livre des Morts*.

Or, on sait combien impuissante est la parole humaine à exprimer l'irrationnel. Le vrai visage de celui-ci est le Silence, riche en dynamismes cachés, en potentialités infinies. Il embrasse le tout, donne une vue globale, sans fausser le tableau par des vérités de fait arrachées arbitrairement. Si une nécessité de communication se présente, des symboles – dont le rayon d'action est infiniment plus vaste – servent ce but mieux que les paroles : ils pénètrent profondément l'âme qu'ils fructifient en silence, tandis que la parole ne fait que l'effleurer.

Le culte égyptien des animaux s'explique – en partie au moins – par leur mutisme ; grâce à quoi leur visage est plus expressif que celui de l'« homo loquens ».

Les divinités égyptiennes étaient muettes – ou laconiques. Elles préféraient exprimer leur volonté par des gestes ; mais de leur visage émanait une profonde et mystérieuse sagesse.

De même, le peuple égyptien n'était pas doué pour l'exercice de la parole, pour les lettres. C'est une conviction à laquelle on arrive, après plus d'un siècle de fouilles et de publication de textes.

Peut-on s'imaginer un Pindare ou un Sophocle écrivant en égyptien, cette langue pauvre, peu expressive, handicapée par une syntaxe rudimentaire ?

Les Égyptiens ne parlaient pas : ils bégayaient leur langue. D'ailleurs, le caractère embarrassé de leur écriture n'incitait pas aux épanchements lyriques, aux développements philosophiques. Leur spiritualité était tout autre chose que l'intellectualisme d'aujourd'hui. La vie intense et créatrice dans le domaine de la pensée abstraite, découverte par le génie grec, leur était étrangère.

En revanche, ce peuple était doué d'une extraordinaire aptitude *visionnaire*.

L'Œil d'Horus (de Râ, de Tum) exprimait pour lui l'énergie cosmique créatrice incarnée dans les deux Luminaires et reflétée également dans le Microcosme de notre vision humaine.

« Voir » (MA) signifiait pour l'Égyptien : « savoir », « comprendre » ; de là : « la vérité », « la justice » ; enfin, d'une façon plus dynamique : faire triompher l'Ordre cosmique qui combat le Mal et les Ténèbres.

Quand on lit leurs textes sacrés, on croit *voir* ce que les hommes d'autrefois ont vu ; on ressent leur angoisse ou leur triomphe, leur indignation ou leur pitié ; des images-visions se suivent, saisies sur le vif, aspirées par des yeux qui ne laissent échapper aucun détail, qui le guettent, qui le fixent à tout jamais.

Aux graves, sérieux, silencieux Égyptiens, rien ne paraissait aussi *comique* que l'éloquence. Ils réservaient leur parole aux choses d'importance majeure : au Verbe de Puissance. Mais *Silence* – Σιγη des Gnostiques égyptiens – prime le Verbe.

C'est le Silence qui émane de l'ancienne Égypte, Silence coupé par des formules d'incantation ; et, au travers de ce Silence, on entend la voix de la Sagesse...

Et c'est ainsi que l'Égypte, veuve de toute littérature écrite digne de ce nom, fut considérée par la Grèce – cette Grèce antique que nous admirons tant – comme son initiatrice et son inspiratrice.

De même, le Colosse de Memnon ne faisait entendre, à l'aube, qu'une plainte indistincte, une sourde lamentation, fort peu de chose, à la vérité ; ce qui a pourtant suffi à le rendre célèbre dans le monde entier.

On attendait des merveilles du déchiffrement des hiéroglyphes.

Ce ne fut, en somme, qu'un leurre, une impasse, un coup d'épée dans l'eau.

Cette voie ne conduit nulle part.

L'esprit qui animait ce phénomène historique, l'« Égypte », demeure inconnu, méconnu, bafoué, nié.

Pour comprendre l'Égypte – et ses textes mêmes – qu'on écoute d'abord son silence.

De ce silence naîtra, un jour, une égyptologie ésotérique.

IV

Il existe un ouvrage, traduit du tibétain, que l'on met, depuis quelque temps, en parallèle avec le *Livre des Morts égyptien* : c'est le *Bardo Thödol*, paru en français sous le titre (inexact) de *Livre des Morts tibétain*. Or, un rapprochement entre les deux Livres nous exposerait à de lourdes méprises.

On ne saurait, en effet, s'imaginer deux attitudes de base et deux textes aussi dissemblables que ceux des deux Livres des Morts. Certes, tous les deux ont pour objet la vie après la mort ; mais ici leur ressemblance prend fin, et les différences, radicales, se font jour.

Le *Bardo Thödol*, d'inspiration nettement bouddhiste mahâyâniste, demeure fidèle à la doctrine du Vedânta selon laquelle le monde phénoménal que nous percevons (aussi bien l'Ici-bas que l'Au-delà) constituerait un immense réseau d'illusion cosmique (et, après la mort, un océan d'*hallucinations* karmiques) dépourvu de tout contenu réel. Tout ce qui nous entoure après la mort serait faux, imaginaire, illusoire. Le défunt, disent les textes tibétains, éprouverait des désirs et des craintes, des sentiments de sympathie ou de haine, il serait dominé par de violentes passions ; or, sa vie affective, de même que les données des sens, ne servirait qu'à le tenir prisonnier dans cette geôle qui est le monde (« visible » ou « invisible »). À l'encontre de certaines traditions selon lesquelles l'homme « se réveillant » après la mort contemplerait enfin une réalité nouménale, le *Bardo Thödol* enseigne, avec une admirable suite dans les idées, la continuité de l'illusion cosmique dans l'Au-delà ; celle-ci serait aggravée, doublée d'un état de rêve, d'une hallucination universelle à laquelle aucune conscience ne saurait se soustraire.

Les dieux infernaux, paisibles ou irrités, l'enfer même et ses tourments, seraient autant de fantômes, créés par l'esprit du défunt ; ils n'existeraient pas en dehors de lui. Il lui incomberait de maîtriser la peur et la panique, afin d'échapper aux pièges de l'illusion au moment même où le terrible vent du *karma* souffle par rafales et où le défunt entend de toutes parts des rugissements de colère : « Frappe ! Tue ! Saisis-le ! » Tantôt il se trouverait nez à nez, en fuyant, avec des dieux courroucés et menaçants, tantôt son chemin serait barré par d'horribles précipices. Pendant tout ce temps, il doit tenir présent à l'esprit le dogme de l'irréalité du monde : les supplices, les dangers, les terribles souffrances résulteraient des hallucinations, de même que les furies tourmenteuses, l'accablante obscurité, les vents glacés, les orages, etc. Cherchant un refuge, le défunt verrait de grandes cavernes dans les rochers ; il s'y blottirait... Ainsi il se cacherait dans une matrice – celle de sa future mère – comme dans un lieu de refuge, et il renaîtrait sur Terre...

Or, la façon de voir de l'ancien Égyptien était diamétralement opposée à celle du Védânta et du bouddhisme ; car l'Égyptien nous offre le type idéal du « réaliste naïf ». Le problème gnoséologique de la réalité du monde phénoménal ne se posait même pas à sa conscience ; cette question, si familière à l'ancien Grec ou à l'Hindou, demeurait tout simplement en dehors de ses possibilités métaphysiques. Tout ce qu'il percevait (Ici-bas ou dans l'Au-delà) était pour lui saturé de la réalité absolue et ne pouvait devenir objet d'aucun doute. Il en résultait une énorme résonance affective que nous constatons dans le *Livre des Morts* égyptien. Un démon, pourvu de tous les attributs du Mal, qui attaquait le défunt, devait être pris par celui-ci au sérieux, menacé, combattu avec la dernière énergie et, si possible, vaincu et détruit. Le triomphe d'une victoire ne devait en aucune façon être diminué par des considérations métaphysiques quant à l'irréalité du Mal, du démon, du danger, de la lutte. L'Égyptien engageait toutes ses ressources psychiques et morales en vue d'un triomphe final. Les pièges, les difficultés de toutes sortes et les dangers de l'Au-delà doublés ou triplés par les pièges et les dangers de l'illusion cosmique universelle auraient confondu son imagination. Cette ferme conviction, cette foi inébranlable confère aux textes égyptiens leur profond sérieux, ainsi que leur unique intensité dramatique.

Le bouddhiste du *Bardo Thödol*, préparé d'avance, pendant sa vie, conseillé tout le long de son « passage » par son prêtre, devait demeurer indifférent quant aux résultats concrets de l'épreuve engagée ; la *neutralité affective* devenait même un témoignage de sa maturité et de sa perfection morale. Car si, par hasard, sous l'emprise des visions effrayantes, saisi de terreur, il oubliait, pour un instant, que le spectacle se déroulant sous ses yeux n'était qu'une illusion, s'il s'apprêtait à réagir, à fuir, s'il ressentait la tentation d'engager une lutte, il s'exposait au risque d'échouer dans l'épreuve du « Bardo ». Il s'ensuit que la force dramatique des tableaux brossés par le *Bardo Thödol*, laquelle aurait pu – en théorie – être aussi intense que celle du *Livre* égyptien, s'affadit, s'amenuise et s'évanouit. La réalité seule est capable de réveiller notre intérêt et notre passion ; en lui refusant sa valeur existentielle, avec la disparition de l'intérêt s'évanouit également la veine artistique. Pendant que l'Égyptien, pris de panique ou débordant de joie, souffre, lutte et triomphe, le bouddhiste ne poursuit qu'un seul but : prendre pleinement conscience du néant de ses visions.

L'Égyptien, doué d'un égocentrisme excessif, dominé par un solipsisme exubérant et par une immense volonté de puissance, ne connaissait guère de bornes à son attachement existentiel dont il voulait à tout prix augmenter le volume et la résonance ; le bouddhiste, par contre, indifférent au fait d'exister, aboutissement fatal (« karmique »), pour lui, d'un « océan d'illusions » (« samsarasagara »), n'aspirait qu'à la réalisation du « vide cosmique » (çunyata) auquel devait correspondre le vide de sa conscience ; l'unique réalité, Nirvâna, se situait bien au-delà du paradis, de l'enfer et des dieux ; le défunt ne pouvait l'atteindre que par la connaissance et par l'entraînement de la pensée pure ; mais, en revanche, il devait renoncer à la notion même du « Moi » (âtman), à toute ambition, à toute velléité personnelle. Quant à l'« état intermédiaire » (BARDO) après la mort, le défunt devait l'utiliser en vue de la libération du poids du KARMA et de l'attachement à l'existence ; bref, rien n'aurait paru au bouddhiste aussi étrange et aussi saugrenu que l'eudémonisme effréné de l'ancien Égyptien.

Le MOI (âtman) étant pour le bouddhiste une illusion, l'*immortalité éternelle* du type égyptien lui aurait paru un contresens et une absurdité. L'Au-delà, étape définitive pour l'Égyptien, illimitée dans le temps, le but suprême, selon le *Livre* égyptien, se réduisait, pour le bouddhiste, à un court séjour de sept semaines, après quoi l'individu (ou ce qu'il en restait) se réincarnait, afin de mettre à profit son expérience karmique du « BARDO ».

La loi universelle du KARMA s'exerçant pour le bouddhiste dans l'Au-delà au même titre que sur la Terre, l'idée d'une « confession négative » de l'Égyptien aurait paru insoutenable au bouddhiste : l'implacable « miroir karmique » rendait inopérante toute manœuvre équivoque et ne laissait place à aucun plaidoyer ; il ne suffisait pas d'avoir nié les péchés – comme le faisait l'Égyptien – pour les annuler en fait.

Le *Bardo Thödol* appartient à la catégorie des textes enseignant la technique et l'art de mourir ; son intérêt est centré sur le moment du « passage » et sur les jours et les semaines qui suivent. Dans l'Occident, au Moyen Âge, des traités de ce genre étaient plus répandus qu'on ne le croit (*Ars moriendi*, *De Inferno*) ; ils existaient également chez les Hindous (*Garuda Purana*). On y enseignait l'art de « *mourir avantageusement* » (c'est-à-dire avec profit). Rien de tel dans le *Livre* égyptien qui se préoccupe des plans de conquête et de colonisation dans l'Au-delà ; en outre, une partie au moins de ce *Livre* servait de guide à l'usage des candidats à l'initiation ; la notion de la « mort » y devenait, dans ce cas, un terme technique indiquant le « passage » du plan de la conscience quotidienne vers celui de la super-conscience divine.

Tout tient ensemble dans chacun de ces deux remarquables ouvrages ; en même temps, tout constitue un saisissant contraste, offrant une démonstration de la richesse et de la variété de l'esprit humain.

*

* *

Pour l'hindouisme, la Vie de l'Univers – visible et invisible – n'étant qu'une illusion cosmique (Mâyâ), un jeu (Lîlâ), dépourvus tous deux de sens et de réalité, seule la Mort, réalité absolue, pouvait être prise au sérieux. Les Hindous la représentaient sous les traits du dieu Çiva orné d'un imposant collier de crânes humains et s'adonnant à une danse frénétique ; il incarnait l'antinomie entre la Vie et la Mort, une lutte d'où la Mort sortait finalement victorieuse... elle, l'unique Réalité.

Devant ce triomphe dionysiaque (Dionysos, deva-Nahuša, n'était-il pas, en effet, d'origine hindoue ?) devaient, aussitôt apparues, se volatiliser comme autant de bulles de savon les manifestations illusoires de la vie. Çiva ayant, par son jeu, donné naissance à la vie innombrable, il la supprimait ensuite ; les famines, les épidémies, les fauves, l'eau et le feu n'étaient-ils pas ses serviteurs ?

Nous avons vu que la position de l'ancien Égyptien était diamétralement opposée à celle de l'Hindou. C'est la vie qui lui apparaissait comme l'ultime Réalité, et non pas la mort ; celle-ci devenait un « jeu », que l'homme pouvait faire tourner à son profit, utiliser à ses fins...

Le christianisme ésotérique nous offre un troisième type du binôme Vie-Mort.

Le Sacrifice du Golgotha – cette victoire sur les Puissances de la Mort – devient, par la contemplation du Cadavre sur la croix, la partie intégrante de la vie méditative du chrétien ; celle-ci se situe à l'ombre d'une Croix Cosmique dont parle déjà le *Timée* de Platon, Croix dominée par le Cadavre qui y est fixé. La vision du Cadavre, vision crue, hallucinante, implacable (notre habitude en atténue l'horreur), entre dans la conscience quotidienne du chrétien et la prépare au passage du Seuil.

La Mort ainsi inoculée sur l'Arbre de la Vie en transforme entièrement la nature ; les poisons de la destruction deviennent neutralisés.

L'assimilation méditative – pendant la vie terrestre – de l'image : Cadavre sur la Croix, agit comme un « magistère » dans le subconscient, aussi bien pendant le séjour terrestre qu'après.

À l'égal de l'osirianisme, le christianisme adore un cadavre – dressé debout – ; mais ici la ressemblance prend fin. Car la résurrection d'Osiris n'est qu'un simulacre sans vie, impuissant, statique.

La résurrection du Christ est dynamique et effective, elle recrée l'état de l'homme originel, celui d'avant la Chute.

Le christianisme se situe donc à mi-chemin entre le çivaisme et l'osirianisme.

Ainsi la vie spirituelle de l'homme, débordant de richesse, peut se permettre ces étourdissantes variations.

*

* *

Quand on étudie l'époque qui précède les événements du début de notre ère et celle qui la suit – de Platon jusqu'à Julien – on demeure saisi d'étonnement devant le caractère particulier et uniforme des aspirations du monde d'alors (et cela pendant plus de sept siècles et malgré l'énorme diversité des courants régionaux qui composaient ce mouvement unique). On croirait assister à une symphonie comportant des centaines d'exécutants, à un ensemble orchestral magistralement dirigé et où chaque instrument occuperait une place par avance bien déterminée.

Dans le syncrétisme religieux des courants mystériosophiques et sotériologiques, chaque peuple apportait sa contribution : les druides gaulois et irlandais, les gymnosophistes indiens, les mages hellénisés de Zoroastre, les prêtres de Babylone, les adeptes du Dieu unique de Palestine et ceux de la Grande Déesse de Pessinonte.

À quoi pense donc, pendant ces longs siècles, l'humanité libérée enfin des entraves nationales, l'humanité cosmopolite d'alors ? Son élite aspire à la rédemption de l'homme déchu ; et les préoccupations sotériologiques angoissantes arrivent, dans leur mouvement crescendo, vers le point culminant dans le Mystère de Golgotha autour duquel ils gravitent.

Dans ces courants mystériosophiques il s'agit partout d'un être surhumain ou divin se sacrifiant délibérément pour le salut du monde : Osiris, Adonis, Attis, Tammuz, Orphée, Dionysos, Zagreus, Baldur, ou bien, tel Mithra, conduisant l'homme lui-même vers le sacrifice conscient de sa nature inférieure. Au centre de cette immense fresque nous trouvons les événements de Palestine du commencement de notre ère ; les autres courants qui les avaient précédés n'étaient que des stades préparatoires au Grand Sacrifice.

Pendant ces sept siècles, le syncrétisme alexandrin, d'une prodigieuse fertilité, exerça son influence dans tous les pays de la Méditerranée.

*

* *

L'histoire étudie des courants de la pensée dont la direction et la filiation ne font guère de doute ; par exemple, l'influence de l'Orient (Égypte, Phénicie, Asie Mineure) sur la Grèce classique, ou bien l'ascendant exercé par celle-ci dans le monde hellénistique (l'Orient, l'Empire romain), ou enfin la transmission des cultes mystériosophiques païens dans l'Église chrétienne.

À côté de ces grands courants, bien en évidence, il en existe d'autres dont la filiation ne se laisse guère démontrer. On admet tacitement qu'un courant supprimé par la violence et apparemment extirpé cesse d'exercer son influence. C'est une erreur : son action souterraine continue ; elle peut se manifester à n'importe quel moment.

Le courant osirien (qui débouchait normalement sur le christianisme naissant) aurait pu fusionner avec celui-ci. Mais dès la fin du IIIe siècle, l'intolérance, le dogmatisme intransigeant, le formalisme abstrait de la nouvelle Église firent entrevoir à l'élite égyptienne la direction dans laquelle s'engageait le christianisme exotérique. Il s'ensuivit, de la part de cette élite, une réaction ; une décision fut prise : les éléments ésotériques de l'osirianisme devaient être préservés à tout prix ; et ils le furent, successivement, dans la Gnose, dans le Manichéisme, dans l'Alchimie, dans les doctrines du Saint Graal et dans la fraternité des Rose-Croix. Ainsi l'osirianisme nous démontre la vitalité d'une grande idée, l'indestructible caractère d'un élan spirituel.

Or, dans le désir de mettre le christianisme à la portée des grandes masses, le dogme officiel le vulgarisa et le simplifia à l'extrême ; il en dissimula la nature essentiellement tragique ; bref, le dogme momifia et stérilisa le mystère chrétien.

En outre, le pessimisme général du monde classique (l'orphisme, Platon) fait place, à mesure que nous nous approchons – dans le temps – des événements de Palestine, à la doctrine officielle d'un béat optimisme de rigueur ; cette nouvelle orientation ne fut pas, pour l'élite égyptienne qui devina le piège, une étape de tout repos.

Elle savait que le côté moral devait inévitablement fléchir, en fonction même de ces indulgentes facilités et de ces perspectives roses. Un coup de barre s'imposait.

Une lutte s'engagea, dès lors, entre le courant ésotérique (souterrain) et le courant exotérique (officiel). L'osirianisme, ressuscité, prit la tête de ce mouvement ; il existe jusqu'à nos jours. Il ne voit pas le Christ avec les yeux de Michel-Ange, dans la pose d'un jeune athlète fier et invincible, foudroyant ses ennemis, mais avec les yeux de Mani : vaincu et éternellement souffrant, comme au moment de Gethsémani, « crucifié sur chaque arbre » (*Jesus patibilis omni suspensus ex ligno*) ; la nature continue à gémir, selon la parole de saint Paul ; le MAL continue à dominer. Pascal l'a deviné : « Jésus sera en agonie jusqu'à la fin du monde ; il ne faut pas dormir pendant ce temps-là. » Or, prétendre que tout s'arrangerait « automatiquement », par la force des choses – sans effort –, c'est vouloir endormir...

*

* *

Pendant que, aux IVe et Ve siècles de notre ère, les doctrines ésotériques étaient pourchassées, les temples « païens » saccagés et détruits, les livres sacrés brûlés par l'Église triomphante, une nouvelle science naissait : « l'art sacré de la terre égyptienne », l'Alchimie, cette fille spirituelle du *Livre des Morts*.

Le courant alchimique, parallèle à celui du manichéisme, accomplissait une « révolution copernicienne » : au lieu de rejeter la matière déchue, de tout temps honnie des mystiques comme indigne de leur attention, il saisissait le Mal à sa racine même et faisait participer la matière, cette Sophie Inférieure, au processus de la Rédemption ; en même temps, il menait le combat contre la Mort retranchée dans la forteresse de la Matière. Il s'agissait, en effet, de renverser la vapeur et de transformer la chute en une montée.

L'alchimie, fille de la Gnose égyptienne, se révèle, dès le début, comme une discipline magique, initiatique et mystique.

La matière fut considérée comme une matrice passive, inerte, stérile, impuissante ; l'alchimie, qui invoquait le principe formatif de l'Esprit, jouait le rôle du sperme pénétrant dans le « vase clos » de la matrice et libérant (sublimant) les possibilités de la matière.

L'originalité et la nouveauté de l'alchimie consistaient justement en ceci : *à côté* d'une ascèse mystique très réelle, très poussée, du genre contemplatif (telle qu'elle fut pratiquée par les néopythagoriciens, les néoplatoniciens, les hermétistes et les gnostiques de l'époque), était poursuivi un travail concret (manuel, opératoire) sur la matière, un travail toutefois accompagné de prières, de méditations, d'incantations et de visions (Zosimos). L'alchimiste invoquait les « élémentaux » emprisonnés dans la matière ; il activait le *Feu*, versait de l'*Eau*, amenait l'*Air* vers cette *Pierre* philosophale (principe de la matière brute) dans laquelle reposait la *momie d'Osiris*, dieu mort et glorifié. Ainsi l'alchimiste, penché sur la matière, remplissait la fonction du prêtre procédant à l'embaumement du cadavre et à sa résurrection dans l'esprit. Il devenait Thoth et Anubis à la fois, lorsqu'il prononçait les paroles sacramentales : « Ton père est le Soleil ; ta mère est la Lune. » L'appareil de « distillation » (ATHANOR), ce centre de l'Art hermétique, était considéré comme le tombeau d'Osiris et comme la matrice universelle.

L'« Œuvre » alchimique parcourt, en effet, toutes les étapes de la « mort en Osiris » : putréfaction, résurrection, purification, transformation, sublimation et enfin l'arrivée au résultat définitif ou « fixation » : le « Mariage alchimique » de l'or et de l'argent, c'est-à-dire, du Soleil et de la Lune : la Synarchie cosmique reconquise.

Sans la mystique osirienne on ne saurait rien comprendre à l'alchimie. L'alchimie n'est au fond qu'un christianisme ésotérique du type gnostique du Saint Graal et, par cela même, « hérétique ». De même que, dans la Communion, a lieu la sanctification de l'homme par l'action du Saint Sacrement, de même, dans l'acte alchimique de la « transmutation des métaux » s'opère la transformation morale de l'homme. La « prima materia », la vraie racine du monde (*la matière immatérielle* pouvant devenir une substance incorruptible et éternelle), se trouverait également dans l'âme humaine où la Lumière et les Ténèbres se livrent une lutte sans merci ; cette âme devenait, pour l'alchimiste, le « vase », le laboratoire (l'ATHANOR) de l'Art hermétique.

D'une façon générale, l'alchimie eut pour objet le principe de la potentialité, c'est-à-dire l'étude des possibilités latentes (dans la nature et dans l'âme humaine) ; elle les examinait : en vue de les transformer, diriger, sublimer et faire ainsi réaliser à l'homme son entéléchie.

Les idées maîtresses de l'alchimie se réduisent donc à quatre points : 1) la potentialité universelle ; 2) les correspondances entre le monde phénoménal et le monde nouménal ; 3) l'efficience des exercices d'ascèse accompagnés d'actes d'ordre sacramental et magique, et 4) les métamorphoses ayant en vue la divinisation de l'homme et de la nature.

L'alchimie pouvait se manifester :

1) soit comme un art purement matériel et « intéressé », ayant pour but l'enrichissement de l'« artiste » et même teinté de magie noire (poisons, narcotiques, envoûtements) ; c'était l'alchimie *hylique* ;

2) soit comme l'alchimie *psychique* qui payait tribut au besoin de *savoir*, à la curiosité scientifique. Cette discipline, très proche de notre chimie d'aujourd'hui, fut pratiquée au Moyen-Orient (chez les Arabes, les Persans et les Syriens) ;

3) soit, enfin, l'alchimie *spirituelle* (pneumatique) dans l'acceptation propre du terme, discipline magique, accompagnée de liturgie.

Qu'on se rende compte de l'immense chemin parcouru : le point de départ étant le désespoir devant le Tombeau de l'Esprit (la matière) et le point d'arrivée résonnant des fanfares de triomphe : reconversion dialectique d'Osiris-Dionysos mort et déchiré en Dionysos ressuscité, sa mort même servant de tremplin à une vie éternelle.

Comment cette doctrine « païenne », « magique » et « hérétique » a-t-elle pu échapper à la surveillance jalouse et implacable de l'Église officielle ? Ce ne fut possible que grâce au savant camouflage qui réussit à donner le change quant aux véritables buts de l'alchimie.

De même que les secrets initiatiques du Tarot furent cachés sous l'apparence anodine et frivole d'un jeu de cartes, la forteresse de l'alchimie fut édifiée sur l'imprenable rocher de l'avarice humaine ; les alchimistes prétendaient fabriquer de l'or. Il s'agissait, en premier lieu, non pas de l'or courant, mais de l'or spirituel, l'alchimie étant un système de sotériologie en vue de guérir un monde déchu et malade. On y parvenait par la *correspondance* mystique et « sympathique » des deux « plans » : minéral et humain. Les métaux étant déchus – comme l'est aussi l'homme –, ils souffraient et attendaient leur rédemption ; les processus observés dans le « métal » devenaient, aux yeux de l'alchimiste, une sorte de « miroir » lui révélant l'état de son âme et le guidant vers la connaissance de lui-même. Le cycle des métamorphoses trouvait son reflet dans une gamme de couleurs ayant une valeur symbolique déterminée et empruntant une courbe où la mort coïncidait avec la nouvelle naissance. (Les alchimistes aimaient à citer – Jean, ch. III – les paroles du Christ à Nicodème : « Si un homme ne naît de nouveau, il ne peut voir le royaume de Dieu. »)

L'alchimie était une trouvaille de génie, car à cette époque (vers la fin du monde antique) l'Empire souffrait cruellement du manque de métaux précieux ; l'adjonction d'une certaine dose de magie et de phraséologie hermétique – lesquelles faisaient alors partie de la vie quotidienne – ne nuisait nullement à cette entreprise de camouflage. Les « adeptes » attribuaient l'invention de leur science aux figures les plus prestigieuses du passé (Moïse, Ostanès, Démocrite) ou à des femmes initiées imaginaires (Cléopâtre, Maria). Les premiers manuscrits, de provenance égyptienne, mais rédigés en grec, datant d'avant la fin du IIIe siècle, furent brûlés, en 290, par ordre de Dioclétien. Ceux que nous possédons (IVe-Ve siècle), Zosimos, Olympiador, font état d'une discipline déjà en plein essor. Plus tard, l'alchimie du type « scientifique » fleurit chez les Arabes et les Syriens (Morienus, Rhases, Al-Jebir) ; du type « pneumatique » – dans l'Occident : Arnaud de Villeneuve, R. Lull, Albert le Grand, Thomas d'Aquin, Flamel, Paracelse, Fludd, Helmont, Vaughan, J. Boehme, Boyle, Newton, Leibniz, Goethe. Ce dernier, guidé par l'idée de la « prima materia » et de ses *métamorphoses*, dirigea ses recherches alchimiques, si riches en trouvailles, vers l'optique, la botanique, l'anatomie comparée et la géologie. Ses œuvres poétiques mêmes, tout particulièrement le second *Faust*, sont souvent incompréhensibles sans le recours aux clefs alchimiques.

La mystique alchimique efficiente ne s'arrête qu'avec le début de la Révolution française. Partout elle réussit à déjouer les pièges des autorités religieuses et nourrit de sa sève tous les courants du christianisme ésotérique ; exprimée dans le langage visionnaire du Haut Moyen Âge, elle s'allie à la mystique du Saint Graal et, plus tard, au mouvement d'idées des Rose-Croix. Ces courants issus des mystères égyptiens se retrouvent, se croisent sous le ciel du Nord.

La « décadence des métaux » et la « blessure d'Amfortas » sont, toutes les deux, les échos de la catastrophe osirienne. Car tout se tient dans l'histoire de l'esprit...

*

* *

La psychanalyse offre un autre exemple d'un courant souterrain surgissant inopinément à la surface : c'est le dernier rejeton – abâtardi et dénaturé – de l'alchimie et, par cela même, de l'osirianisme. Tel l'alchimiste d'autrefois (mais qui éliminerait, préalablement et d'une façon radicale, tout sentiment religieux ou mystique et toute considération d'ordre moral), le psychanalyste observe du dehors, guidé par la confession du patient, les processus se déroulant dans son « œuf philosophique » (c'est-à-dire dans le patient se trouvant devant lui). Comme l'alchimiste d'autrefois, le psychanalyste prétend diriger les étapes d'une « *purification* » (katharsis), mais sans savoir au juste au nom de quelle « pureté » il procède. C'est un apprenti sorcier maniant à l'aveuglette des forces insoupçonnées. La psychanalyse ayant reçu de Freud une orientation matérialiste, athée et amorale, veut ignorer la lutte, dans l'âme, des courants aussi bien angéliques que diaboliques ; elle ne reconnaît que les seconds et remue avec délectation la boue qu'elle y trouve. Or, l'opération alchimique se faisait dans un sens inverse, ne tenant compte que du principe lumineux et angélique.

Freud, qui traitait avec un extrême dédain le sentiment religieux (ou mystique), le considérant comme un phénomène pathologique, une espèce de *névrose*, aurait été bien surpris, s'il avait appris que sa « science » lui arrivait – à travers l'alchimie – de la pénombre mystérieuse des sanctuaires égyptiens...[1].

*

* *

Il ne serait pas sans intérêt d'examiner comment notre époque, après une expérience plusieurs fois millénaire, envisage le même problème de la mort. L'aile marchante de la philosophie d'aujourd'hui, l'existentialisme athée de Heidegger-Sartre, prend franchement le contre-pied des « croyances » posthumes des anciens Égyptiens ; le point de départ de cet existentialisme, son postulat apodictique, est constitué par le concept d'une mort totale, univoque et absolue. Le fait de rayer brutalement l'être humain de l'existence (dont il ignore l'origine, le but et le « pourquoi ») provoque chez le philosophe une réaction affective très naturelle : il qualifie cette existence d'« absurde ». Rien de particulièrement nouveau dans ce pessimisme, connu chez l'Ecclésiaste, chez Schopenhauer et dans son école. Mais, grâce au raffinement d'une phraséologie et d'une terminologie inédites, cette façon de voir peut paraître originale. L'homme est « projeté » dans l'existence. (Par un Être anonyme ? Par une force aveugle ? Par un génie du Mal ?) Cette

1. C. J. Jung fait preuve d'une plus grande largeur d'esprit que Freud et ses adeptes. Toutefois, mettant tous les problèmes sur le dos de l'« inconscient », il le transforme en « virtus dormitiva ». De plus, en admettant le bien-fondé *psychologique* de l'alchimie, il laisse adroitement planer une équivoque quant à la *réalité* des phénomènes alchimiques en question. C'est une « neutralité » qui rend Jung populaire, mais qui, au fond, ne résout rien.

philosophie ne recule pas devant les plus hasardeux échafaudages métaphysiques, mais se refuse à reconnaître à la mort ne serait-ce que le caractère d'une potentialité polyvalente.

Or, la doctrine de la mort définitive, dans sa résonance aussi bien subjective (affective) que dialectique, devient (en vertu du « mouvement » autonome de l'idée où se manifestent les lois qui lui sont propres) la plaque tournante de l'existentialisme athée. Par l'effet d'une mort coupant net le fil de l'existence « absurde », l'homme devient un « être pour la mort ». (Comparé au nihilisme de Schopenhauer, celui de Heidegger offre une envergure métaphysique bien étriquée.)

En Égypte, la solution du problème que nous connaissons par le *Livre des Morts* fait surgir du sol les pyramides, les temples et une immense culture dont l'ancienne Grèce devient l'héritière. Par contre, de nos jours, la doctrine de « l'être-pour-la-mort » donne naissance au nihilisme, à l'amoralisme et à une manifeste volonté de destruction. C'est l'erreur dans la solution philosophique du problème de la mort qui fait que la jeunesse d'aujourd'hui flotte à la dérive, assoiffée de néant.

La flagrante contradiction de fait, entre la vie et la mort, ne donne pas lieu, dans la philosophie décadente d'aujourd'hui, à une synthèse plus haute et plus riche, comme c'est le cas chez Héraclite ; dialectiquement impuissante, elle aboutit au concept d'absurdité.

Autrefois, tout au long des millénaires, à travers des générations successives, la conscience humaine était axée sur une unique préoccupation, celle de la mort ; elle laissait entrevoir dans la vie de l'Au-delà un prolongement à l'existence terrestre. Nulle part cette préoccupation n'était aussi prononcée que dans l'ancienne Égypte.

Une certaine orientation de la pensée au Moyen Âge pourrait être rapprochée de ces courants égyptiens.

Avec la Renaissance, l'orientation matérialiste de la pensée a fait, progressivement, reculer tout intérêt quant à la vie dans l'Au-delà. La radicale élimination de celle-ci du champ de vision de l'homme devient, aux mains des matérialistes, une sorte de levier d'Archimède : elle ferme à notre prise de conscience l'immense domaine de la vie immatérielle (spirituelle), ainsi que celle de l'ordre moral ; elle les rend impensables : un désert, un vide absolu ; l'homme aura peur de ce néant ; il tentera de l'éluder, de le nier, de l'oublier.

Désormais, l'homme ne manifestera aucune compréhension pour l'immense domaine de la vie immatérielle ; il cesse de s'y intéresser. L'ordre moral se trouve, du même coup, menacé. Il ne reste plus qu'un vide absolu, un néant, qui effraie l'homme et qui enlève toute signification à son existence.

Les « grandes masses » supportent allègrement cette amputation ; elles se contentent des « joies » et des « amusements », lesquels leur semblent assurés... Quant au reste...

Certains sujets cependant, plus vulnérables, ne sauraient réagir qu'avec violence : suicides en série, drogues, criminalité juvénile deviennent alors des phénomènes courants ; tandis que l'immoralisme est de rigueur... (Pourquoi pas ?... Au nom de quoi ?)

La mort était autrefois envisagée comme *une porte de communication* entre notre monde – visible – et l'autre monde, inaccessible, celui-là, à une quelconque perception d'ordre sensoriel. Depuis des siècles, cette porte ayant été solidement fermée, condamnée, cadenassée et jalousement gardée, les plus écoutés parmi les penseurs de notre temps (Heidegger, Sartre) proclament hautement le caractère illusoire et imaginaire de la porte en question. Cette croyance ferait partie, selon eux, d'une mythologie fantaisiste : manifestation d'ignorance et de superstition... Comme conséquence de ce vide métaphysique, la vie sur terre, dépourvue de toute profondeur et de toute signification, devient une « absurdité » ; les fondements de l'ordre moral s'écroulent. Car, si paradoxal que cela puisse paraître, c'est le fait de la mort qui octroie à la vie sur terre sa signification profonde, son poids spécifique, ainsi que sa valeur spirituelle et morale. Le désordre et le chaos de la vie moderne, avec sa cacophonie et sa laideur, proviennent de l'incompréhension du phénomène de la mort.

Pour nos contemporains, l'égyptologie ne serait autre chose qu'une curiosité ; or, en réalité, elle constitue l'expression d'une profonde science dont le sens avait été, depuis des millénaires, perdu, oublié, ignoré.

Le monde d'aujourd'hui flotte à la dérive ; c'est un bateau amputé de ses mâts, de ses voiles et de son gouvernail. Ainsi, dans un proche avenir, pourra-t-il devenir la proie de la première bourrasque survenant à l'improviste.

Si la réflexion sur le caractère positif de la mort pénétrait de nouveau dans la conscience de l'homme, en serait-il sans doute autrement.

La description de la vie après la mort constitue le caractère essentiel du *Livre des Morts* égyptien. Une atmosphère d'inédit, de bizarre, s'y trouve magistralement rendue.

Les initiés égyptiens possédaient à fond la science de la « nécrosophie » laquelle, depuis, avait été perdue. Des tableaux de la vie après la mort se déroulent devant les yeux d'esprit du mort... Celui-ci ne saurait s'empêcher de contempler ni de juger sa conduite lors de sa dernière existence terrestre. Le Moi du mort ayant été ancré dans les différents organes de son corps physique, ses racines matérielles ayant subi les effets de la décomposition, l'âme flotte, à la merci des courants qui l'emportent. Elle ne s'appartient plus.

L'homme passe, après la mort, par une période, souvent pénible, de réadaptation et de rééducation, tel un individu dont on aurait amputé les deux jambes ou les deux bras, mais qui, quand même s'efforce à mener, comme par le passé, une « vie normale ». Or, le fait de la mort amène, quant à l'homme, une « amputation » bien plus radicale : privé, dorénavant, de son corps physique, il ne possède plus ni cerveau, ni cœur, ni les organes de perception sensorielle. On pourrait se demander : que lui reste-t-il donc ? Rien ?

Pourtant, il continue à demeurer conscient ; toutefois, sa façon d'être lui paraîtrait, du point de vue terrestre, inaccoutumée et bizarre. Il se rend compte qu'il n'est pas seul ; de multiples tableaux ne cessent de se dérouler devant ses yeux d'esprit : c'est sa dernière existence sur terre, avec ses hauts et ses bas. Il ne saurait se soustraire à cette vision, car il n'est plus « libre »... Autour de lui tout change, tout évolue ; pourtant, sa volonté à lui semble paralysée. Son âme est à la merci des courants de lui inconnus qui l'emportent ; elle flotte et passe « par des métamorphoses » ; toutefois, elle est consciente des êtres inconnus, plus ou moins étranges, qui l'entourent et qui attentivement l'observent : soit avec bienveillance, soit avec malignité...

Le bien-être physique, profond et solide, lequel sur terre avait été familier à l'homme, cède la place à un vague sentiment d'appartenance à un ensemble flou, inconnu, indéterminé – à une sensation de *dépendance* vis-à-vis des êtres : soit bénéfiques, soit dangereux ; le moi du mort ne possède plus aucune zone bien à lui ; il « déteint » sur d'autres moi et devient par eux à son tour « contaminé ». Par ailleurs, les penchants terrestres, les passions et les habitudes demeurent intacts : un ivrogne souffrira de l'absence d'alcool, un fumeur de celle de tabac ; ces désirs ne feront que croître, envahir l'âme et la tourmenter ; toutefois, avec le temps, ils s'éteignent.

On peut voir, par ce qui précède, que l'existence posthume, d'après le *Livre des Morts*, loin de présenter un ensemble autonome, n'offrirait, en réalité, qu'un aspect complémentaire vis-à-vis de la vie terrestre qui l'avait précédée, une sorte d'épilogue, d'ordre essentiellement rétributif ; pour l'immense majorité des êtres humains ancrés dans la vie matérielle, cette existence posthume ne saurait être autre chose qu'un lieu d'exil, de rachat et de redressement moral.

Les visions du *Livre des Morts* traitent des phénomènes *réels*, mais dépassant l'horizon de la science de nos jours ; celle-ci en parle comme un aveugle qui discuterait les questions des couleurs. Les traductions qui en résultaient se révélaient comme des amas d'insanités ; quant aux anciens Égyptiens, avec leur culture trois fois millénaire, ils apparaissent aux savants de nos jours comme un « *peuple d'aliénés* ».

Qu'on se donne la peine de relire, aujourd'hui, les lettres enthousiastes écrites par François Champollion lors de son séjour en Égypte. De cet engouement d'antan, vieux d'un siècle et demi, que reste-t-il, de nos jours ? Des savants faisant leur cours d'égyptologie, à la Sorbonne ou ailleurs, l'air agacé, ironique, sarcastique... En déchiffrant ces textes hiéroglyphiques, ils ne se donnent point la peine de dissimuler leur dédain, leur dégoût, ni leur ennui... Les Égyptiens, quant à eux, qu'étaient-ils, au fond ? Un peuple bizarre, arriéré, manifestement anormal, détraqué ou franchement aliéné... Toutefois, on ne saurait oublier que cette soidisant « aliénation » égyptienne occupe une place fort importante dans les annales de l'esprit humain. Les philosophes grecs que nous admirons tellement (Thalès, Démocrite, Platon, Plotin et tant d'autres) ne dédaignaient point, pendant de longues années, de séjourner dans les écoles égyptiennes. Ils avouaient y avoir puisé le meilleur de leur sagesse ; et la philosophie grecque demeure, depuis deux millénaires, le fondement de notre civilisation. Plus tard, pendant le Moyen Âge, ce fut l'alchimie, née du sol égyptien, qui aida la science européenne à décrypter les mystères de la nature... Comment expliquer ces paradoxes ?

Or, en dehors de ces préoccupations des anciens Égyptiens avec la soi-disant existence posthume, laquelle, d'après la science moderne, ne saurait être qu'un fatras des superstitions, un autre côté de la spiritualité égyptienne nous apparaît comme bizarre ; c'est leur polythéisme : car le monothéisme, seul, nous semble, à la rigueur, digne d'un homme civilisé... Et pourtant, ce fut le premier en date des philosophes de l'ancienne Grèce qui ait proclamé : « Le monde entier est rempli des dieux. » (« πάντα πλροη θεῶν εἶναι »). Or, Thalès avait passé de longues années d'apprentissage dans les sanctuaires de l'Égypte... Par cette thèse de Thalès s'ouvre la longue histoire de la philosophie grecque, cette base et ce fondement de la culture européenne...

Ce qui s'est passé en Égypte constitue une des plus grandes énigmes de l'histoire. Parmi tant de peuplades allogènes habitant le pays de l'Égypte se trouvait une tribu qui, avec dégoût et mépris, rejetait le polythéisme égyptien. Cette tribu réussit à abandonner le pays et à fonder en Palestine un État indépendant, fondé celui-là, sur le plus rigoureux des monothéismes. Plus tard, ce monothéisme devient la racine des deux grandes religions : celle du christianisme et celle de l'Islam, lesquelles, toutes deux, se font une guerre sans merci...

L'énigme en question consiste donc en ceci : comment se fait-il que le soi-disant monothéisme – tout en façade – du monde soi-disant chrétien devienne, de nos jours – ceci malgré le plus savant des camouflages –, la base d'un *athéisme* agressif et sans faille ?

C'est du côté du polythéisme, à présent, que l'on pourrait s'attendre à une régénération religieuse, morale et spirituelle de l'Homme...

François Champollion n'a réussi à déchiffrer que le sens strictement étymologique des hiéroglyphes, mais non pas celui de la pensée égyptienne considérée dans son aspect ésotérique.

Cette deuxième tâche aura été de longue haleine et de beaucoup plus redoutable ; en revanche, elle nous permettrait d'entrevoir quelques solutions aux problèmes apparemment insolubles devant lesquels, depuis longtemps, et surtout à l'heure actuelle, se trouve placé l'esprit humain.

*
* *

La présente traduction a été faite d'après le texte hiéroglyphique publié par Wallis Budge chez Kegan Paul, Trench and Trübner, Londres, 1898.

G. KOLPAKTCHY

N.B. – La méthode de transcription des noms égyptiens que nous avons adoptée dans le présent ouvrage est comme suit : *sh* comme en anglais ; *u* comme en italien ; *kh* comme *ch* en allemand.

Nous avons déjà remarqué que les fragments dont se compose notre LIVRE *sont d'une valeur très inégale. Nous ne conseillons donc pas à nos lecteurs de lire le présent ouvrage d'un bout à l'autre dans l'ordre que lui avaient – arbitrairement – donné les compilateurs égyptiens de la décadence. Le chapitre LXIV est sans contredit le plus important de tous. Il fut trouvé – d'après les gloses des scribes – sous le règne de Menkau-ra, de la IVe dynastie* (2700 *av. J.-C.*).

Ce chapitre était considéré par les Égyptiens comme une sorte de résumé de l'ouvrage tout entier ; son efficience magique était hautement estimée. C'est pourquoi nous recommandons instamment de commencer la lecture de notre traduction par ce chapitre auquel on joindra les chapitres les plus connus : XVII, XLII *et* CXXV *et les autres, parmi les plus intéressants :* LXVIII, LXX, LXXVIII, LXXIX, LXXX, CVIII, CXXX, CLII, CLIV, CLXII, CLXXI, CLXXII et CLXXV.

LIVRE DES MORTS
DES ANCIENS ÉGYPTIENS

Osiris Khent-Amenti protégé par Maat et adoré par le scribe Nekht et par la sœur (la femme) de celui-ci, chanteuse sacrée du Temple d'Ammon. À gauche, la divinité de l'Ouest recevant le Soleil couchant. Au milieu, un étang entouré d'arbres fruitiers et de palmiers. À droite, une maison dont le toit spécialement aménagé doit recevoir le souffle rafraîchissant du vent du nord.

Chapitre I

Ici commencent les Chapitres[1]
Qui relatent la Sortie de l'Âme
Vers la pleine Lumière du Jour,
Sa Résurrection dans l'Esprit,
Son Entrée et ses Voyages
Dans les Régions de l'Au-delà.

Voici les Paroles à prononcer
Au jour de la Sépulture,
Au moment où, séparée du Corps,
L'Âme pénètre dans les Mondes de l'Au-delà.

Salut, ô Osiris, Taureau de l'Amenti ![2]
Voici que Thoth, Prince de l'Éternité,

1. Le mot « chapitres », conservé ici, est consacré par l'usage depuis un siècle, parmi les égyptologues, bien qu'il ne traduise que très imparfaitement le mot égyptien « râ-u », dont le sens serait plutôt « incantations ».
2. Ici commence le discours du défunt. Celui-ci s'adresse à Osiris (« Taureau de l'Amenti », c'est-à-dire, le Tout-Puissant de l'Au-delà) et en s'identifiant avec Thoth, le dieu lunaire qui préside à la sagesse initiatique.
Voir, quant à la Barque de Râ, notre introduction (II).

Parle par ma bouche !
En vérité, je suis le dieu grand
Qui accompagne dans sa navigation la Barque
[céleste.
J'arrive, à présent, pour mener le combat à tes côtés,
[ô Osiris !
Car je suis une de ces anciennes divinités
Qui, lors de la Pesée des Paroles,[1]
Font triompher Osiris de ses ennemis.
À présent, ô Osiris, je vis dans ton entourage,
À l'égal des autres dieux, nés de la déesse Nut ;
Ils massacrent tes ennemis et capturent les démons.
Car je fais partie de ta suite, ô Horus !
Je marche et combats en ton Nom.

Je suis Thoth qui fait triompher Osiris de ses ennemis,
Pendant que, dans le grand sanctuaire d'Héliopolis,
Sont pesées les Paroles.
En vérité, je suis Djedi, fils de Djedi[2] ;
Ma Mère, Nut, m'a conçu et m'a mis au monde
Dans la ville de Djedu.

---

1. La « Pesée des Paroles » est le terme courant pour désigner le Jugement du défunt dans l'Au-delà. Celui-ci s'identifie ici avec Osiris. Les ennemis du défunt deviennent donc ceux d'Osiris ; et Horus, fils d'Osiris, devra protéger le défunt.

2. Djed était un pilier plat, plus large à la base, resserré au milieu, croisé vers le sommet par quatre barres horizontales. Ce symbole, aussi sacré autrefois en Égypte que la croix l'est pour les chrétiens, était employé à la fois pour désigner : *a)* la colonne vertébrale d'Osiris (= l'axe du monde) ; *b)* Osiris lui-même ; *c)* la durée, l'éternité, la stabilité, l'Être opposé au Devenir. La cérémonie du redressement vertical du Djed couché symbolisait la résurrection d'Osiris et, par cela même, l'espoir du salut éternel pour le défunt.
Djedi est une épithète d'Osiris.
Djedu et Djedit étaient les deux villes du Delta, Busiris et Mendès, où Osiris était tout particulièrement vénéré.

Je suis de ceux qui se lamentent et pleurent sur [Osiris
Dans la région de Rekht
Et qui font qu'Osiris triomphe de ses ennemis.
Râ a envoyé Thoth pour qu'Osiris triomphe
De ses ennemis.
Or, voici que Thoth me fait triompher, moi,
De mes ennemis.
Au jour de l'habillement de la Momie royale d'Osiris
Je me trouve aux côtés d'Horus
Et je fais jaillir des sources d'eau
Pour purifier « l'Être-divin-au-Cœur-Arrêté »[1].
Voici que je tire les verrous de la Porte
Qui s'ouvre sur les Mystères du Monde Inférieur[2].
Je suis aux côtés d'Horus,
Lorsque, dans la ville de Sekhem[3],
Il arrache aux ennemis
Le bras gauche d'Osiris.
J'entre et circule, indemne, au milieu des divinités [flamboyantes,
Le jour où les démons sont détruits à Sekhem[4].
J'accompagne Horus pendant les fêtes d'Osiris.
Je fais des offrandes dans le temple d'Héliopolis
Au sixième jour de la fête de Denit.

---

1. Titre officiel d'Osiris, roi des morts et dieu de l'Au-delà.
2. Les Mystères de Re-stau, la région la plus inaccessible de l'Au-delà et la partie la plus difficile de la « traversée » ; c'étaient la quatrième et la cinquième étape du voyage nocturne de la Barque de Râ, qui en comptait douze.
3. Sekhem, c'est-à-dire Létopolis. Le bras gauche d'Osiris, d'après Czermak, correspond à l'Orient, et l'attaque dirigée de ce « côté faible » faisait courir à Osiris un danger mortel.
4. Sekhem, c'est-à-dire Létopolis. Le bras gauche d'Osiris, d'après Czermak, correspond à l'Orient, et l'attaque dirigée de ce « côté faible » faisait courir à Osiris un danger mortel.

À présent, je suis prêtre, à Djedu, préposé aux
[libations.
Or, voici le jour où la Terre est en culmination
Et voici que se déroulent devant moi les Mystères
[du Re-Stau...
À Djedu, je récite des formules consacrées à Osiris.
Car je suis un prêtre des morts et je prends soin
[d'eux.
Je suis également le grand Maître du savoir
[magique,
Au moment où l'on place sur les traîneaux
Le bateau du dieu Sokari[1].
Je reçois une bêche, lors des cérémonies,
Au moment où il faut creuser la terre à Hérakléopolis.
Ô vous, Esprits divins, qui faites pénétrer les Âmes
[parfaites
Dans la demeure sacro-sainte d'Osiris,
Laissez-moi marcher à vos côtés, moi, Âme parfaite !
Laissez-moi pénétrer dans le Sanctuaire d'Osiris !
Puissé-je entendre comme vous entendez,
Voir comme vous voyez,
Demeurer à mon gré, comme vous, debout ou assis !
Ô vous qui apportez des offrandes aux Âmes
[parfaites
Dans la demeure sacro-sainte d'Osiris,
Apportez des offrandes consacrées pour faire vivre
[mon Âme !
Ô vous, Esprits divins, qui ouvrez la Voie et écartez
[les obstacles,

1. Le dieu Sokari est la plus ancienne parmi les divinités de la région des morts. Pendant la traversée du Re-stau (la demeure de Sokari), c'est-à-dire, au moment le plus critique de l'initiation, la barque solaire, ne pouvant plus avancer, était remplacée par des traîneaux.

Ouvrez donc à mon Âme la Voie vers la demeure
[d'Osiris !
Puisse-t-elle y pénétrer en toute sécurité !
Puisse-t-elle en sortir en paix !
Qu'elle ne soit pas repoussée à l'entrée
Et forcée à rebrousser chemin !
Puisse-t-elle entrer et sortir à son gré
Et que sa Parole de Puissance soit victorieuse !
Que ses ordres soient exécutés dans la demeure
[d'Osiris !
Ô vous, esprits divins, regardez !
Voici mon Âme qui marche à côté de vous.
Elle vous parle : comme vous, elle est sanctifiée ;
Car la Balance du Jugement s'est prononcée pour
[elle.

*
* *

Que le verdict des Juges me concernant
Ne circule pas dans les bouches des multitudes !
Que soit reconnue juste et pure
Ma façon d'agir sur terre !
Que je sois redressé, puissant, devant Osiris
Et que je puisse apparaître devant toi,
Ô Prince des dieux !
Que je parvienne jusqu'à la région de la Vérité-Justice
Et que j'y sois couronné en divinité vivante !
Que j'émane la Lumière, ô dieux, comme un de vous !
Que je puisse fouler avec mes pieds
Le sol sacré de Her-Ahau
Et contempler, pendant la traversée du Ciel,
Le bateau sacro-saint de Sektet !
Que je ne sois repoussé
Ni empêché de contempler vos visages,

Vous, dieux du Monde Inférieur !
Assis dans les rangs des autres dieux,
Puissé-je respirer l'agréable odeur de la nourriture,
Pendant que le prêtre
Invoque les dieux devant mon cercueil
Et devant les offrandes qui me sont destinées.
Puissé-je approcher le bateau Neshem
Sans que mon âme ni son Maître
Soient refoulés !
Salut, ô Osiris, Seigneur de l'Amenti !
Laisse-moi pénétrer en paix dans ton Royaume !
Que les Seigneurs de la Terre Sainte
Me reçoivent avec des cris d'allégresse !
Qu'ils m'accordent une place à leurs côtés !
Que je rencontre Isis et Nephthys au moment
[propice !
Que l'Être-Bon m'accueille avec faveur !
Que j'accompagne Horus dans le Monde du Re-stau
Et Osiris à Djedu !
Que je passe par toutes les Métamorphoses possibles
Et dans toutes les Régions de l'Au-delà,
Selon le bon plaisir de mon cœur !

RUBRIQUE

Si le défunt a appris ce chapitre pendant sa vie sur Terre et s'il a fait écrire ces textes sur les parois de son cercueil, il pourra sortir de sa Demeure ou y pénétrer à volonté, sans qu'on puisse lui opposer la moindre résistance. En outre, des pains, de la bière et de la viande seront à sa disposition sur l'autel de Râ ; il habitera les champs de Sekht-Iaru, dont les moissons de froment et d'orge lui seront données en partage ; il sera vigoureux et prospère là-bas, comme il l'a été sur Terre...[1].

Chapitre II

POUR VIVRE APRÈS LA MORT

Ô toi qui rayonnes dans les solitudes nocturnes,
Dieu du Disque lunaire ! Regarde !
Je t'accompagne, moi aussi,
Parmi les habitants du Ciel qui t'environnent !
Moi, défunt, Osiris, je pénètre à mon gré
Soit dans la Région des Morts,
Soit dans celle des Vivants sur la Terre,
Partout où me conduit mon désir.

1. Les « rubriques », qui terminent certains chapitres, sont écrites dans l'original à l'encre rouge, d'où leur nom. Elles renferment des indications d'ordre liturgique et magique ; parfois, des renseignements historiques sur le chapitre qui les précède.

Chapitre III

Pour sortir vers la Lumière du Jour et pour vivre après la Mort

Salut, ô Tum,
Toi qui te lèves au-dessus des Abîmes cosmiques !
Grand, en vérité, est ton rayonnement !
Tu surgis devant moi sous forme d'un Lion à double
[tête...
Laisse donc entendre ta Parole de Puissance !
Prête ta Force à ceux qui l'attendent, debout devant
[toi !
Voici que j'arrive et que je me mêle à la foule des
[dieux
Qui t'entourent, ô Râ !
J'ai exécuté les ordres que tu as donnés le soir,
À tes serviteurs, ô Râ !
En vérité, comme Râ, je vis après la mort, jour après
[jour,
Et de même que tous les jours Râ renaît de la veille.
De même je renais de la mort.
Toutes les divinités du Ciel se réjouissent en me
[regardant vivre,
De même qu'elles se réjouissent en regardant vivre
[Ptah,
Au moment où, au grand temple d'Héliopolis,
Il paraît dans toute sa splendeur.

Chapitre IV

PASSAGE AU-DESSUS DE LA VOIE CÉLESTE DANS LE RE-STAU

Voici que je traverse les Abîmes des Eaux célestes
Qui s'étendent entre les Deux Combattants[1]
Et que j'arrive vers les Champs d'Osiris...
Puissé-je en disposer à mon gré !

Chapitre V

POUR NE PAS TRAVAILLER DANS L'AU-DELÀ

J'arrive d'Hermopolis pour soulever les bras de ceux
Qui sont impuissants et abattus.
Je suis l'Âme vivante des dieux.
J'ai été initié dans la Sagesse des Esprits-serviteurs
[de Thoth[2].

1. Les « Deux Combattants » sont Horus et Seth dont les luttes interminables remplissent les pages du *Livre des Morts*.
2. Esprits-serviteurs de Thoth (Iaani), adorateurs du Soleil à l'aube et maîtres de sagesse ; ils se manifestaient sous forme de cynocéphales.

Chapitre VI

Les Figurines magiques

Ô toi, Figurine magique, écoute-moi[1] !
Si je suis convoqué,
Si je suis condamné à exécuter des travaux de toute
[sorte
Que l'on fait faire aux Esprits des morts dans
[l'Au-delà,
Sache donc, ô Figurine magique :
Puisque tu possèdes à présent des outils,
Obéis à l'homme dans son besoin !
Apprends que c'est toi qui seras condamnée
À ma place par les surveillants du Duat :
À ensemencer les champs,
À remplir d'eau les canaux,
À transporter du sable
De l'Est vers l'Ouest...
[La Figurine répond :]
— Me voici... J'attends tes ordres...

1. On a trouvé dans les tombeaux et dans les sarcophages égyptiens une grande quantité de figurines, représentant des hommes, des animaux, etc. Ces figurines, connues sous le nom d'« ushebti » (ou « shauebti »), c'est-à-dire, « ceux qui répondent à l'appel », manipulées par des procédés de magie, agrandies et rendues puissantes à l'état d'ombres, devaient se charger de tous les travaux imposés au défunt.

Chapitre VII

Le Passage sur le dos de l'abominable Apopi[1]

Ô toi, néfaste créature de cire,
Tu vis par la destruction des faibles et des désemparés !
Apprends ! Je ne suis pas un faible, moi !
Je ne suis pas une âme épuisée et défaillante !
Tes poisons ne pourront pénétrer dans mes membres !
Car mon corps est le Corps de Tum lui-même[2] !
Si tu ne te sens pas agoniser toi-même,
Les affres de l'agonie ne sauront atteindre mes
[membres !
Car moi-même je suis Tum au milieu de l'Océan
[céleste !
En vérité, tous les dieux me protègent, éternellement !
Mon Nom est un Mystère ;
Ma demeure est sacrée, éternellement.
Je n'aurai plus à affronter les Juges infernaux ;
Car dorénavant j'accompagne Tum lui-même.
Je suis puissant ! Je suis puissant !

1. Apopi (Apepi, Apophi), l'Esprit du Mal, par excellence, de la théologie égyptienne ; ici il est dénommé « créature de cire », car il s'agit, en l'occurrence, d'une opération de la « magie préventive » sur une image de cire.
2. Le dieu Tum (Atum) correspond à l'état du Cosmos avant la « scission », c'est-à-dire, avant la sortie du soleil, de la lune (et des planètes) de la Terre originelle (laquelle, d'après la Tradition, englobait le système solaire tout entier). Tum ignore donc la mort à laquelle, d'après la théologie égyptienne, sont sujets les autres dieux. En identifiant son corps avec celui de Tum, le défunt proclame sa nature incorruptible.

Chapitre VIII

LE PASSAGE À TRAVERS L'AMENTI

Je pénètre dans les Mystères d'Hermopolis[1],
Car Thoth lui-même a apposé un sceau sur ma tête ;
Et l'Œil d'Horus que j'ai délivré me protège, puissant.
Il resplendit sur le front de Râ, Père des dieux.
En vérité, je suis Osiris et je demeure dans l'Amenti.
Osiris, lui qui connaît l'heure faste,
N'existerait pas, sans que j'existe, moi !
Car je suis Râ, au milieu des autres Esprits divins,
Et je ne périrai pas, de toute éternité !
Debout donc, toi, Horus Ressuscité !
Les dieux eux-mêmes ont reconnu ta qualité de dieu !

Chapitre IX

APRÈS LE PASSAGE PAR LE TOMBEAU

Ô toi, grande Âme, puissante et pleine de vigueur !
Me voici ! J'arrive ! Je te contemple !
J'ai traversé les Portes de l'Au-delà
Pour contempler Osiris, mon Père divin !
À présent, je disperse les Ténèbres qui t'enveloppent,
Car je t'aime, Osiris, et je viens contempler ton
[Visage.
J'ai percé le cœur de Seth ;

1. Le temple d'Hermopolis était le siège des mystères de Thoth (Hermès) et d'une école de théologie qui rivalisait avec celle d'Héliopolis.
Sur l'« Œil d'Horus » et l'« Amenti », voir l'introduction, p. 34.

J'ai accompli les rites funèbres pour Osiris, mon
[Père.
J'ouvre les chemins dans le Ciel et sur la Terre,
Car je suis ton fils, Osiris, qui t'aime...
Me voici, devenu Esprit pur et sanctifié.
Je suis cuirassé des Paroles de Puissance...
Dieux du vaste Ciel ! Esprits divins !
Vous tous, regardez-moi !
En vérité ! J'ai parachevé mon Voyage
Et j'arrive devant vous.

Chapitre X

UNE INCANTATION CONTRE LES ENNEMIS

Je force l'entrée du Ciel.
J'enfonce les Portes de l'Horizon.
Je parcours la Terre tout entière.
De puissants Esprits sont en mon pouvoir,
Car mes incantations magiques comptent par millions,
Ma bouche et mes mâchoires sont puissantes.
En vérité, je suis le Seigneur du Duat, pour toute
[l'Éternité ;
Mais les voies de mon Ascension ne vous seront pas
[révélées...

Chapitre XI

Une Incantation contre les Ennemis

Ô toi, Esprit, qui dévores ton propre bras,
Éloigne-toi de ma route !
Car je suis Râ qui se lève dans le Ciel contre ses
[ennemis !
Ce dieu puissant les a remis entre mes mains
Et ils ne pourront plus m'échapper.
Mon bras est rajeuni
Comme celui du Maître de la Couronne[1].
À mesure que les déesses-serpents se lèvent,
J'allonge mes pas...
En vérité, je ne serai pas livré à mes ennemis !
Car remis entre mes mains, ils ne pourront plus
[m'échapper.
Je suis debout comme Horus ;
Je suis assis comme Ptah ;
Je suis puissant comme Thoth ;
Je suis irrésistible comme Tum.
Mes jambes m'emportent dans leur course ;
Ma bouche fait entendre des Paroles de Puissance.
Voici que je parcours le Ciel à la recherche de mes
[ennemis,
Et ils me seront remis et ne pourront plus m'échapper.

1. Osiris.

Chapitre XII

POUR ENTRER ET SORTIR À VOLONTÉ

Que ton nom soit béni,
Ô Râ, Gardien des Portes mystérieuses
D'où s'ouvre une Voie vers Kêb et la Balance
Qui porte en elle la Vérité et la Justice !
Regarde ! Je force mon chemin à travers la Terre !
Puissé-je, tel un enfant, renaître à la vie[1] !

Chapitre XIII

L'ENTRÉE DANS L'AMENTI

J'entre au Ciel tel un Faucon.
Je parcours les Régions du Ciel tel un Phénix.
Les dieux adorent Râ et lui préparent les chemins.
À présent, je pénètre en paix dans la belle Amenti.
Me voici à côté de l'Étang sacré d'Horus ;
Je tiens en laisse ses chiens.
Que la voie soit ouverte pour moi !
Puissé-je y pénétrer
Et venir adorer Osiris, Seigneur de la Vie Éternelle !

1. La mort est une « naissance » dans le domaine de l'esprit ; le défunt devient un « nouveau-né ». Nhh signifie : 1) être né, 2) devenir vieux. Le déterminatif du texte doit être attribué à une erreur du copiste.

Rubrique

Réciter ce chapitre sur un bracelet fait avec des fleurs ANKHAM et placé sur l'oreille droite du défunt ; le réciter également sur un autre bracelet enveloppé d'un tissu de couleur pourpre sur lequel, le jour des funérailles, on inscrira le nom du défunt.

Chapitre XIV

Pour mettre un terme aux sentiments de Honte dans le cœur des Dieux[1]

Que vos noms soient sanctifiés,
Ô dieux, régulateurs des Rythmes sacrés,
Vous qui présidez au déroulement des Mystères !...
Écoutez mes paroles :
« En vérité, les dieux sont honteux et confus
Lorsqu'ils voient mes iniquités ;
Mais sous les coups que portera à mes péchés
Le dieu de Vérité et de Justice
Mes souillures et mes tares disparaîtront ! »
Ô dieu de Vérité et de Justice !
Détruis le Mal qui est en moi !
Fais disparaître ma Méchanceté, mes Crimes !
Balaie de mon cœur tout le Mal
Qui pourrait me séparer de toi,
Afin que je sois en paix avec toi !

1. Ce chapitre peint avec un réalisme pathétique le désarroi d'une âme qui souffre dans l'Au-delà au spectacle de ses propres imperfections sur la terre et aspire à les racheter.

Et toi, ô Seigneur des Offrandes,
Voici que je t'apporte ce qui te fera vivre,
Afin que, moi aussi, je puisse vivre !
Et le sentiment de honte dans ton cœur,
À cause de moi,
Détruis-le pour toute l'Éternité !

Chapitre XV

UN HYMNE À LA GLOIRE DE RÂ

Salut, ô Râ !
Pareil à Tum, tu te lèves au-dessus de l'Horizon ;
Et pareil à Horus-Khuti, tu culmines au Ciel[1].
Ta beauté réjouit mes yeux
Et tes rayons illuminent mon Corps sur Terre.
Quand tu navigues dans ta Barque céleste,
La paix se répand dans les vastes Cieux.
Voici que le vent gonfle les voiles et réjouit ton
[cœur ;
À une allure rapide tu traverses le Ciel.
Tes ennemis sont renversés
Et la Paix règne autour de toi.
Les Génies planétaires, en parcourant leurs orbites
Chantent ta gloire.
Et lorsque tu descends à l'Horizon,
Derrière les montagnes de l'Ouest,
Les Génies des Étoiles Fixes
Se prosternent devant toi et t'adorent...
Grande est ta Beauté à l'aube et vers le soir,

1. Horus Khuti (ou Horakhte, Harmakhis) est « Horus des Deux Horizons », dont le célèbre temple se trouve à Edfu.

Ô toi, Seigneur de la Vie et de l'Ordre des Mondes !
Gloire à toi, ô Râ, quand tu te lèves à l'Horizon
Et que, le soir, pareil à Tum, tu te couches !
Car en vérité, ils sont beaux, tes rayons,
Lorsque du haut de la Voûte céleste
Tu parais dans toute ta splendeur !
C'est là que demeure Nut qui t'a mis au monde...
Voici que tu es couronné Roi des dieux.
La déesse de l'Océan céleste, Nut, ta Mère,
Se prosterne en adorant devant toi.
L'Ordre et l'Équilibre des Mondes émanent de toi.
Du matin, au départ, et jusqu'au soir, à l'arrivée,
À grandes enjambées, tu parcours le Ciel.
Ton Cœur se réjouit, et le Lac Céleste est pacifié.
Renversé est le Démon !
Ses membres sont coupés, ses vertèbres sectionnées !
Des vents propices poussent ta Barque vers le havre.
Les divinités des quatre Régions de l'Espace
T'adorent, ô toi, Substance divine,
D'où procèdent toutes les Formes, tous les Êtres...
Voici que tu viens de prononcer une Parole ;
Et la Terre, silencieuse, t'écoute...
Toi, Divinité Unique, tu régnais déjà au Ciel
À une époque où la Terre avec ses montagnes
N'existait pas encore...
Toi, le Rapide ! Toi, le Seigneur ! Toi, l'Unique !
Toi, le Créateur de tout ce qui existe !
À l'Aube des Temps,
Tu modelas la Langue des Hiérarchies divines ;
Tu arrachas de l'Océan Premier les Êtres
Et les sauvas sur une Île du Lac d'Horus...
Puissé-je respirer l'Air de tes Narines
Et le Vent du Nord qu'envoie ta Mère, Nut !
Ô Râ ! Daigne sanctifier mon Esprit !
Ô Osiris ! Rends à mon Âme sa nature divine !

Gloire à toi, ô Seigneur des dieux !
Soit loué ton Nom,
Ô Créateur des Œuvres admirables !
Avec tes rayons éclaire mon Corps
Qui repose dans la Terre,
Pour toute l'Éternité...

Chapitre XVI

(ne renferme qu'une vignette)

Chapitre XVII

POUR ENTRER DANS LE MONDE INFÉRIEUR ET EN SORTIR[1]

Ici commencent les hymnes d'adoration à prononcer au moment où le défunt sorti (du corps) pénètre dans le glorieux Monde Inférieur et dans la belle Amenti : (ou bien :) au moment où, sorti vers la pleine Lumière du Jour, il peut se manifester à volonté sous toutes les formes de l'existence. Alors, assis dans une salle, il pourra jouer aux dames, ou bien il entreprendra, en sa qualité d'âme vivante, de longs voyages. Il dira :

1. Ce chapitre (au même titre que les chapitres XLII, LXIV, CXXV et quelques autres) est parmi les plus anciens textes du *Livre*. Nous avons délibérément supprimé dans notre version les commentaires et les gloses de l'époque saïte lesquels, tout curieux qu'ils sont, ne font – au lieu de l'expliquer – qu'alourdir le texte et le rendre plus obscur. Notons en passant que c'est la première fois que ce genre de dégagement du texte primitif, de l'« Urtext » du chap. XVII, a été tenté.

Je suis le dieu Tum,
Solitaire des vastes Espaces du Ciel.
Je suis le dieu Râ
Se levant à l'aube des Temps Anciens,
Pareil au dieu Nu[1].
Je suis la Grande Divinité
Qui se procrée elle-même.
Les pouvoirs mystérieux de mes Noms
Créent les célestes Hiérarchies.
Les dieux ne s'opposent pas à ma progression ;
Car je suis l'Hier
Et je connais le Demain[2]
Le dur combat que se livrent les dieux,
Les uns aux autres,
Est conforme à mes volontés.
Je connais le Nom mystérieux
De la Grande Divinité qui est dans le Ciel ;
Je suis le grand Phénix d'Héliopolis[3] ;
Je suis le Gardien du Livre du Destin
Où s'inscrit tout ce qui fut
Et tout ce qui sera.
Je suis le dieu Amsu au moment où il paraît[4] ;

---

1. Nu (lire : Nou) – la plus ancienne parmi les divinités égyptiennes –, dieu de l'Espace liquide illimité. C'est lui, Nu, l'océan cosmique, qui est désigné dans la ligne suivante (« la Grande Divinité »). Mais, d'après les gloses saïtes, ce serait Râ ou Osiris.

2. C'est-à-dire : « Je suis l'intégrale vivante de toutes les potentialités du passé ; et toutes les potentialités de l'avenir sont contenues également en moi. »

3. Le Phénix (BENNU) est une manifestation de l'Âme de Râ. Héliopolis (Annu, ou Iunu) était le centre initiatique consacré au culte de cette divinité.

4. AMSU, ou MIN – une divinité très ancienne ; sous une forme archaïque, c'est Amon (Amun) de Thèbes. Comme Ptah de Memphis, il est représenté enveloppé de bandelettes de momie, mais tenant à la main, dégagé, le symbole du pouvoir.

La déesse de la Justice-Vérité est MAAT. Elle règle l'Ordonnance des Mondes et établit l'Harmonie cosmique.

Et les deux Plumes de la déesse Maat
Ornent ma tête.
Voici que j'arrive dans ma Patrie d'origine[1] ;
J'atteins le lieu de ma résidence fixe.
Le Mal qui avait existé en moi
A été arraché avec ses racines.
Mes défauts et mes tares ont été balayés.
Je parcours les Routes de l'Au-delà...
En vérité, elles me sont familières.
La direction de ma marche
Est celle de l'Ordonnance des Mondes.
À présent, j'arrive vers les Pays de l'Horizon,
Je franchis le Portail sacré...
Ô dieux ! Vous qui marchez à ma rencontre,
Tendez vos bras vers moi !
Car je suis devenu un dieu, votre égal !
Au moment où l'Œil divin,
Lors de la Bataille d'Horus avec Seth[2],
Était près de s'éteindre
Je lui ai rendu sa vigueur.
Et après le grand Écroulement des Mondes
J'ai remis en ordre les Circuits célestes...
Hier j'ai vu naître Râ,
Au moment où il sortait des profondeurs du Ciel.
Or, sa force est ma force !
Car, en vérité, je suis un Esprit puissant
Parmi ceux qui entourent Horus...
Salut, ô Gardiens de l'Ordre des Mondes,
Vous, Hiérarchies divines qui entourez Osiris,
Qui détruisez les Esprits du Mal,

1. « Patrie d'origine », c'est-à-dire, l'Au-delà.
2. L'Œil divin (d'Horus, de Tum, de Râ, etc.), une divinité puissante, guerrière, vengeresse ; c'est une sorte d'émanation du dieu respectif. La bataille entre Horus et Seth : voir plus haut.

Et vous, Serviteurs de la déesse Hotep-Sekhus[1] !
Laissez-moi parvenir jusqu'à vous !
Détruisez le Mal qui s'attache à mon Âme !
(Comme vous aviez, déjà, purifié les sept Esprits
Obéissant à leur Seigneur, Sépa)[2].
Voici Anubis qui prépare des places pour eux
Pendant ce Jour notable dont le Nom est :
« Par ici, viens ! »
Je suis celui dont l'Âme réside
Dans la double divinité Djafi[3].
Je suis ce grand Chat divin[4]
Qui a fendu l'Arbre sacré d'Héliopolis
Pendant la Nuit de la Destruction
Des démons, ces ennemis de Neberdjer[5].
Ô Râ ! Toi qui demeures dans l'Œuf Cosmique,
Qui reluis comme de l'Or pur
Dans ton Disque solaire ;
Qui montes au-dessus de l'Horizon
Et navigues sur un Ciel d'airain,
Toi, sans pareil, unique parmi les dieux !
Le Ciel dressé sur les Piliers du dieu Shu,
Tu le parcours dans toute son étendue...
Un souffle de Feu sort de ta Bouche
Et tes glorieux Esprits illuminent les deux Terres...
Ô Râ ! Délivre-moi de ce démon
À la figure cachée sous un voile !

---

1. Hotep-Sekhus, une variante de l'« Œil de Râ » qui combat et brûle ses ennemis.
2. Le « Seigneur de Sépa », Anubis, dieu psychopompe.
3. Djafi, une « âme double », ou dualité d'Osiris et de Râ en une seule personne.
4. Le « Chat divin », une manifestation de Râ.
Ce passage se rapporte aux « guerres dans le Ciel » contemporaines de l'« Écroulement des Mondes ».
5. Neberdjer (« Seigneur des Mondes »), une épithète courante d'Osiris (ou de Râ).

(Ses deux sourcils sont les Bras de la Balance,
Lors de cette fatale Nuit
Où, avant d'être détruits,
Mes péchés seront computés).
Délivre-moi de ces Esprits-Gardiens
Armés de longs couteaux
Et dont les doigts font terriblement mal !
Je sais : le massacre des serviteurs d'Osiris est leur joie...
Qu'ils n'aient donc point de prise sur moi !
Qu'ils ne m'entraînent pas vers leurs chaudières !
Car je connais vos Noms, ô dieux,
Comme je connais cet Être divin
Caché dans les domaines d'Osiris
Dont l'Œil,
(Bien qu'il demeure lui-même invisible et voilé)
Rayonne dans le Ciel.
Entouré d'une enveloppe de feu
Qui sort de sa bouche
Il parcourt le Ciel et donne des ordres
Au dieu du Nil céleste ;
Et cependant il demeure invisible...
....
Puissé-je devenir vigoureux sur Terre.
Auprès de Râ !
Puissé-je arriver en paix vers mon Port d'attache,
Auprès d'Osiris !
Puissé-je, ô dieux, trouver intactes sur vos autels
Les offrandes qui me sont destinées !
Car je suis de ceux qui suivent Osiris...
Ainsi dit le « Livre des Métamorphoses » :
« Je vole comme un faucon,
Je crie comme une oie sauvage ;
Comme Neheb-Kau je ne périrai jamais »[1].

1. Neheb-Kau = Râ.

....

Ô Râ-Tum, Prince des dieux !
Toi qui séjournes éternellement dans l'immensité de
[l'Espace,
Délivre-moi de ce démon
Dont la figure ressemble à celle d'un chien,
Mais dont les sourcils sont pareils à ceux d'un être
[humain...
Il monte la garde sur les canaux du Lac de Feu ;
Il dévore les cadavres des morts ;
Il taillade leurs cœurs et lance des ordures...
Et cependant, il demeure invisible...
Ô toi, puissant Maître des deux Terres,
Seigneur des Démons Rouges !
Je sais que tu domines sur les lieux des exécutions
Et que les intestins des morts sont ta nourriture
[préférée...
Éloigne-toi !...

Voici que la Couronne Royale vient d'être mise sur
[la tête
De cette divinité d'Héracléopolis[1],
Première d'entre les dieux,
Le jour de la Réunion de Deux Terres devant Osiris[2].
Ô dieu à la tête de Bélier,
Maître d'Héracléopolis !
Détruis le Mal qui s'attache à mon Âme !
Conduis-moi le long des Sentiers
De la Vie Éternelle !
Délivre-moi de cet Esprit démoniaque

1. La divinité d'Héracléopolis, Hersheft, représentée avec une tête de bélier (« ARSAPHES »).
2. La réunion de deux Terres (ou de deux Pays), c'est-à-dire de la Basse et de la Haute Égypte, jouait – symboliquement – un rôle de premier plan dans la théologie égyptienne.

Qui guette dans les Ténèbres !
Il s'empare des Âmes et dévore les Cœurs.
Il se nourrit d'ordures et de pourriture.
Les Âmes tièdes et inertes
En ont peur...
Ô Khepra, toi qui vogues dans ta Barque céleste[1] !
Les Hiérarchies divines dont se compose ton corps
Se manifestent à mon regard ébloui.
Ô Khepra ! Délivre-moi des Esprits
Qui montent la garde auprès des Damnés !
Car ceux-ci leur furent abandonnées par Osiris
Avec l'ordre de veiller sur ses ennemis,
De les ligoter et de les massacrer dans ses domaines...
En vérité, il n'est guère facile d'échapper à ces
[guetteurs !
Puissé-je ne pas tomber sous leurs couteaux !
Que je ne sois pas livré sans défense
À leurs caveaux de torture !
Car, en vérité, je n'ai rien fait
De ce que les dieux abhorrent ;
Et c'est en purifié de tous mes péchés
Que j'ai pénétré dans Mesket[2].
Vers le soir, au Tehenet, je jouis de mon repas ;
Tum construit ma demeure ;
Et le dieu à la double tête de Lion

1. Khepra (Khepré), divinité qui préside au Devenir cosmique, est représentée sous les traits d'un scarabée. Dans le passage ci-dessus, la vision intérieure révèle au défunt les hiérarchies qui se manifestent sur le fond immense de la divinité cosmique (voir *Bhagavad-Gita*, chants X-XI).

2. Mesket et Tehenet : deux régions du Duat (du Monde Inférieur). Ce qui suit représente les étapes de l'incarnation : Tum crée le corps terrestre (« la demeure ») ; le dieu-Lion (Akeru) est le dieu de la Terre qui façonne le destin (les « plans ») ; ensuite, l'enfant naît, introduit par les deux entités adverses : Horus et Seth ; enfin, il prend possession de la Terre...

En a dessiné les plans.
Voici que l'on m'apporte des parfums sacrés ;
Horus est purifié, Seth est encensé ;
Seth est purifié, Horus est encensé.
Je suis admis dans cette Terre,
Et avec mes pieds j'en prends possession.
....
Je suis le dieu Tum.
Voici que j'arrive dans ma Patrie d'origine...
Recule donc ! Recule, ô Lion Rehu !
Des flammes sortent de ta bouche ;
Ta tête est entourée de feu ;
Mais par la puissance de ma Parole
Tu seras repoussé !
Sache que je suis sur mes gardes !
Je suis invisible !
Isis vient me trouver ;
Elle répand son épaisse chevelure sur mon visage...
À présent, je me sens conçu par Isis et engendré
[par Nephthys.
Ces deux déesses pourchassent mes ennemis.
Ma Puissance me suit, accompagnée de la Terreur.
Mes bras vigoureux répandent la panique.
Pleins d'amour et d'espoir
Des millions d'Êtres m'entourent de toutes parts...
Je disperse les foules des Esprits ennemis
Et je m'empare des armes des démons.
Isis et Nephthys rendent ma vie douce et heureuse.
Ma volonté règle le cours des choses
À Kher-aha et à Iunu[1].
Toutes les divinités ont peur de moi ;
Car je suis immense ; terrible est ma puissance !

1. Deux centres de mystères.

Je lance mes flèches contre tous ceux qui
[blasphèment ;
Je vis selon mon bon plaisir ;
Car je suis la déesse Uadjit, maîtresse de la Flamme[1].
Malheur à ceux qui s'élèvent contre moi !

Chapitre XVIII

(Le prêtre dit :)

Ô vous, Souveraines Hiérarchies
Du Ciel, de la Terre et du Monde des Morts !
Voici que, suivi du défunt, je viens vers vous !
Qu'il demeure donc à jamais avec vous !

(Le défunt dit :)

Salut, ô Seigneur de l'Au-delà,
Osiris, Maître du Re-stau,
Dieu-Bon du sanctuaire d'Abydos !
Voici que j'arrive devant toi.
Mon cœur a toujours été fidèle à la Voie du Bien.
Le Mal n'a jamais habité mes pensées.
Dans ma poitrine, point de péché !
Je n'ai jamais menti sciemment,
Ni agi avec duplicité.
Puissent donc vers moi affluer les offrandes !
Puissé-je paraître

1. Uadjit : l'« Œil de Râ », déesse-égrégore de la Basse Égypte.

Devant l'autel du Seigneur, lui, Maître de Vérité et
[de Justice !
Puissé-je entrer dans la Région des Morts
Et en sortir, selon mon gré !
Que mon Âme n'en soit pas repoussée !
Puissé-je contempler éternellement
Les Esprits divins de la Lune et du Soleil !...
....
Je te salue, ô Roi de la Région des Morts,
Prince du Royaume du Silence !
Voici que j'arrive devant toi...
Je connais tes volontés et les lois de ton Royaume ;
J'ai la maîtrise des Formes et des Métamorphoses
Pratiquées dans la Région des Morts.
Accorde-moi une place dans ton Royaume
Aux côtés du Seigneur de Vérité et de Justice !
Puissé-je séjourner dans la Région des Bienheureux
Et recevoir en ta présence des offrandes sépulcrales !
Ô Thoth, toi qui fais triompher Osiris de ses ennemis,
Défends-moi contre mes ennemis :
Dans cette nuit des ténèbres,
Dans cette nuit des combats,
Dans cette nuit où seront terrassés
Les ennemis du Seigneur des Mondes...
Défends-moi devant les tribunaux : d'Héliopolis,
— de Busiris, – de Sehkem, – de Pé et Dep,
— de Rekhti, – de Djedu, – de Nairerf, – du Re-stau[1].

1. Nous avons abrégé ci-dessus la litanie du chapitre XVIII, laquelle comporte dix sections répétant les mêmes formules.

RUBRIQUE

Si l'on récite le chapitre qui précède, le défunt – après son arrivée dans l'Au-delà – pourra sortir vers la pleine Lumière du Jour ; il pourra à volonté revêtir les formes de tous les êtres. Quiconque aura récité ce chapitre deviendra robuste sur terre. Lorsqu'il aura (dans l'Au-delà) à traverser les régions de Feu, il ne sera pas encerclé sans issue par les mauvaises actions commises durant sa vie sur la terre ; elles ne le tiendront pas prisonnier pour l'éternité.

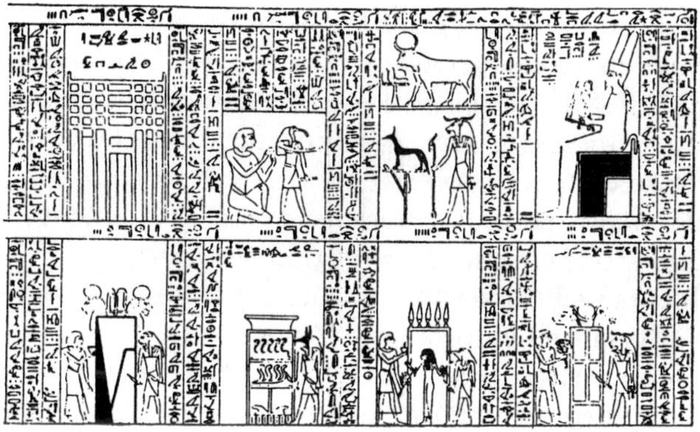

Chapitre XIX

La Couronne de Victoire[1]

Tum a préparé
Pour la placer sur ton front,
Une Couronne de Victoire ;
Afin que, fidèle aux dieux,
Tu puisses vivre éternellement ;
Car Osiris, Seigneur de la Région des Morts,
Il fait que tu triomphes de tes ennemis ;
Kêb t'a choisi pour son légataire universel.
Viens donc et chante la gloire d'Horus,
Fils d'Isis et d'Osiris,
Qui te fait monter sur le Trône de Râ, ton Père divin ;
Il t'accorde l'empire sur les Deux Terres.
Tum en a ainsi décidé ;
Et la Hiérarchie divine de sa suite a exécuté cet ordre ;
Car la toute-puissance d'Horus, fils d'Isis et d'Osiris,
Est née de la Victoire...
De même, je serai victorieux, moi éternellement...
Ô Osiris, Seigneur de la Région des Morts !
Toutes les Régions, tous les dieux et toutes les déesses,
Ceux du Ciel et ceux de la Terre,
Concourent au triomphe d'Horus, fils d'Isis et d'Osiris.
Cette victoire remportée devant Osiris était nécessaire,
Afin que je puisse, moi,
Triompher de mes ennemis.
Le jour où Horus remporte la victoire

1. Ce chapitre est une variation sur le leitmotiv de la « réciprocité », si fréquent dans le *Livre* : le défunt est identifié avec Horus, fils d'Osiris et d'Isis ; les victoires d'Horus sur ses ennemis sont autant de victoires du défunt ; et le triomphe final d'Horus sonne le glas des ennemis du défunt.

Sur Seth et ses démons,
Moi, défunt, je triomphe de mes ennemis,
Pendant la nuit de la Fête où le Dieu Djed
Est dressé à Djedu,
Devant les divinités qui résident sur les Voies de la [Mort...
Ceci a lieu pendant la Nuit des Mystères de Létopolis,
Devant les puissants Êtres de Pé et de Dep,
La Nuit de l'établissement d'Horus
Dans ses droits d'Héritage,
La Nuit de la Parole Pesée devant les grands Juges ;
La Nuit où Horus prend possession
Du Lieu de la Naissance des dieux ;
La Nuit où Isis, alitée,
Veille et pleure son Frère bien-aimé[1] ;
La Nuit où Osiris triomphe de ses ennemis...
Voici que, par quatre fois,
Horus prononce les Paroles de Puissance ;
Et ses ennemis, écrasés, gisent déjà à terre.
Moi, défunt, je prononce les mêmes Paroles,
Quatre fois. Puissent mes ennemis
Être renversés et taillés en pièces !
Voici qu'Horus, fils d'Isis et d'Osiris,
Est célébré dans des millions de fêtes,
Tandis que ses ennemis seront livrés
À la grande Destruction de l'Abîme et du Néant...
Ils ne pourront jamais échapper
À la puissante surveillance de Kêb[2] !

---

1. Isis était non seulement l'épouse d'Osiris, mais aussi sa sœur. Les mariages entre frères et sœurs, surtout dans la famille royale et dans la haute noblesse, étaient si répandus en Égypte que les Ptolémées eux-mêmes, qui étaient d'origine macédonienne, durent se conformer à cette coutume.
2. Kêb, dieu de la Terre, joue un grand rôle dans l'Au-delà, en protégeant les premiers pas du défunt.

Rubrique

Ce chapitre sera récité au-dessus d'une couronne dûment consacrée et placée sur le visage du défunt ; pendant ce temps, le prêtre jettera, en prononçant le nom du mort, de l'encens sur le feu. Ceci assurera la victoire du défunt sur ses ennemis pendant le « passage » de la mort ; et lorsqu'il se sentira revivre, il se trouvera dans l'entourage d'Osiris ; et là, pendant qu'il contemplera l'image du dieu, deux bras paraîtront devant lui, l'un tenant du pain et l'autre la boisson consacrée...

Prononcer ce chapitre à l'aube, à deux reprises. Ce texte est d'une efficacité infaillible.

Chapitre XX

Ô Thoth, toi qui fais triompher Osiris de ses ennemis,
Prends dans tes pièges mes ennemis à moi !
En présence de tous les dieux et de toutes les déesses,
En présence des grands dieux d'Héliopolis,
Pendant la nuit des combats à Djedu
Et de la défaite des démons,
Pendant la nuit de la mise debout du Djed à [Létopolis,
Pendant la nuit des catastrophes au milieu des [ténèbres,
Qui auront lieu à Létopolis, à Pé et à Dep,
Pendant la nuit de l'établissement d'Horus dans ses [droits d'héritage
Dans les domaines de son Père Osiris, à Rekhti,
Pendant la nuit où Isis se lamente à Abydos
Devant le cercueil de son Frère, Osiris,

Pendant la nuit des cérémonies Haker
Où seront départagés les damnés
D'avec les élus traversant les voies de la mort,
Pendant la nuit de l'exécution des âmes damnées,
Lors de la grande cérémonie du labourage de la terre
Qui aura lieu à Naarerutf et à Re-stau ;
Pendant la nuit, enfin, où Horus triomphe de ses [ennemis...
En vérité, grand est Horus !
Les deux Horizons du Ciel sont en joie ;
Et le cœur d'Osiris est plein de contentement...
Ô Thoth ! Laisse-moi donc triompher de mes ennemis
Devant les Hiérarchies des dieux et des déesses
Qui jugent les morts, au nom d'Osiris,
Assemblés derrière la chapelle mortuaire de ce dieu...

Rubrique

Si ce chapitre est récité par un homme rituellement pur, le défunt sortira – après son Arrivée au Port[1] – vers la pleine Lumière du Jour ; il pourra revêtir, à volonté, toutes les formes des êtres et passer sans danger à travers la Zone du Feu[2].

1. C'est-à-dire, après la mort.
2. La Zone du feu : l'Enfer.

Chapitre XXI

Pour rendre au Défunt les Pouvoirs de sa Bouche[1]

Salut, ô Prince de la Lumière,
Toi qui illumines la Demeure des Ténèbres !
Regarde ! J'arrive, purifié, sanctifié, devant toi !
Que vois-je ? Tes deux bras dirigés en arrière
Tu repousses tout ce qui vient de tes Ancêtres[2].
Accorde à ma bouche les pouvoirs de la Parole,
Afin que, à l'heure où règnent la Nuit et les Brouillards,
Je puisse diriger mon Cœur !

Chapitre XXII

Pour rendre au Défunt les Pouvoirs de sa Bouche

Voici que je monte au Ciel de l'Univers mystérieux,
Pareil à l'Œuf Cosmique entouré de ses rayons...[3]
Que le pouvoir de ma bouche me soit restitué,
Que je puisse prononcer devant le Seigneur de
[l'Au-delà
Les Paroles de Puissance !
Que la supplication de mes deux bras tendus avec
[ferveur

1. Les titres des chapitres XXI et XXII sont identiques.
2. Ce passage se rapporte au poids des actes du Passé qui accable l'âme du mort ; ici, l'âme d'Osiris.
3. La doctrine de l'Œuf cosmique est commune à toutes les théologies : hindoue, grecque (orphique), scandinave, etc.

Ne soit pas repoussée des Hiérarchies divines !
Car en vérité, je suis Osiris, Seigneur du Re-stau !
Puissé-je partager le sort de ceux
Qui se trouvent au sommet de l'Escalier céleste !
Je suis arrivé ici au gré de mon cœur ;
J'ai traversé le Lac de Feu[1],
Et ma présence a éteint ses flammes.

Chapitre XXIII

L'Ouverture de la Bouche du Défunt

Puisse Ptah ouvrir ma bouche !
Puisse le dieu de ma ville dénouer les bandelettes
Qui couvrent mon visage !
Puisse Thoth, armé de la Parole de Puissance,
Enlever ces néfastes bandelettes, héritage de Seth[2] !
Puisse Tum les lancer à la face des ennemis
Qui voudraient, avec l'aide de ces bandelettes,
Me rendre à jamais impuissant !
Puisse Shu ouvrir ma bouche avec cette arme de fer[3]
Qui ouvre la bouche des dieux !
Car je suis la déesse Sekhmet
Demeurant dans la région des Grands Vents du Ciel...
Je suis le Génie de la Constellation Sahu[4]
Au milieu des Esprits divins d'Héliopolis.

---

1. C'est-à-dire, l'Enfer.
2. Les bandelettes qui entourent la momie sont le symbole même de la mort et, comme telles, l'« héritage de Seth » ; car Seth ayant supprimé Osiris, le principe de la Vie, est devenu le facteur le plus important de la mort.
3. L'ouverture de la bouche – avec un instrument en fer consacré à cet effet – était une cérémonie de haute efficience magique, car elle communiquait au défunt la puissance de la Parole.
4. La constellation Sahu est celle d'Orion.

Puissent toutes les incantations dirigées contre moi
Laisser indifférents et fermes
Les dieux et les Esprits qui les entendraient !

Chapitre XXIV

Une Incantation pour le Défunt[1]

Je suis le dieu Tum.
Je suis Khepra, le dieu de l'éternel Devenir
Qui, caché dans le sein de sa Mère céleste, Nut,
Sculpte et modèle sa propre Forme.
Ceux qui habitent dans l'Océan céleste
Deviennent méchants comme des loups ;
Les Esprits des Hiérarchies
Deviennent enragés comme des hyènes,
En entendant mes Paroles de Puissance,
Car ces Paroles de Puissance,
Je les recherche et les cueille de partout
Avec plus de vitesse que la lumière,
Avec plus de zèle qu'un chien de chasse.
Ô toi qui fais avancer la Barque de Râ,
Regarde ! Les vergues et les voiles de ta Barque
Sont gonflées par le souffle du vent,
Pendant qu'elle glisse sur le Lac de Feu
Dans la Région des Morts.
Voici que j'ai réuni toutes les Paroles de Puissance
De toutes les Régions où elles se trouvaient,
Ainsi que dans le cœur de tout être humain
Qui les ait jamais hébergées...
Je les recherche et je les réunis

1. Ce chapitre, avec sa triple répétition du refrain, est un exemple typique de l'incantation égyptienne.

Avec plus de vitesse que la lumière,
Avec plus de zèle qu'un chien de chasse.
Je suis celui qui fait surgir les dieux de l'Abîme
Et qui, leur Cycle une fois accompli,
Les voit descendre vers le Néant
Et vers la destruction par le Feu.
Voici que j'ai réuni toutes les Paroles de Puissance
Que je recherchais avec plus de vitesse que la [lumière,
Avec plus de zèle qu'un chien de chasse.

Chapitre XXV

POUR RESTITUER AU DÉFUNT SA MÉMOIRE

Que mon Nom me soit rendu dans le grand Temple [de l'Au-delà !
Que je garde le souvenir de mon nom
Au milieu des Murailles embrasées du Monde [Inférieur,
Pendant cette nuit où seront comptées les Années
Et dénombrés les Mois.
Car je demeure aux côtés du grand dieu de l'Orient [céleste.
Voici que toutes les divinités se rangent derrière moi ;
Et à mesure que chacune d'elles passe
Je peux prononcer son Nom.

Chapitre XXVI

POUR RESTITUER AU DÉFUNT SON CŒUR

Puisse mon Cœur « ib » se trouver à sa place[1] !
Puisse mon Cœur « hati » se trouver à sa place !
Que mon Cœur demeure en paix avec moi !

---

1. « HATI » signifiait, tout d'abord : « ce qui est en avant », « poitrine » ; ensuite – dans les textes du Nouvel Empire – il fut employé dans le sens du cœur physique, siège de la vie subconsciente et instinctive.
« IB », par contre, était à l'origine le cœur conscient, actif, plein d'aspirations et de désirs, le siège d'une volonté lucide et de la conscience morale. Après la mort, c'est l'« ib » qui – en première instance – jugeait la vie terrestre du défunt.
À l'époque gréco-romaine, les deux termes (« hati » et « ib ») furent employés parallèlement et finalement « hati » fit disparaître « ib ». (*Cf.* A. PIANKOFF : *Le Cœur dans les Textes égyptiens*, 1936.)
L'usage métaphysique et magique de ces deux termes présente un caractère tout particulier.
Nous constatons, dans les chapitres XXVI-XXX (qui forment un groupe à part, assez homogène), que les deux termes désignant le cœur sont employés dans un sens diamétralement opposé.
Le cœur, la partie la plus centrale, la plus intime et la plus importante de l'être humain, est le siège de la Destinée individuelle. La destinée qui *précède* le moment donné, c'est-à-dire la totalité du *Passé* et de ses potentialités mortes, est « Hati » : c'est le siège du Karma *fixe*. La destinée *future*, qui se présente sous la forme de la pure possibilité, est désignée par « Ib » : c'est l'ensemble des possibilités pas encore réalisées. Voilà pourquoi la puissance magique – fruit d'un passé immémorial – est due à *Hati*, tandis que la vision prophétique prend naissance dans *Ib*.
On comprendra également pourquoi le défunt insiste sur la séparation des deux domaines en question et craint la *substitution* du cœur « Ib » au cœur « Hati ». En outre, si le cœur « Ib » lui était ravi (caché, dévoré), c'est tout son avenir qui serait remis en question.
Ce qui précède nous fait aussi comprendre les premières lignes du chapitre XXX. « IB » étant le Sein où pullulent les possibilités de l'avenir, le défunt le voit sous l'aspect d'un principe *maternel*, c'est-à-dire sous celui de la potentialité illimitée ; le HATI – dans le sens originel de ce qui précède – est, par contre, la totalité des « formes » réalisées sur la Terre, le Karma fixe et immuable, dont l'éventuelle négativité morale inspire angoisse au défunt, car celui-ci redoute des « témoignages... ».

Que je communie avec Osiris, à l'Est de la prairie
[fleurie !
Puissé-je monter et descendre dans ma Barque le Nil
[céleste !
Que les pouvoirs de ma bouche me soient rendus,
Afin que je puisse prononcer les Paroles de
[Puissance !
Que les pouvoirs de mes deux jambes me soient
[restitués,
Afin que je puisse marcher !
Et ceux de mes bras, afin que je puisse renverser mes
[ennemis !
Puissent les Portes du Ciel demeurer ouvertes pour
[moi !
Puisse Kêb, Prince des dieux, ouvrir mes deux
[mâchoires !
Puisse-t-il enlever l'épais bandeau
Qui couvre mes deux yeux !
Puisse-t-il délier, séparer mes deux jambes !
Qu'Anubis affermisse mes cuisses,
Afin que je puisse me dresser tout debout !
Puisse la déesse Sekhmet me conduire au Ciel !
Que mes décrets soient proclamés à Memphis !
Mon savoir visionnaire, je le dois à mon Cœur « ib » ;
Ma puissance magique, je la dois à mon Cœur « hati ».
Je commande et mes deux bras, et mes deux jambes
[m'obéissent.
En vérité, je puis accomplir les volontés de mon Ka !
Mon Âme ne sera pas emprisonnée dans mon
[cadavre
Aux Portes de l'Au-delà ;
Car je pourrai y entrer et en sortir en paix.

Chapitre XXVII

Pour que le Cœur ne soit pas ravi au Défunt

Salut, ô divinités terribles,
Qui saisissez et détruisez les Cœurs !
Vous, Seigneurs de la Durée, Princes de l'Éternité !
Mon Cœur « ib », ni mon Cœur « hati »,
Ne les saisissez pas ;
Que les paroles d'accusation
Ne soient pas prononcées contre moi !
Ô vous qui faites passer par des Métamorphoses,
En conformité à ses actes passés, le Cœur de
[l'homme,
Puisse ma conduite sur Terre
Ne pas me faire du tort auprès de vous,
Dans l'Au-delà !
Car ce Cœur que voici appartient à un dieu,
Maître des Noms magiques,
Dont les Paroles sont puissantes dans son Corps.
Il a dirigé son Cœur vers ses entrailles
Et il l'a renouvelé devant les dieux.
On ne lui parle plus, à ce puissant,
De ce qu'il avait fait sur Terre !
Son Cœur, comme ses Membres, obéissent à ses
[ordres.
Son Cœur ne l'abandonnera pas !
Ainsi donc, victorieux, je t'ordonne
De m'obéir dans le Monde Inférieur
Et dans les Régions de l'Éternité !

Chapitre XXVIII

POUR QUE LE CŒUR NE SOIT PAS RAVI AU DÉFUNT

Salut, ô dieu à la double tête de Lion !
Regarde-moi ! Je suis une Plante florissante !
C'est pourquoi le billot des exécutions est une
[horreur pour moi !
Puisse mon Cœur ne pas être arraché de mes
[entrailles
Par les dieux d'Héliopolis qui se combattent avec
[acharnement !
Ô toi, Esprit bienfaisant qui as orné de bandelettes
La Momie d'Osiris ;
Toi qui as guetté, attaqué et renversé Seth,
Regarde-moi ! Ce Cœur qui est à moi,
Il pleure devant Osiris,
Il supplie pour moi...
Voici que, dans le Temple du dieu au visage
[terrifiant,
Je lui ai accordé tout ce qu'il désirait ;
Et à Khemenu je me suis emparé pour lui des
[offrandes.
Ô Esprits ! Ne me ravissez plus mon Cœur !
Car je vous laisse pénétrer vers sa demeure,
Afin que vous puissiez ensuite
Entraîner ce Cœur avec vous
Vers les Champs des Bienheureux...
Rendez-le vigoureux, défendez-le
Contre tous ceux qui lui inspirent l'horreur !
Ne le privez pas de nourriture spirituelle en votre
[pouvoir !
Car mon Cœur a été fidèle aux décrets de Tum ;
Il a massacré ses ennemis dans les repaires de Seth...

Que ce Cœur « hati » que voici
Ne soit pas substitué au Cœur « ib »
Devant les divinités du Monde Inférieur !
En celui qui trouvera une de mes jambes
Ou des bandelettes faisant partie de ma Momie
Puisse-t-il les ensevelir avec soin !

Chapitre XXIX

Pour que le cœur ne soit pas ravi au Défunt

Partez ! Allez-vous-en, Messagers du Seigneur de
[l'Au-delà !
Vous arrivez pour me ravir mon Cœur doué d'une
[Vie éternelle ?
En vérité, il ne vous sera point livré !
Les dieux s'apercevront bientôt, à mesure que
[j'avance,
Des offrandes et des prières en ma faveur ;
Il y en a partout :
Au-dessus d'eux, au-dessous d'eux, chacune à sa
[place...
En vérité, je garde la maîtrise de mon Cœur !
Il ne me sera jamais ravi !
Car je suis le Seigneur des Cœurs
Et j'accorde une nouvelle durée aux Cœurs
Qui vivent dans la Justice ;
Je suis Horus demeurant dans les Cœurs,
Au centre des Corps.
Je vis par ma Parole de Puissance.
Que mon Cœur « ib » ne me soit donc pas ravi !
Que mon Cœur « hati » ne subisse aucun
[changement !

Qu'aucune violence ne soit exercée contre ma [personne !
Car je demeure dans le Corps de Kêb, mon Père,
Et dans celui de Nut, ma Mère divine !
Je n'ai pas commis d'action que les dieux abominent !
Puisse une Victoire couronner cette épreuve !

Chapitre XXX

Pour que le Cœur du Défunt ne soit pas repoussé

Mon Cœur « ib » me vient de ma Mère céleste[1]
Mon Cœur « hati » me vient de ma Vie sur la terre.
Que de faux témoignages ne soient pas prononcés [contre moi,
Que les Juges divins ne me repoussent pas !
Que véridiques soient les témoignages
Qui concernent mes actions sur Terre
Devant le Surveillant de la Balance
Et le divin Seigneur de l'Amenti !
Salut, ô mon Cœur « ib » !

1. Voir la note explicative du chapitre XXVI.

Salut, ô mon Cœur « hati » !
Salut, ô mes Entrailles[1] !
Salut, ô divinités majestueuses aux Sceptres
[lumineux,
Seigneurs à la chevelure sacrée[2] !
Que vos Paroles de Puissance me protègent devant
[Râ !
Rendez-moi vigoureux devant Neheb-Kau !
En vérité, quoique mon Corps soit uni à la Terre
Je ne mourrai point, car je serai sanctifié dans
[l'Amenti...
Ô toi, Esprit préposé à la Balance du Jugement,
Sache-le : tu es mon Ka !
Car tu demeures dans les limites de mon Corps !
Toi, l'émanation du dieu Khnum,
Tu donnes la Fortune et la Vie à mes Membres !
Viens donc vers les lieux de la félicité
Vers lesquels nous marcherons ensemble !
Que mon Nom ne soit pas pourri et puant
Aux yeux des Seigneurs tout-puissants
Qui modèlent les Destins des hommes !
Que l'Oreille des dieux se réjouisse
Et que leurs Cœurs soient satisfaits
Alors que mes Paroles sont pesées
Dans la Balance du Jugement !
Que des mensonges ne soient pas prononcés
Devant le dieu puissant, Seigneur de l'Amenti !
En vérité, je serai grand au jour de la Victoire !

---

1. Les entrailles (foie, reins, poumons, etc.) portent – quoique au degré moindre que le cœur – un « témoignage » pour ou contre le défunt.
2. La coiffure, la chevelure et la forme de la tête de chaque divinité correspondaient à son « aura » spécifique.

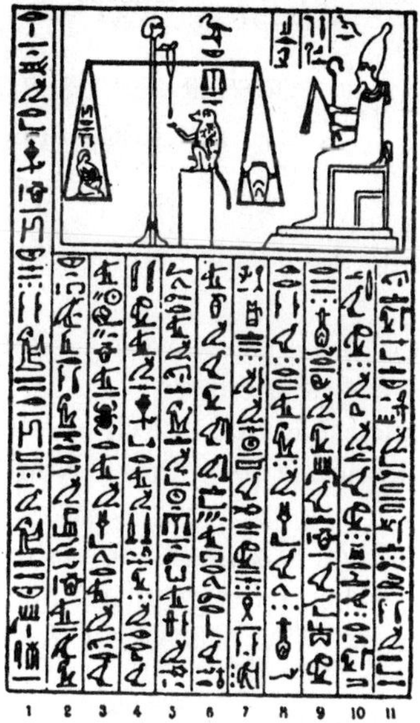

Rubrique

Prononcer les formules au-dessus d'un scarabée de pierre orné de cuivre et pourvu d'un anneau d'argent ; qu'on le place sur le cou du défunt.

Le chapitre qui précède fut trouvé dans la ville de Khemenu (Hermopolis Magna sous les pieds d'une statue représentant ce dieu sacro-saint (Thoth). L'inscription, gravée sur un bloc de fer dans l'écriture du dieu lui-même *(c'est-à-dire, en hiéroglyphes)*, fut découverte à l'époque du roi Men-Kau-râ *(Menkera, 2700 av. J.-C.)* par le prince royal Herutataf, lors de son voyage d'inspection des temples.

Chapitre XXXI

Pour repousser les Esprits à la Tête de Crocodile

Va-t'en ! Recule, ô toi, Sui, démon à la tête de
[crocodile !
En vérité, tu n'as pas de pouvoir sur moi !
Car, Esprit sanctifié, j'existe
Par la Puissance magique qui vit en moi !
Voici que je prononce devant toi le Nom de la grande
[divinité,
Afin qu'elle te livre aux mains de ses messagers
Dont l'un s'appelle : « Seigneur des deux Cornes »,
Et l'autre a nom : « Ton visage est tourné vers la
[Vérité-Justice ».
Les Révolutions des Cieux
Se conforment aux Rythmes des Temps ;
De même, mon Verbe de Puissance
Entoure et protège mes domaines.
La magie, elle qui sort de ma Bouche,
Crée un réseau infranchissable,
Et mes dents sont pareilles à des couteaux de silex.
Toi, démon assis en guetteur, fixant de ton œil
[immobile
Ma Parole de Puissance,
Sache-le : tu ne pourras me la ravir !
Toi, démon à la tête de crocodile,
Pour qui les Paroles de Puissance arrachées de force
Sont l'unique nourriture et soutien de la vie,
Sache-le : tu ne pourras me les ravir !

Chapitre XXXII

Incantations pour repousser les Esprits à la Tête de Crocodile

La grande divinité ancienne est tombée, renversée...[1]
Elle repose sur le flanc, le visage contre terre ;
Cependant les Hiérarchies célestes la redressent...
Et voici qu'arrive mon Âme : elle converse avec son
[Père divin...
Elle le délivre des embûches de huit démons à la tête
[de crocodile...
En vérité, je connais leurs Noms
Et je sais de quoi ils se nourrissent ;
Je délivre mon Père céleste de l'emprise de ces
[démons.
Fuis, démon au visage de crocodile,
Toi dont la demeure est dans l'Ouest !
Je sais que tu te nourris des Signes du Zodiaque !
Apprends donc que j'apporte dans mon cœur
Ce que tu détestes le plus !
Ah ! Tu t'es attaqué au front d'Osiris !...
Sache : je suis Râ !

Fuis, démon au visage de crocodile !
Toi dont la demeure est dans l'Ouest !
Sache que l'Esprit-Serpent Naau habite ma poitrine !
Je vais le lâcher contre toi,
Afin que ton feu ne puisse pas me nuire.

---

1. Allusion – parmi tant d'autres – aux catastrophes cosmiques initiales dont Osiris avait été un des protagonistes.
L'incantation qui suit, et dont les huit strophes répètent le même motif, pourrait être considérée comme un exemple classique du genre.

Fuis, démon au visage de crocodile !
Toi dont la demeure est à l'Est !
Tu te nourris sur ceux qui dévorent des ordures !
Ce que j'apporte dans mon Cœur
Tu le détestes le plus !
Regarde ! Je marche ! En vérité, je suis Osiris !

Fuis, démon au visage de crocodile,
Toi dont la demeure est dans l'Est !
La déesse-serpent Naau habite ma poitrine !
Voici que je la lâche contre toi !
Ton feu ne pourra me nuire !

Fuis, démon au visage de crocodile,
Toi dont la demeure est au Sud !
Tu subsistes sur les ordures et sur les déjections !
J'apporte dans mon Cœur ce que tu détestes le plus.
Que la flamme rouge ne soit pas dans ta main !
Regarde ! Je suis la divinité solaire Septu !

Fuis, démon au visage de crocodile,
Toi dont la demeure est au Sud !
Regarde-moi ! Je suis sain et sauf !
Je marche au milieu des fleurs épanouies !
Sache-le : je ne te serai pas livré !

Fuis, démon au visage de crocodile,
Toi dont la demeure est au Nord !
Tu subsistes sur les violences
Dont tu profites, au fil des heures !
J'apporte dans ma poitrine ce que tu détestes le plus !
Que ton venin ne soit pas sur moi !
Car en vérité, je suis Tum !

Fuis, démon au visage de crocodile,
Toi dont la demeure est au Nord !
Regarde ! La déesse Serket habite ma poitrine[1] !
En vérité, je suis la déesse aux yeux d'émeraude !
Les choses créées sont au pouvoir de mon bras !
Et quant aux mondes futurs,
Aux possibilités qui germent,
Ils sont enfermés là, dans ma poitrine.
Je suis cuirassé de Verbes magiques de grande
[puissance.
Ils ont été tirés du Cosmos au-dessus
Et du Cosmos au-dessous de moi.
Quant à mon Être, il a été sublimé et grandi.
Mon Larynx repose au sein de mon Père céleste[2],
L'ancien dieu, le grand.
Il a remis en ma puissance le Pays des Morts,
La belle Amenti,
Avec ceux qui sont damnés et ceux qui vivront...
Quant à lui-même, ce dieu, autrefois puissant,
Il y demeure aussi, à jamais inerte et immobile...
Voici ! Mon visage a été dévoilé !
Mon cœur se trouve à sa juste place.
Ma tête est ornée de la Couronne à serpents.
Car je suis Râ et je saurai me protéger !
En vérité, aucun influx néfaste ne pourra m'atteindre !

1. Serket (ou Selkit) : déesse à la tête de scorpion.
2. Ici, comme dans le chapitre XXXVIII, noter l'importance attribuée au larynx, organe de la Parole.

Chapitre XXXIII

Pour repousser les Démons-Serpents

Arrête, Rerek[1] ! Arrière, ô démon à la tête
[de Serpent !
Regarde ! Voici Shu et Kêb qui te barrent la route !
Ne bouge pas ! Tiens-toi là où tu es !
Car tu te nourris de rats que Râ abomine
Et tu grignotes les os du chat pourri.

Chapitre XXXIV

Pour éviter les Morsures des Démons-Serpents

Ô toi, déesse à la tête de Serpent, regarde !
Je suis la Flamme qui éclaire des millions d'années
[à venir.
Voici la devise inscrite sur mon étendard :
« L'avenir fleurit à ma rencontre ».
Car je suis la déesse à la tête de Lynx.

1. Rerek : le nom d'un démon.

Chapitre XXXV

Pour ne pas être dévoré par les Démons-Serpents

Regarde, Shu ! Voici Djedu !
Regarde, Djedu ! Voici Shu !
L'un comme l'autre, ils sont en possession
[de la couronne d'Hathor.
Affectueusement, ils entourent de leurs soins
La momie d'Osiris.
Voici deux démons qui s'approchent ;
Ils s'apprêtent à me dévorer...
Mais inaperçu du démon Seksek, je passe entre eux...
Cet être, moi-même, est Osiris ; il implore :
Ayez soin de sa tombe !
Le Prince des dieux dirige sur lui son Œil
[et le purifie ;
En conformité avec le Jugement
Il lui attribue sa part de Vérité-Justice.

Chapitre XXXVI

Pour repousser les Démons

Arrière ! Va-t'en, démon à la gueule ouverte !
Je suis Khnum, Seigneur de Pshenu[1].
J'apporte à Râ les paroles des dieux,
Un message au Maître de céans.

1. Khnum, dieu démiurge.

Chapitre XXXVII

Invocation d'Isis et Nephthys

Salut, ô déesses-sœurs Isis et Nephthys !
Je vous annonce mes Paroles de Puissance !
Voici que, entouré de rayonnement,
Je navigue dans ma Barque céleste.
En vérité, je suis Horus, fils d'Osiris :
J'arrive ici pour contempler Osiris, mon Père.

Chapitre XXXVIII

Pour vivre par la respiration
(Papyrus Nû)

Je suis le dieu Rerti, le premier-né de Râ et de Tum.
Les Esprits dont les demeures sont cachées
Préparent les chemins pour moi
Au milieu des Abîmes du Ciel.
Voici que j'accomplis les Circuits prescrits,
En suivant la route parcourue par la Barque de Tum...
Dressé au milieu de la Barque de Râ
Je récite les paroles des Initiés
Et prie pour ceux dont le larynx n'est pas sorti
[indemne
De l'épreuve de la mort...
Et voici que le Soir arrive...[1]
Mon Père céleste pèse mes actes et me juge...

1. Le « soir » parachevant la journée est le symbole de l'initiation, qui couronne l'évolution spirituelle de l'homme.

Scellées sont les lèvres de ma bouche ;
Car j'ai été nourri de la Vie Éternelle...
En vérité, je vis dans Djedu ;
Je vis une vie nouvelle, après la mort,
Pareil à Râ, renaissant tous les jours.

Chapitre XXXVIII (Papyrus Nebseni)

Je suis le dieu Tum sortant de l'Océan d'autrefois
Et parcourant les Abîmes du Ciel.
Voici qu'une place dans la Région des Morts m'a été
[assignée.
Je donne des ordres aux Esprits sanctifiés
Dont les demeures sont cachées
Et aux Serviteurs de la divinité à la double tête
[de Lion.
C'est en chantant des hymnes
Que je parcours le Ciel dans la Barque de Khepra.
Un souffle vivifiant me nourrit...
Grâce à lui, assis dans la Barque de Râ,
J'obtiens des pouvoirs magiques.
Râ prépare les chemins pour moi et ouvre les Portes
[de Kêb.
J'entraîne derrière moi ceux qui vivent
Dans l'entourage de la divinité puissante.
Je guide ceux qui demeurent dans leurs chapelles
[mortuaires.
.... les dieux Horus et Seth[1]
J'indique le chemin aux chefs des hommes.
J'entre dans la Région des Morts et j'en sors à mon gré.
Mon larynx est sain et sauf ;
Je navigue dans la Barque de la déesse Maat ;

1. Texte mutilé.

Je passe ensuite dans la Barque de Râ.
Je me trouve à côté de ce dieu dans ses maisons
[célestes,
Parmi les suivants de ce dieu qui l'entourent...
Me voici vivant, après la mort, tous les jours
[de ma vie.

Je me sens vigoureux
Pareil au dieu à la double tête de Lion...
En vérité, je vis après la mort et je suis délivré.
Je me répands sur Terre et je la remplis.
J'éclos, pareil au lis d'émeraude,
Moi, dieu Hotep de deux pays[1].

Chapitre XXXIX

POUR REPOUSSER LE DÉMON APOPI

Pars ! Recule ! Va-t'en, ô démon Apopi[2] ;
Sinon, tu seras noyé dans les profondeurs du Lac
[du Ciel,
Là où ton Père céleste avait ordonné ton massacre...
N'approche pas du lieu de naissance de Râ !
(En vérité, tu en as peur !)
Regarde ! Je suis Râ ! Je sème la terreur !
Recule donc, démon,
Devant les flèches de ma Lumière qui te fait mal !

---

1. Hotep, le dieu de la paix après la mort.
Noter ici les deux « métamorphoses » : le défunt s'identifie avec la Terre et, aussitôt, se transforme en un « lis d'émeraude ».
2. Apopi (Apepi, Apophi), le dragon de l'Abîme et des Ténèbres, l'incarnation du Mal absolu et l'ennemi principal de Râ. L'idée mazdéenne de la lutte entre la Lumière et les Ténèbres ainsi que le rigorisme moral de Zoroastre furent transmis à l'Égypte par Hermès Trismégiste (voir l'Introduction).

Voici que les dieux déchirent ta poitrine ;
La déesse à la tête de Lynx immobilise tes membres ;
La déesse à la tête de Scorpion
Déverse sur toi sa coupe de destruction ;
La déesse Maat te rejette loin de ton chemin...
Disparais donc, Apopi, toi, ennemi de Râ !
Tu voudrais traverser les Régions Orientales du Ciel
Semant la destruction au milieu des tonnerres...
Mais voici que Râ ouvre, soudain, les Portes
[de l'Horizon,
Au moment même où Apopi paraît ;
Et celui-ci s'effondre...
En vérité, en l'attaquant, en le massacrant,
J'accomplis tes volontés, ô Râ !
Je fais ce qu'il convient de faire,
Afin que la paix de Râ soit assurée ;
J'ai préparé tes cordes, ô Râ !
Voici que je les tire...
Apopi est tombé ! Il est ligoté, enchaîné
Par les divinités du Sud, du Nord, de l'Est,
[de l'Ouest !
Toutes, elles l'ont enchaîné...
Râ est satisfait à présent...
Il accomplit en paix ses révolutions célestes.
Apopi est renversé ! Il recule, l'ennemi de Râ !
Tu l'as bien ressentie, cette douleur que t'a infligée
La déesse-Scorpion !
Ah ! Tu souffres à présent !
En vérité, elle a puissamment réagi contre toi !
Émasculé, tu seras à jamais, toi, Apopi, ennemi
[de Râ !
Jamais plus tu ne connaîtras les joies de l'amour !
Râ te fait reculer ! Il te hait !
Voici qu'il te regarde... Recule donc, Apopi !
Il frappe ta tête, il taillade ton visage,

Il fracasse tes os, il sectionne tes membres ;
Car, en vérité, cette Région est son domaine à lui !
Toi, Apopi, ennemi de Râ,
Tu as été condamné par le dieu Aker[1] !
Les Esprits divins de ta suite, ô Râ,
Calculent et supputent ta route ; et pendant que
[tu avances,
Ils font régner la paix autour de toi...
Tantôt tu t'arrêtes, tantôt tu reprends ton Voyage ;
Et ton Œil avance, lui aussi, irrésistiblement[2]
Puissé-je n'entendre aucun jugement défavorable
[de ta bouche !
Ton Œil divin me soit propice !
Car je suis Seth qui déclenche les tempêtes du Ciel,
Comme le fait Nedjeb-ib-f...
Voici : Tum parle. Il dit :
« Relevez votre courage, ô soldats de Râ !
Car j'ai repoussé le démon Nendja !
Je l'ai chassé de la présence des dieux ! »
Kêb dit : « Soyez fermes sur vos Trônes
Dans la Barque de Khepra !
Forcez le passage, la lance au poing ! »
Hathor dit : « Saisissez vos couteaux ! »
Nut dit : « Venez avec moi ! Repoussons le démon
[Nendja
Qui a pénétré jusqu'aux sanctuaires
Du Seigneur de l'Univers, ce Voyageur solitaire... »
Cependant les Hiérarchies célestes parcourent leurs
[circuits
Autour du Lac d'Émeraude.
Venez ! Adorons la Grande Divinité ! Délivrons-la !

---

1. Aker : une divinité chthonienne.
2. L'Œil de Râ, voir l'introduction.

De son sanctuaire sont sorties toutes les Hiérarchies
[célestes.
Adorons-la ! Vénérons-la !
Joignez-vous tous à mes prières !
Voici Nut qui, parlant de moi, dit au plus doux
[des dieux :
« Regarde ! Il avance ! Il cherche et trouve sa Voie ! »
Alors les dieux me saisissent et me serrent dans
[leurs bras.
Voici Kêb qui marche dans sa toute-puissance.
Les Hiérarchies avancent vers la jonction avec
[Hathor
Qui, elle, fait régner la terreur.
En vérité, Râ a vaincu Apopi !

Chapitre XL

Pour repousser le Démon Am-aau[1]

Recule, ô démon Haï, horreur pour Osiris !
Ta tête a été coupée par Thoth.
Les massacres que j'ai exercés sur ta personne
M'ont été ordonnés des Hiérarchies du Ciel.

---

1. Les noms des démons : Am-aau, Haï et Ha-as ne sont guère connus que par les textes ci-dessus.
Les démons qui menaçaient l'existence du défunt dans l'Au-delà appartenaient à deux catégories :
1) Ceux dont l'unique fonction était de dresser des pièges sur les routes fréquentées par les habitants du Duat, de guetter ceux-ci, de les attaquer, torturer ou dévorer, indépendamment de leur mérite ou démérite, et seules des connaissances techniques (magiques) pouvaient écarter ces dangers.
2) Ceux qui s'attaquaient – apparemment, de plein droit – à quelque défaut de la cuirasse morale du défunt ; dans ce cas, celui-ci pouvait nier les défauts reprochés et proclamer son innocence.

Recule donc, ô démon Haï !
Toi qu'Osiris a en horreur !
Éloigne-toi de ma Barque poussée par des vents
[propices !
Dieux du Ciel ! Vous avez renversé les ennemis
[d'Osiris !
Les dieux de la vaste Terre sont en liesse.
Va-t'en, démon Am-aau !
Le dieu, Seigneur de la Région des Morts, te déteste !
Je te connais ! Je te connais ! Je te connais !
Va-t'en, démon ! Ne m'attaque point !
Car je suis pur et je me conforme aux rythmes
[cosmiques !
N'approche pas, toi qui viens sans être appelé !
Tu ne me connais pas, démon !
Tu ne sais pas que je garde la maîtrise
Sur les incantations de ta bouche !
Sache-le : je suis à l'abri de tes griffes,
Ô démon Ha-as !
Voici Horus qui coupe tes griffes !
En vérité, tu as été détruit à Pé et à Dep
Avec tes légions de démons rangés en bataille !
C'est l'Œil d'Horus qui t'a vaincu !
À mesure que tu avances, démon, je te repousse !
Je t'ai vaincu par le souffle de ma bouche,
Toi qui tortures les pécheurs et les dévores !
Sache-le : il n'y a pas de Mal en moi !
Rends-moi donc ma Tablette d'Écriture
Avec toutes les accusations qu'elle renferme !
Je n'ai pas commis de péchés contre les dieux !
Ne m'attaque donc pas !
Prends seulement ce que je te donne moi-même !
Ne m'entraîne pas avec toi !
Ne me dévore pas !

Car je suis le Seigneur de la Vie,
Souverain de l'Horizon !

Chapitre XLI

POUR REPOUSSER LES MASSACRES

Ô Tum ! Parvenu près de la divinité à la double tête
[de Lion
Puissé-je être sanctifié !
Que ce dieu grand ouvre pour moi les Portes
[de Kêb !
Voici que je me prosterne
Devant le grand dieu de la Région des Morts.
On me conduit auprès des Hiérarchies divines
[de l'Amenti.
Ô toi, Esprit-Gardien de la Porte,
Laisse le Souffle vivifiant me nourrir !
Qu'un Esprit puissant me conduise vers la Barque
[de Khepra !
Voici que le Soir arrive...
Laissez-moi parler aux Esprits assis dans cette
[Barque,
Afin que je puisse y entrer et en sortir à mon gré !

Que je puisse contempler les Mystères à l'intérieur
[de la Barque
Et remettre debout cette divinité qui ne respire
[plus...[1]
Voici que je lui adresse la parole :
« Dieu puissant ! Me voici !
Ayant passé par le Portail de la Mort
J'existe et je vis ! »
Quant à vous, hommes sur la Terre,
Qui apportez les offrandes
Et qui ouvrez la bouche de mon cadavre,
Faites voir la liste de vos offrandes !
Établissez Maat la déesse sur son Trône !
Montrez-moi la Tablette de mes actions passées !
Placez Maat devant Osiris, Prince de l'Éternité,
Qui, immobile, suppute les Années qui passent...
Voici qu'ayant entendu les paroles qui viennent
[des Îles,
Il dresse en l'air son bras gauche !
Il donne des ordres aux dieux anciens...
En vérité, c'est Lui qui m'envoie auprès de mes Juges
Du Monde Inférieur.

1. Osiris.

Chapitre XLII

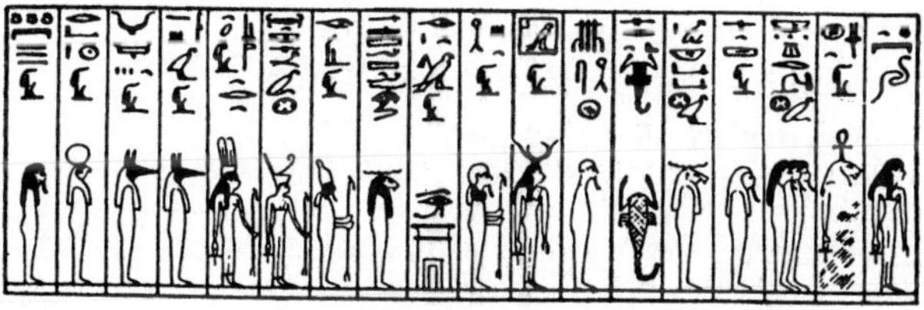

POUR REPOUSSER LES MASSACRES

Voici la Région
Où, la Couronne Blanche sur la tête[1],
Le Sceptre de commandement à la main,
Se tient assis l'Être divin.
Arrivé devant Lui, j'arrête ma Barque
Et prononce ces paroles :
« Dieu puissant ! Seigneur de la Soif !
Regarde-moi ! Je viens de naître !
Je viens de naître ! Je viens de naître[2] ! »
Il répond : « Sur le billot des punitions que voici
S'étalent au grand jour tes mauvaises actions.
Tu les connais mieux que tout autre...

---

1. La couronne blanche, conique, d'Osiris symbolisait la Haute Égypte ; celle de la Basse Égypte, plate, était de couleur rouge ; elle servait de parure à plusieurs déesses.
2. Le défunt *naissait* pour l'Au-delà ; d'où les fréquentes allusions à sa prime jeunesse, à son enfance même, à sa vigueur juvénile, etc. Ceci n'empêchait guère que le défunt éprouvât certaines privations qui le faisaient souffrir ; voilà pourquoi Osiris reçoit dans le texte le titre du « Seigneur de la Soif ».

Voici que je vais réveiller le souvenir de tes fautes[1]. »
Je réplique :
« Je suis Râ qui rend forts ceux qu'il aime.
Je suis le Nœud du Destin cosmique
Caché dans le bel Arbre sacro-saint[2].
Si je prospère, Râ prospère.
En vérité ! Regarde !
Les cheveux de ma tête sont ceux mêmes du dieu
[Nû.
Mon visage est le Disque solaire de Râ.
La force de la déesse Hathor vit dans mes yeux.
L'Âme d'Up-Uaut résonne dans mes oreilles.
Dans mon nez vivent les forces du dieu Khenti-Khas.
Mes deux lèvres sont les lèvres d'Anubis.
Mes dents sont les dents de la déesse Serkit.
Mon cou est le cou de la déesse Isis.
Mes deux mains sont les mains du puissant Seigneur
[de Djedu.
C'est Neith, souveraine de Saïs,
Qui vit dans mes deux bras.
Ma colonne vertébrale est celle de Seth.
Mon phallus, le phallus d'Osiris.
Mon foie est le foie du Seigneur de Kher-Aha.
Ma poitrine, celle du Seigneur des Terreurs.
Mon ventre, mon dos sont ceux de la déesse
[Sekhmet.

1. Iswj = isf.t (*Wörterbuch*, I, 129).
Le tableau de la vie passée surgit, avec tous ses errements, comme « éveillé » devant le regard du défunt qui lui oppose les orgueilleuses affirmations de son origine cosmique et divine. Ce qui suit est un « morceau de bravoure » du *Livre* et une des pages les plus éloquentes de la littérature mondiale (cf. les Upanishad, *passim*).
2. Cf. l'arbre Yggdrasil de la théologie scandinave. Le cosmos est symbolisé par un arbre gigantesque.

Les forces de l'Œil d'Horus circulent dans le bas
[de mon dos.
Mes jambes sont les jambes de Nut.
Mes pieds sont les pieds de Ptah.
Mes doigts sont les doigts du double Faucon divin
Qui vit éternellement.
En vérité ! Pas un membre de mon Corps
Où ne réside une divinité !
Quant à Thoth, il protège mon Corps tout entier.
Pareil à Râ, je me renouvelle tous les jours.
Personne ne saurait immobiliser mon bras
Ni s'emparer de mes mains :
Ni les dieux, ni les Esprits sanctifiés,
Ni les Âmes damnées, ni les Âmes des ancêtres,
Ni les Initiés, ni les Anges du Ciel...
Je suis celui qui marche en avant
Et dont le Nom est un Mystère.
Je suis l'Hier.
« Celui qui contemple des millions d'années »
Est mon Nom.
Je parcours les sentiers du Ciel...
Voici que le titre de Seigneur de l'Éternité m'a été
[conféré.
Je suis proclamé le dieu du Devenir
Et Maître de la Couronne royale.
Je demeure dans l'Œil divin d'Horus et dans l'Œuf
[Cosmique.
L'Œil d'Horus me confère la Vie Éternelle ;
Et lorsqu'il se ferme, il me protège...
Entouré de rayonnement j'avance sur ma route
Et pénètre partout, au gré de mon cœur.
J'existe et je vis...
Je suis Horus qui parcourt les millions d'années.
La Parole et le Silence sont équilibrés dans ma bouche.
Assis sur mon Trône j'exerce le commandement...

En vérité, mes Formes sont à présent renversées[1].
Je suis Unnefer, l'Être parfait,
Dieu qui se conforme aux Rythmes des Temps.
Mon essence est cachée dans mon Être.
Seul je suis !... Seul... Seul...
Seul je parcours les solitudes cosmiques...
En vérité, je demeure dans l'Œil d'Horus
Et aucun Mal ne saurait m'atteindre.
Voici que j'ouvre les Portes du Ciel
Et que j'envoie des Naissances vers la Terre.
Et l'enfant à naître
Ne sera pas attaqué sur le sentier qui le mène vers
[la Terre...

Je suis l'Hier.
Je suis l'Aujourd'hui
Des générations innombrables.
Je suis celui qui vous protège, tous les jours
[de votre vie.

Ô vous, habitants de la Terre et du Ciel !
Ceux du Nord, du Sud, de l'Est et de l'Ouest !
En vérité, la peur devant moi serre votre cœur !
Car je me suis modelé et formé moi-même
Et je ne mourrai pas pour la seconde fois[2].
Quelques rayons de mon Être atteignent vos poitrines ;
Mais mes Formes, je les garde cachées en moi ;
Car je suis celui que personne ne connaît...
Ô vous, Démons Rouges !
En vain vous tournez vos visages contre moi :
Un triple voile me cache.

1. D'après la Tradition, la vie dans l'Au-delà paraît, du point de vue terrestre, comme « renversée », c'est-à-dire, caractérisée par un inversement des tendances : ce qui se trouvait, pendant la « vie », à l'*intérieur*, entoure, après la « mort », l'homme à l'*extérieur*, et vice versa.

2. La seconde mort : voir l'Introduction.

On ne saurait retrouver cette époque lointaine
Où le Ciel fut créé pour moi,
Où la Terre en fut séparée ;
Où furent départagés
Les êtres nés du Ciel et ceux nés de la Terre.
Une fois séparés
Ils ne se réuniront plus à la Source première...
Mon Nom est étranger à la souillure du Mal.
Puissantes sont les Paroles magiques
Que ma bouche vous adresse.
Un rayonnement de Lumière émane de tout
[mon Être.
Je suis un Être entouré de murailles,
Au milieu d'un Univers entouré de murailles.
Je suis un Solitaire au milieu de ma Solitude...
Pas de jour qui s'écoule sans ma salutaire
[intervention...
Ils passent ! Ils passent ! Ils passent devant moi !
En vérité, je suis un Être gonflé de sève
Né de l'Océan céleste...
Ma Mère est la déesse du Ciel, Nut.
C'est elle qui a modelé ma Forme.
Je suis l'Immobile,
Le grand Nœud du Destin qui repose dans l'Hier ;
Dans ma main repose le Destin du Présent.
Personne ne me connaît ;
Moi, je vous connais.
Personne ne peut me saisir ;
Moi, je peux vous saisir.
Ô Œuf Cosmique ! Écoute-moi !
Je suis Horus des millions d'années !
J'envoie vers vous le Feu de mes rayons,
Pour que vos cœurs se tournent vers moi.
Je suis le Maître du Trône ;

Délivré de tout Mal, je parcours les Temps et les
[Espaces...
Je suis le Cynocéphale d'or, sans jambes ni bras,
Trônant au temple de Memphis...
Sachez-le : si je prospère, il prospère, lui aussi,
Le Cynocéphale d'or de Memphis !

Chapitre XLIII

Pour empêcher la Tête du Défunt d'être coupée

Prince moi-même, je suis Fils d'un Prince.
Issu du Feu divin, je suis le dieu du Feu.
De même que la tête d'Osiris ne lui a pas été ravie,
De même ma tête, après les massacres, me sera
[restituée...
En redevenant jeune, en me renouvelant,
Je maintiens intact mon Être multiple,
Car je suis Osiris, Seigneur de l'Éternité.

Chapitre XLIV

POUR NE PAS MOURIR POUR UNE SECONDE FOIS DANS L'AU-DELÀ

Mes demeures mystérieuses ont été profanées ;
Mes cachettes ont été révélées ;
Les Esprits sanctifiés ont été précipités dans les
[Ténèbres ;
Mais l'Œil divin d'Horus m'a sanctifié
Et Up-Uaut m'a nourri du lait de ses mamelles.
À présent je me cache parmi vous, Étoiles fixes !
En vérité, mon front est le front de Râ !
Mon visage se dévoile ; mon cœur est à sa juste
[place.
Je suis le Maître du Savoir Sacré et du Verbe
[magique.
Comme Râ, je me protège moi-même.
Personne ne pourra m'ignorer ni me faire du mal.
En vérité, ton Père céleste vit pour toi,
Ô toi, Fils de la déesse Nut !
Voici que j'arrive près de toi, Prince des dieux !
Je suis ton Fils et j'ai assisté à tes Mystères...
Couronné Roi des dieux
Je ne mourrai pas pour la deuxième fois
Dans le Monde Inférieur !

Chapitre XLV

Pour empêcher la Décomposition du Corps dans le Monde Inférieur

Ô toi, immobile et inerte comme Osiris,
Toi, inerte et immobile comme Osiris dont
[les membres sont figés,
Sors de ton immobilité, afin que tes membres ne
[pourrissent pas !
Qu'ils ne se séparent pas
De ton Corps et ne t'abandonnent pas !
Que mon Corps ne pourrisse pas !
Car je suis Osiris...

Chapitre XLVI

Pour revivre dans le Monde Inférieur

Salut, ô Enfants de Shu ! Salut, ô Enfants de Shu !
Voici que à l'aube de chaque jour
Ce dieu s'empare de son Diadème ;
C'est pour les générations à naître qu'il le fait...
En vérité, si je renais, Osiris renaît.

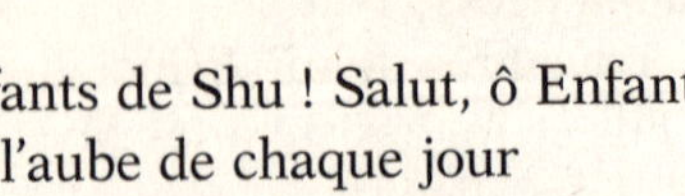

Chapitre XLVII

Pour que son Trône ne soit pas ravi au Défunt

Voici ma place dans le Monde Inférieur,
Et voici mon Trône !
En parcourant des circuits, j'en approche
Et je prononce ces paroles :
« Je suis votre Seigneur, ô dieux !
Venez vers moi ! Suivez mes pas !
Car je suis le Fils de votre Seigneur !
Mon Père céleste vous a créés ;
C'est pour moi que vous existez, ô dieux ! »

Chapitre XLVIII

(Répétition du Chapitre X)

Chapitre XLIX

(Répétition du Chapitre XI)

Chapitre L

Pour ne pas subir le Châtiment (Papyrus Nû)

J'ai ajusté les vertèbres de mon cou
Dans le Ciel, ainsi que sur la Terre.
Voici que Râ, après la Journée de Massacres et
[de Confusion,

Établit et ajuste pour les Retardataires
Leur colonne vertébrale au-dessus de leurs jambes.
Et voici que Seth, aidé de ses Hiérarchies,
Rend aux vertèbres de mon cou leur vigueur
[du temps jadis.
Que rien ne puisse les ébranler !
Fortifiez donc mon être, que je puisse résister
Aux massacreurs de mon Père céleste[1] !
Voici que je prends possession de mes deux Terres ;
Et c'est Nut elle-même qui consolide les vertèbres
[de mon cou...
Elles ont l'apparence d'autrefois,
Aux temps où la déesse Maat n'était pas encore
[visible
Et que les dieux, qui flottent dans les étendues
[célestes,
N'étaient pas encore nés...
En vérité, je suis l'héritier des dieux, les grands.

1. La position verticale de la colonne vertébrale est, pour l'évolution spirituelle, d'une extrême importance. Elle est considérée comme dépendant, en grande partie, du jeu normal de quatre vertèbres du cou.
Le défunt affirme, tout d'abord, que c'est lui-même qui a ajusté ses vertèbres ; il parle ensuite de l'activité de Seth (celui-ci est le Seigneur du monde minéral et, par là même, du squelette) ; enfin, il invoque l'aide de Nut.
Par contre, c'est Râ qui refait entièrement – « au-dessus des jambes » – la colonne vertébrale des « Retardataires » de l'Évolution (litt. : « des faibles » ou « des paresseux »).

Chapitre LI

(Variation du Chapitre LII)

Chapitre LII

Une Incantation contre les Ordures

Horreur ! Dégoût !
Je n'en mange point, moi !
Car c'est une horreur et un dégoût pour moi
Que les ordures, au lieu des offrandes pour mon
[Esprit !...
Que je ne subisse jamais cette tentation !
Que je ne les touche pas avec mes mains !
Et que je ne marche pas dessus avec
[mes sandales !
— De quoi vivras-tu donc ?
— Je vois les dieux arriver vers moi.
Ils apportent les Sept Pains qui me sont destinés,
Ces pains qui me feront vivre,
Les mêmes qu'autrefois on avait apportés à Horus
[et à Thoth...
« Que veux-tu manger ? » demandent les dieux.
Je réponds : « Puissé-je manger sous l'Arbre sacré
De Hathor, ma déesse ! Puisse arriver mon tour
Parmi ces Esprits qui, en voltigeant,
Descendent sur les offrandes !
Puissent les Champs de Djedu m'être attribués !
Puissé-je prospérer à Héliopolis !
Ma nourriture ? Ce sont les pains faits avec du Blé
[Blanc.

Ma boisson ? C'est de la bière tirée du Blé Rouge[1]
Que les Formes de mon père et de ma mère
Me soient amenées ici, gardiennes de ma Porte ! »
Voici que, par le Verbe de Puissance de ma Bouche,
Je force mon passage, j'élargis ma route
Et je demeure là où mon cœur me le dit.

Chapitre LIII

UNE AUTRE INCANTATION CONTRE LES ORDURES

Je suis le Taureau Sacré,
Seigneur du Ciel, Maître de la lumière qui sort
[de la Flamme.
Je règle les Rythmes du Ciel et ordonne les Années.
Grâce au dieu à la double tête de Lion
Je peux vivre en Esprit sanctifié.
(Horreur ! Dégoût ! Je ne mange point d'ordures !
Je ne bois point d'urine !)
Puissé-je ne pas marcher la tête en bas !
Car je suis possesseur des pains d'offrande
[d'Héliopolis.
Mes pains sont dans le Ciel devant Râ.
Sur Terre mes pains sont devant Kêb.
Les deux Barques me les apportent
Au temple du grand dieu d'Héliopolis.
Joyeux, je parcours le Ciel en compagnie des Esprits.
Je mange ce qu'ils mangent.
Je vis de ce qu'ils vivent.

1. La communion sous les deux espèces (solide et liquide) est symboliquement exprimée par les couleurs respectives de la Lune et du Soleil : blanc et rouge.

Je mange du pain consacré
Provenant du temple du Seigneur des Offrandes.

Chapitre LIV

POUR RESPIRER L'AIR DANS LE MONDE INFÉRIEUR

Ô Tum ! Laisse-moi respirer l'air vivifiant
Doux à tes narines !
Car je suis l'Œuf de l'Océan Cosmique[1].
Puissent mes Formes changeantes
Demeurer sous la bonne garde des dieux !
Car je suis un Médiateur entre Kêb et la Terre...
Si je vis, elle vit.
Or, je suis jeune, et je vis et je respire[2].
Je suis la source de l'Équilibre des Mondes.
Je tourne en cercles autour de l'Œuf Cosmique ;
Mes rayons l'illuminent.
(Cependant Horus est en guerre avec Seth...)
Ô vous, Esprits divins qui réjouissez les deux
[Régions,
L'une avec du Nectar et l'autre de lapis-lazuli,
Montez bonne garde devant l'Œuf Cosmique
Qui repose au fond de son Nid céleste !
Voyez ! moi, jeune dieu, je marche à votre
[rencontre !...

---

1. L'œuf symbolise la totalité synarchique (Microcosme ou Macrocosme)
2. La jeunesse du défunt : voir l'introduction, p. 69.

Chapitre LV

POUR RESPIRER L'AIR DANS LE MONDE INFÉRIEUR

Je suis Purifié parmi les Purifiés[1].
Je suis le dieu Shu qui, dans les régions des dieux
[lumineux,
Attire vers lui l'Air de l'Océan céleste,
Jusqu'aux bornes du Ciel,
Jusqu'aux bornes de la Terre,
Jusqu'aux bornes de la Lumière divine.
Que l'Air vivifie donc ce jeune dieu
Qui se réveille !

Chapitre LVI

POUR RESPIRER L'AIR DANS LE MONDE INFÉRIEUR

Que l'Air doux à respirer arrive à mes narines
Comme il arrive à tes narines, ô Tum !
Béni soit ton sanctuaire d'Unnu !

1. S,'b (le sens littéral : a) chacal, b) juge et conseiller royal), un degré – difficile à préciser – de l'initiation.

Voici que, planant au milieu de l'Océan céleste,
Je monte la garde devant l'Œuf Cosmique
[de Gengen-Ur...
Si je fleuris, cet Œuf fleurit de même.
Si je vis, cet Œuf vit de même.
Car l'Air que je respire et qui me vivifie,
C'est son Air à lui qui le vivifie[1].

Chapitre LVII

POUR OBTENIR DES POUVOIRS SUR LES EAUX DANS L'AU-DELÀ

Ô Nil céleste, toi, grande divinité du Ciel !
En ton Nom qui est :
« Celui-qui-traverse-le-Ciel-de-part-en-part »,
Je te conjure : accorde-moi sur tes Eaux célestes
[un pouvoir
Pareil à celui que possède la déesse Sekhmet !
Lors de la terrible Nuit des Tempêtes et
[des Inondations,
C'est elle qui monte la garde devant Osiris...
Puissé-je parvenir jusqu'aux Esprits divins
Qui demeurent aux Sources des Eaux célestes,
De même que ces Esprits aspirent
À parvenir jusqu'à la sacro-sainte Divinité
Dont le Nom est un Mystère.
Voici que j'arrive à Djedu et que mes narines sont
[ouvertes.
Je me repose à Héliopolis.

1. Une expression classique du leitmotiv de *réciprocité*.

C'est la déesse Sesheta qui pour moi a construit
[ma demeure[1].
Le dieu Khnum lui-même a prêté son concours.
Quand le vent vient du Nord, je m'assieds au Sud.
Quand le vent vient du Sud, je m'assieds au Nord.
Quand le vent vient de l'Est, je m'assieds à l'Ouest.
Quand le vent vient de l'Ouest, je m'assieds à l'Est.
Je flaire de mes narines le vent qui approche,
Je pénètre partout, selon le désir de mon cœur,
Et j'y fixe ma demeure.

Chapitre LVIII

UNE AUTRE INCANTATION POUR OBTENIR DES POUVOIRS SUR LES EAUX

— Ouvrez-moi la Porte !
— Qui es-tu ? Où vas-tu ? Quel est ton Nom ?
— Je suis un Esprit divin comme vous autres.
— Qui sont ceux qui t'accompagnent ?
— Ce sont les deux déesses-serpents.
— Sépare-toi d'elles si tu veux avancer !
— Non ! Car elles m'aideront à parvenir jusqu'au
[sanctuaire
Où je trouverai les dieux supérieurs.
« L'Âme-qui-se-concentre » est le Nom de ma
[Barque ;
« L'Effroi » est le Nom de mes Avirons ;
« Celle-qui-stimule » est le nom de ma Cale ;
« Navigue-droit-devant-toi » est le Nom de mon
[Gouvernail.

1. Sesheta : la déesse du Savoir sacré.

De la même façon, sachez, est modelé mon Cercueil
[pendant la traversée...
Que mes offrandes soient :
Lait, pain et viande du temple d'Anubis.

Chapitre LIX

Les Pouvoirs sur la Respiration et sur les Eaux

Salut, ô Arbre sacré de la déesse Nut !
Accorde à mes narines ton Souffle vivifiant !
Qu'il soit béni, ton sanctuaire d'Unnu !
Voici que je monte la garde
Devant l'Œuf Cosmique de Gengen-Ur.
S'il respire, je respire ;
S'il grandit, je grandis ;
S'il vit, je vis.

Chapitre LX

Pour ouvrir les Portes du Ciel

Que les Portes du vaste Ciel s'ouvrent devant moi !
Que les Portes de la Terre humide
Soient déverrouillées devant moi !
Voici ce dieu, ce dieu grand du Nil céleste...
Il se conforme aux Rythmes de Râ...
Accordez-moi, ô dieux, la puissance sur les Eaux
[du Ciel !
Car, en vérité, au jour des Tempêtes sur la Terre
Je saurai maîtriser Seth, mon ennemi.
Voici que, longeant la route, je dépasse ces dieux
[puissants,
Aux bras robustes, alignés sur un rang,
De même qu'ils dépassent, eux,
Ce dieu lumineux cuirassé de formules magiques
Dont le Nom ne sera pas révélé...
En vérité, j'ai déjà dépassé les dieux aux bras
[puissants...

Chapitre LXI

LES POUVOIRS SUR LES EAUX DU CIEL

Me voici,
Moi que, gonflant et débordant les Abîmes,
Firent surgir les Eaux du Ciel...
Elles me firent flotter sur leurs Espaces liquides...
C'est pourquoi elles demeurent en ma puissance,
Les Eaux du Ciel !

Chapitre LXII

POUR BOIRE DE L'EAU DANS LE MONDE INFÉRIEUR

Puissent les Abîmes des Eaux, demeure d'Osiris,
S'ouvrir devant moi et me laisser passer !
Puissent s'ouvrir devant moi
(Ô Seigneur de deux Horizons !)
L'Océan céleste de Thoth
Et les Eaux du Nil céleste !
Car mon Nom est : « Celui-qui-pénètre-victorieux ».
Que la maîtrise des eaux me soit conférée,
Car je possède déjà celle des membres de Seth !
Voici que je traverse le Ciel...
Je suis le dieu à tête de Lion et je suis Râ ;
Je suis le dieu Smam[1] ; à l'intérieur de moi
Resplendit la constellation de Khpesh[2].
À présent, en parcourant les lacs et les sentiers
Des Champs des Bienheureux,

1. Litt. : le « dieu-Victime ».
2. La constellation de la Grande Ourse.

J'entre en possession de mon Héritage céleste.
L'Éternité sans limites m'a été accordée ;
Et la Durée infinie est mon bien...
En vérité, je suis l'Héritier de l'Éternité !

Chapitre LXIII

POUR NE PAS ÊTRE ÉCHAUDÉ EN BUVANT DE L'EAU

Salut, ô Taureau de l'Amenti !
Voici que devant toi je me présente, moi, l'aviron
[de Râ.
C'est grâce à mon aide que ce dieu réussit
À prendre à bord les anciennes divinités
Affaiblies par leur âge
Et à leur faire traverser, saines et sauves,
L'Abîme des Eaux.
Que le Feu céleste destructeur
Soit impuissant devant moi !
En vérité, je suis le Fils premier-né d'Osiris
Et je demeure dans l'Œil divin.
Toute divinité qui à Héliopolis se présente devant lui
Devra affronter mon regard !
Car je suis l'héritier des dieux ;
Grande est ma puissance.
Tantôt je suis plongé dans un profond sommeil,
Tantôt je me réveille et je déborde de vigueur.
Mon Nom est :
« Je-te-délivre-du-Mal-
Et-tu-vis-en-moi-
Éternellement ».

Chapitre LXIV

La Sortie de l'Âme vers la Lumière du Jour

Je suis l'Aujourd'hui.
Je suis l'Hier.
Je suis le Demain.
À travers mes nombreuses Naissances
Je reste jeune et vigoureux[1].
Je suis l'Âme divine et mystérieuse
Qui, autrefois, créa les dieux
Et dont l'essence cachée nourrit
Les divinités du Duat, de l'Amenti et du Ciel[2].

---

1. Nous proposons la lecture rwdi, au lieu de rwti.
2. D'après les doctrines égyptiennes, le défunt entrait dans l'Au-delà par la porte de l'Ouest (« Amenti »), d'où l'on comprend le cri répété par les pleureuses, lors des funérailles : « Vers l'Ouest ! Vers l'Ouest ! » Tant que les Juges n'auront pas statué sur le sort du défunt, c'est-à-dire *avant* le Jugement, il n'est pas maltraité ; il est même protégé contre les Forces du Mal. Ensuite il passe vers le Duat, à l'opposé de l'Amenti (celle-ci signifiant le « Soir », le « Coucher du Soleil », tandis que le Duat est la « Maison de l'Aube »). Cette partie *orientale* du monde inférieur avait une mauvaise réputation, à l'encontre de l'Amenti qui a mérité l'épithète de « belle ». La psychostasie (le jugement des morts) se situe donc quelque part à la frontière entre l'Amenti et le Duat. Les « justifiés » ont le droit de pénétrer – à titre d'observateurs neutres – dans le Duat (le séjour raconté par Dante en perpétue la tradition), mais ceux qui ont été condamnés à y séjourner perpétuellement y mènent une vie terne et pleine de tourments.

Je suis le Gouvernail de l'Orient,
Seigneur des deux Visages divins.
Mon rayonnement éclaire tout être ressuscité
Qui, pendant qu'il passe, dans le Royaume des
[Morts,
Par des Transformations successives,
Péniblement cherche son chemin
À travers la Région des Ténèbres.
Ô vous, Esprits aux têtes d'éperviers,
Aux yeux impassibles,
Vous, qui, perchés très haut,
Écoutez attentivement les paroles magiques
Scandées par ceux qui accompagnent mon Cercueil
Allant vers sa demeure cachée.
Et vous, qui précédez et vous qui suivez Râ
Dans sa marche vers le point culminant du Ciel,
Pendant que Râ lui-même, le Seigneur du
[sanctuaire,
Debout dans sa Barque,
Fait, par son rayonnement, jaillir les fruits de terre,
Vous tous, apprenez !
En vérité, c'est moi qui suis Râ !
C'est moi qui de cristal ai ciselé le firmament
[de Ptah...
Ô Râ ! Ton esprit est satisfaisant et ton cœur
[est content,
Quand tu contemples la belle ordonnance de ce jour,
Quand tu pénètres dans cettc ville céleste
[de Khemenu
Et qu'ensuite, tu la quittes par la Porte de l'Est...
Les premiers-nés des dieux qui t'avaient précédé
Se portent à ta rencontre
Et te saluent par des cris d'allégresse...
Ô Râ ! Rends-moi doux et agréables
Les Chemins parcourus par tes rayons solaires !

Élargis pour moi tes Sentiers lumineux,
Le jour où je prends mon envol de la Terre
Vers les Régions Célestes !
Répands ta Lumière sur moi, ô Âme mystérieuse !...
Voici que j'arrive devant toi,
Ô dieu, dont la voix gronde comme un tonnerre
Dans les vastes Régions des Morts...
Les péchés de mes parents,
Qu'ils ne me soient pas imputés !
Délivre-moi de cet Esprit faux et malfaisant
Dont les deux yeux paraissent clos vers le Soir
Et qui, pendant la Nuit, massacre les mortels...
En vérité, riche en formes cachées je déborde,
Et mon Nom est : « Le Grand Noir »[1].
Ce qui vit en moi, je le rends manifeste
Par les variations de mes Formes changeantes...
Ô Prince des dieux Etishef,
Entends-tu hurler les démons chauves
À l'heure où le bras (d'Osiris) est fixé ?
Tu diras : « Viens ! Franchis l'Abîme !
Regarde ! Devant toi, réduit à l'impuissance,
Il gît, ton Ennemi ! Ses cuisses attachées à son cou ;
Son arrière-train est ligoté avec sa tête... »
Ô vous, Princes divins de la Région des Morts !
Puissent Isis et Nephthys, ce jour-là,
Tarir en moi la source de mes larmes[2],
Au moment où, de l'autre rive, je verrai mon
[Autre Moi
Parcourir les Circuits de l'Abydos Céleste !
Et les quatre Piliers des quatre Régions de l'Espace,
Avec leurs Portes et Verrous de leurs Portes

1. La couleur noire est le symbole de la potentialité.
2. Toute émotivité personnelle serait une faiblesse, chez un initié.

(Que ce soit dans le Monde à l'Intérieur
[ou à l'Extérieur de moi)
Puissent-ils être livrés au pouvoir de mon bras !
Rapides et pareilles à celles d'un chien sont mes
[jambes,
Quand je parcours les sanctuaires de l'Au-delà.
Le dieu à la double tête de Lion a nourri mon Corps ;
Igau[1] lui-même a placé mon Corps dans le cercueil
Vigoureuse est mon Âme.
Forçant les Portes de l'Au-delà, je passe.
Par moi pénètre jusqu'aux Régions les plus lointaines
[du Ciel
La Lumière qui rayonne de mon Cœur ;
Car mon Nom est :
« Celui qui connaît les Abîmes ».
C'est en vue d'assurer votre salut, ô vous, Esprits
[désincarnés
Qui par millions habitez l'Au-delà,
Que j'agis en ce moment
En tenant compte des Jours et Heures propices,
Des étoiles de l'Orion et des douze divinités
Qui les régissent.
Voici qu'elles joignent leurs mains, chacune à
[chacune,
Mais la sixième parmi elles
Se trouve au bord de l'Abîme
À l'heure de la défaite du Démon...
Voici que j'arrive en triomphateur
Devant une vaste place du Monde Inférieur ;
J'apporte mes offrandes au dieu Shu...
Lorsque, après les Massacres, le sang des impurs
[se sera refroidi
Et que la Terre, en son entier, de nouveau réunie

1. Igau = Anubis.

Refleurira et portera des fruits[1],
Je me manifesterai en qualité de Seigneur de la Vie.
Grande sera ma splendeur
Au milieu de la belle Ordonnance
De ce Jour renaissant !
En vérité, je briserai la résistance de ceux
Qui s'unissent contre moi et se cachent,
Forgeant des plans pour me repousser !...
Ah ! Ces démons qui rampent sur leurs ventres !
Apprenez ! J'arrive ici en plénipotentiaire du [Seigneur des Seigneurs
Pour venger la cause d'Osiris !
Mon œil sait réprimer ses larmes.
Je suis envoyé par Celui dont le bras est ferme
Et qui est Maître de ses possessions.
J'ai parcouru toutes les routes de Sekhem [à Héliopolis[2]
Pour instruire le Phénix divin
Des choses dans le Monde Inférieur...
Salut, ô Royaume du Silence,
Et les Mystères que tu recèles !
Ô toi, qui crées les Formes de l'existence
À l'égal du dieu Khepra lui-même,
Laisse-moi contempler le Disque de Râ !
Que le grand dieu Shu,

1. Allusion aux destructions périodiques suivies de renaissances du Cosmos.

2. Toutes les indications d'ordre géographique qu'on trouve dans le *Livre* se rapportent, bien entendu, non pas aux localités terrestres de l'Égypte, mais à leurs *prototypes* dans l'Au-delà dont elles étaient le reflet. Chacun de ces points géographiques – invisibles – (Héliopolis, Buto, Busiris, Letopolis, Hermopolis, Abydos, etc.) était un centre initiatique d'un type particulier, avec des sanctuaires et avec des mystères spécifiques. Comparées à ces centres spirituels, les villes terrestres, toutes sacrées qu'elles fussent, ne possédaient qu'une existence illusoire. Le christianisme connaît, lui aussi, la « Jérusalem céleste ».

Dont l'éternelle Durée est la Demeure,
Me fasse comparaître devant lui !
Que mes Voyages à travers l'Au-delà
Puissent en paix se poursuivre !
Que je traverse le Firmament et admire
[les splendeurs
Dont le rayonnement m'éblouit !
Puissé-je, à l'égal d'un oiseau, planer dans les airs
Et contempler, jour après jour, rassemblés près
[de Râ
Les Esprits sanctifiés !
Puissé-je être secouru par les prières des Initiés,
En ce moment,
Qui, leurs légères sandales appuyées sur le sable,
Marchent en silence...
Et toi, Être puissant aux mouvements rapides
Qui conduis aux Régions Inférieures
Les Ombres et les Esprits sanctifiés,
Laisse-moi, en ma qualité de favori des dieux,
Parcourir en paix la Région des Morts !
Aie pitié de moi !
Car je suis affaibli
Et très péniblement je maintiens
La cohésion de mes Âmes multiples...
... Qui es-tu, là-bas, démon qui te caches
Et dévores en silence les Âmes ?
N'approche pas ! Ne me touche pas !
Car je suis le Prince du Re-stau !
Je suis celui dont le Nom est assez puissant
Pour ouvrir les Portes du Monde Inférieur !...
Au moment où j'en sortirai, mon Nom sera :
« Divinité-qui-cherche-et-qui-aspire,
Maîtresse-de-l'Éternité-de-la-Terre ».
À peine la déesse enceinte
Eut-elle déposé en accouchant son fardeau,

Que la Porte au milieu de la Muraille fut poussée
[et verrouillée.
(Je me réjouis de la voir fermée.)
L'Œil, à l'Aube, rendu à la grande divinité,
Éclaire son Visage.
(Loin de moi ce qui est pourriture !)
Car je deviens tout pareil au dieu-Lion
Orné de fleurs consacrées à Shu.
Je ne crains pas les Eaux de l'Abîme !
Bienheureux ceux qui, de l'Au-delà,
Contemplent en paix leurs restes mortels,
Ce jour béni où Osiris, « Dieu-au-Cœur-Arrêté »,
Descend en planant sur leur dépouille !
En vérité, je suis celui
Qui marche vers la pleine Lumière du Jour !
En présence d'Osiris je deviens le Maître de la vie.
Mon Être est à jamais inaltérable et éternel ;
Voici que j'entoure de mes bras le Sycomore
[sacré ;
Lui, en retour, m'ouvre ses bras gracieux...
Arrivé devant l'Œil d'Horus, j'en prends possession.
(Qu'il règne en paix sur les Mondes !)
Je contemple Râ à son coucher ;
Lorsqu'il paraît, à l'aube,
Je m'unis à son Souffle vivifiant...
Pures sont mes mains, quand je l'adore.
Puissent donc toutes les parties de mon Être
Garder entière leur cohésion !
Qu'elles ne soient pas dispersées !
Voici que je vole tel un oiseau
Et que je descends en planant vers la Terre...
Comme j'avance, je dois suivre
Le tracé de mes actes antérieurs,

Car je suis un Enfant de l'Hier[1].
Les deux divinités Akeru président à mon devenir...[2]
Que la puissante Terre me prête, au moment
[du péril,
Sa propre robuste vigueur !
Que le dieu puissant qui marche derrière moi,
Pendant que je me dirige vers l'Au-delà,
Me tienne en sa bonne garde !
Afin que ma Chair devienne plus forte et plus saine,
Que mon Esprit sanctifié monte la garde au-dessus
[de mes membres,
Que mon Âme les couvre et les protège de ses ailes,
Et qu'elle leur parle doucement, en amie...
Puissent les Hiérarchies divines entendre mes
[paroles !
Puissent-elles entendre mes paroles !...

Rubrique

Si le défunt connaît le chapitre qui précède, il pourra, après la mort, sortir vers la pleine Lumière du Jour ; il ne trouvera pas d'obstacles aux portes du Monde Inférieur soit en y pénétrant, soit en le quittant. Il pourra passer à volonté par toutes les Métamorphoses. Il ne mourra point[3]. Son âme s'épanouira. En outre, s'il connaît ce chapitre, il sera victorieux aussi bien sur Terre que dans l'Au-delà et il pourra accomplir tout acte dont est capable un être humain

1. Une façon typiquement égyptienne – concrète – d'exprimer la loi abstraite du KARMA.
2. Akeru : des divinités de la Terre.
3. Il s'agit ici, bien entendu, de la « seconde mort ».

vivant sur Terre. En vérité, c'est là un grand don des dieux.

Ce chapitre fut trouvé sous le règne du roi Men-Kau-ra[1] dans la ville de Khemenu, sous les pieds d'une statue du dieu (Thoth). Il était gravé sur un bloc de fer et l'inscription était incrustée avec du véritable lapis-lazuli. La trouvaille fut faite par le prince royal Herutataf lors de son voyage de l'inspection des temples. Un certain Nekht, qui l'accompagnait, réussit à en élucider le sens caché. Ensuite, le prince, s'étant rendu compte du grand mystère contenu dans l'inscription qu'aucun œil humain n'avait jamais contemplée auparavant, la fit voir au roi.

Celui qui récite ce chapitre doit être rituellement pur. Il ne doit pas avoir mangé de viande des bêtes des champs, ni du poisson, ni avoir eu commerce avec des femmes.

Faire un scarabée de pierre ayant une bordure d'or et le placer à l'intérieur du cœur du défunt ; cette amulette fera pour celui-ci l'ouverture de la bouche[2].

L'oindre avec de la pommade ANTI en prononçant la formule magique[3].

---

1. 2 700 av. J.-C.
2. Pour l'« ouverture de la bouche » de la momie, voir chapitre XXII.
3. Voir le chapitre XXX.

Chapitre LXV

POUR TENIR EN SON POUVOIR LES ENNEMIS

Râ est assis sur son Trône
Dans la Demeure des Millions d'Années.
Devant lui, debout, se tiennent
Les Hiérarchies divines et les Esprits aux figures
[voilées
Qui œuvrent dans la Région de l'Éternel Devenir[1].
Ils règlent le cours des choses
En absorbant ce qui est trop et superflu
Et en buvant les offrandes liquides.
Ils font tourner les cieux avec leur Disque de Feu,
À leur tour pris dans ce mouvement.
Puissé-je m'emparer des captifs d'Osiris
Et ne jamais tomber aux mains des démons
[de Seth !...

---

1. La Région du Devenir (littéralement : la Maison du dieu Khepré) est parmi les mondes suprasensibles celui qui est le plus rapproché de notre plan terrestre, et c'est aussi celui où la spiritualité égyptienne se sentait « chez elle ». Le Devenir est opposé à l'immuable Éternité (le plan mental), région celle-ci fort éloignée, pour l'ancien Égyptien, d'une expérience vécue, immédiate : il la devinait plutôt, il s'en souvenait, il en rêvait comme d'un paradis perdu. Pour percevoir la portée de cette distinction, il suffit de comparer l'attitude de l'ancien Hindou traitant l'Absolu et l'Éternité d'égal à l'égal, les regardant froidement dans les yeux, avec celle de l'Égyptien, pleine de regrets nostalgiques, de souvenances romantiques, d'idéalisation effrénée...
De cette opposition de base – tragique dans son essence – de l'ontologie égyptienne (ontologie concrète, vécue) est née la philosophie grecque, TOUTE la philosophie grecque : Pythagore, les Milésiens, l'antagonisme entre les Éléates et Héraclite, les tentatives de synthèse chez Platon et Aristote et, finalement, le retour vers l'Absolu chez Plotin, qui apporta de son Égypte natale l'enseignement des sanctuaires initiatiques...

Ô vous qui goûtez le repos
Sur les bancs verdoyants des fleuves célestes
Dans la Région de Celui qui gouverne les Âmes !
Puissé-je être assis à la place de Râ,
Pendant que mon Corps est confié au dieu
[de la Terre !
Puissé-je triompher sur Seth et ses guetteurs de nuit
Aux figures de crocodile,
Ainsi que sur les guetteurs aux figures cachées
Lesquels, sous l'apparence des dieux,
Se dissimulent, au sixième jour des Fêtes,
Dans le temple du dieu du Nord !
En vérité, on dirait que leurs pièges sont calculés
[pour l'éternité
Et que leurs cordes pourraient tenir indéfiniment...
D'ici j'aperçois un démon ;
Son ombre éthérique, assoiffée et dangereuse,
Œuvre dans la Vallée des Tombeaux...
Je sais : ceux qui naissent à la vie après la mort
Risquent de succomber aux pièges de ce démon...
Mais moi, je suis né au monde de l'Au-delà
Sous la forme d'un Esprit sanctifié plein de vie...
Salut, ô Initiés qui demeurez sur la Terre !
Détruisez et extirpez le Mal qui s'attache
[à ma personne !
Ô Râ ! Laisse-moi contempler ton Disque de feu !
Aide-moi dans ma lutte contre les ennemis !
Permets-moi de me justifier devant le Tribunal divin
Présidé par la Grande Divinité !
Mais si tu résistes et que tu m'empêches
De triompher de mes ennemis
Et de me justifier devant le Tribunal divin,
Alors...
Alors que l'Ordre naturel soit renversé !
Puisse le dieu Nil monter au Ciel !

Et vivre de la substance de la Vérité-Justice !
Et que Râ fasse vivre les poissons du Nil !
Mais moi, si je triomphe de mes ennemis,
Alors...
Alors, puisse Râ monter au Ciel
Et vivre de la substance de la Vérité-Justice !
Que le Nil fasse vivre les poissons !...
En vérité, lorsque j'aurai anéanti mes ennemis,
Ce sera un grand jour sur la Terre !
Voici que je pars en campagne contre mes ennemis.
Ils ont été livrés en ma puissance ;
Je les anéantis devant les Hiérarchies divines.

Chapitre LXVI

La Sortie de l'Âme vers la Lumière du Jour

La science cachée, je l'ai atteinte !
Je sais que la déesse Sekhmet m'a porté dans
[ses flancs,
Que la déesse Neith m'a mis au monde,
Que je suis, à la fois, Uadjit à la tête de Serpent
Et une émanation de l'Œil divin d'Horus...
Voici que je plane comme un oiseau du Ciel...
Je descends sur le front de Râ
Et je navigue sur l'Océan céleste
Assis en paix sur la proue de sa Barque...

Chapitre LXVII

Pour ouvrir les Portes vers l'Au-delà

Voici que sont forcées les digues de l'Océan céleste
Et que les pas des Enfants de la divine Lumière sont
[libres.
Les Portes du sanctuaire caché de Shu
s'entr'ouvrent...
En vérité ! Puisque ce dieu sort en toute liberté,
De même, je peux sortir en toute liberté, moi.
J'avance donc vers mes domaines.
Je reçois des offrandes et m'empare des tributs du
[Prince des Morts ;
J'avance vers mon Trône dressé au milieu de la
[Barque de Râ...
Protégé contre les Forces du Mal
Puissé-je naviguer en paix !...
... Ô rayonnement divin du Lac céleste !...

Chapitre LXVIII

La Sortie de l'Âme vers la Lumière du Jour

Voici que les Portes du Ciel me sont ouvertes
Et que les Portes de la Terre ne s'opposent plus
[à mon passage...
Tirez les Verrous de la Porte de Kêb !
Laissez-moi pénétrer dans la Première Région !
En vérité, les bras invisibles
Qui m'avaient entouré et protégé sur Terre
Et qui dirigeaient mes pas

Se sont écartés de moi[1].
La Région des Canaux et des Courants s'ouvre à mon [regard.
Je puis la parcourir tout à mon aise...
En vérité, je suis le Maître de mon Cœur « ib »
Et de mon Cœur « hati »,
Le Maître de mes bras, de mes jambes, de ma [bouche,
Le Maître de mon Corps tout entier,
Le Maître des offrandes sépulcrales,
Le Maître de l'Eau, de l'Air, des Canaux, des Rivières,
Le Maître de la Terre et de ses Sillons,
Le Maître des Êtres magiques qui œuvreront [pour moi
Dans le Monde Inférieur[2].
Je garde donc parfaite maîtrise
Sur tout ce qui pouvait m'être ordonné sur Terre.
Ô vous, Esprits divins !
N'avez-vous pas prononcé, devisant devant moi,
Les paroles que voici :
« Qu'il participe à la Vie éternelle,
En communiant par le Pain consacré de Kêb ! »
Loin de moi les choses que j'abhorre !
Mon Pain de Communion sera fait de Blé blanc.
Ma Boisson de Communion sera tirée du Blé rouge.
Je demeurerai dans un lieu pur et sanctifié,
Sous les branches du Palmier,
Arbre sacré d'Hathor, princesse du Disque solaire.
Voici qu'elle avance vers Héliopolis

1. Allusion très concrète à la liberté – et à la responsabilité – accrue de l'initié.
2. La Maîtrise – la volonté souveraine qui ordonne et qui assume librement la responsabilité des actes – signe distinctif de l'initié.

Avec le Livre des divines Paroles de Thoth dans ses
[bras[1].
En vérité, je suis le Maître de mon Cœur « ib ».
Et de mon Cœur « hati »,
Le Maître de mes bras, de mes jambes,
[de ma bouche,
Et le Maître de l'Eau, des Canaux, des Rivières,
Et le Maître des Êtres magiques qui œuvreront
[pour moi
Dans le Monde Inférieur.
Je garde donc parfaite maîtrise
De tout ce qui pouvait m'être ordonné
Sur Terre et dans le Monde Inférieur[2].
Si l'on me place à droite, je me dirige vers la gauche ;
Si l'on me place à gauche, je me dirige vers la droite.
Assis ou debout, je languis après le Souffle vivifiant
[de l'Air...
En vérité, ma Bouche et ma Langue – voilà mes
[guides[3] !

RUBRIQUE

Si les paroles ci-dessus sont connues (par le défunt), il pourra sortir vers la pleine Lumière du Jour ; il pourra parcourir la Terre, en se mêlant aux vivants ; et ses possibilités physiques ne subiront aucune diminution, éternellement.

---

1. Thoth était le dieu de la Parole créatrice et magique (Logos), ainsi que de la Parole écrite.
2. Cette affirmation de la maîtrise, reprise pour la seconde fois, est conforme au protocole des incantations.
3. La bouche et la langue (ainsi que le larynx) sont les organes de la Parole magique, l'Instrument perfectionné et légué par Thoth, l'arme de combat, par excellence, du défunt.

Chapitre LXIX

SORTIE DE L'ÂME VERS LA LUMIÈRE DU JOUR

Je suis un Esprit de Feu, frère de tous les Esprits
[de Feu.
Je suis Osiris, frère d'Isis.
Mon fils, Horus, et ma mère, Isis,
Enchaînent, pour me venger, les bras de mes ennemis
Qui ont commis contre moi des crimes sans nombre...
Je suis Osiris, le Premier-né des dieux,
Héritier légitime de Kêb, son Père divin.
Je suis Osiris, Maître des Sources Premières de Vie...
Puissants sont mon dos et ma poitrine ;
Ma force génératrice pénètre partout où habitent
[les hommes.
Je suis Orion qui, passant devant les innombrables
[Armées des Étoiles,
Parcourt les Régions du Ciel.
En vérité, le Ciel est le sein de Nut, ma Mère divine,
Qui m'a conçu et mis au monde selon sa volonté.
Je suis Anubis, le Jour où il devient Sépa.
Je suis le Taureau Sacré au milieu de sa Prairie...
En vérité, je suis Osiris !
Au Jour de la grande Catastrophe
Je fus caché par mon Père et ma Mère...
Le dieu Kêb est mon Père ; ma Mère, la déessc Nut...[1]

1. Kêb est le dieu de la Terre ; Nut est la déesse du Ciel ; à noter que Kêb est mâle et que Nut est femelle. L'affirmation : « Je suis le fils de la Terre et du Ciel » rappelle étrangement la célèbre formule orphique :

« Ι'γ,ς παὶς εἰμὶ χαὶ Οὐρανοῦ ἀστερόεντος »

(« Je suis un fils de la Terre et du Ciel étoilé »)

G. Maspéro et P. Foucart ont magistralement démontré que l'orphisme et les mystères d'Éleusis n'étaient que de tardives filiales des immenses mystères égyptiens.

Je suis Horus, le Premier-né de Râ, le jour de sa
[culmination ;
Je suis Anubis, le jour où il devient Sépa.
Je suis Tum, Seigneur des Mondes.
Je suis Osiris...
Salut, ô toi, Divinité très Ancienne !
Voici que tu entres et adresses la parole
À Thoth, le Scribe divin, Gardien de la Porte
De la demeure d'Osiris...
Laisse-moi parcourir ces Régions,
Arriver en paix, devenir un Esprit sanctifié,
Être jugé et justifié, devenir divinité
Et revenir à volonté sur Terre pour protéger
[mon Corps !
À présent, assis près de l'endroit où autrefois naquit
[Osiris
Je m'apprête à détruire le Mal qui le contamine.
En vérité, je suis puissant !
Étant venu au monde avec Osiris,
Au même endroit où il naquit autrefois,
Je deviens dieu...
Je deviens jeune ! Je deviens jeune !
Je m'empare de cette cuisse à moi,
Qui est aussi celle d'Osiris,
Et avec elle j'ouvre la bouche des dieux[1].
Voici qu'alors que Thoth paraît,
Je prends la place à ses côtés...
Puisse mon Cœur être fortifié par les offrandes
Sur les autels de mon Père divin :
Pain, bière, viande et volaille.
Voici que j'apporte des offrandes à Horus, à Thoth,
[à Enheri-Ertitsa...[2]

1. La cérémonie de l'« ouverture de la bouche », cf. page 151.
2. Divinité peu connue.

Chapitre LXX

Voici que j'arrive à bon port.
Par un décret d'Enheri-Ertitsa mon Cœur est rendu
[vigoureux.
Mes offrandes ornent les autels de mon Père Osiris ;
Je suis le maître de Busiris dont je survole la région.
J'aspire par leurs chevelures les Vents de l'Est,
Je saisis par leurs boucles les Vents du Nord,
Par leur peau, je m'empare des Vents de l'Ouest,
Je tiens ferme par leurs sourcils les Vents du Sud.
Je parcours le Ciel ; les quatre Régions de l'Espace
[m'obéissent.
J'apporte le Souffle vivifiant aux Esprits sanctifiés
Pour qu'ils l'absorbent telle Offrande sépulcrale...

Chapitre LXXI

Salut, ô dieu à la tête de faucon, Maître de la déesse
[Mehurt[1] !
Voici que tu rayonnes au milieu de l'Océan céleste.
En vérité, si tu es vigoureux,
Alors je suis vigoureux, moi !
Montre donc à la Terre ton Visage radieux,
Ô toi qui, tour à tour, te manifestes et t'éclipses !
Que ta Volonté soit faite !
Regarde ! Voici que le « Dieu-au-Visage-Unique » est
[avec moi !
Le dieu à la tête de Faucon demeure dans son
[sanctuaire...
D'un mouvement brusque,
J'ai repoussé le rideau qui le cache...

1. Mehurt : « Vache céleste », déesse du Ciel.

Que vois-je ?
Voici que paraît, devant moi, Horus, fils d'Isis !
Ô Horus ! Rends à mes membres la vigueur,
De même que je rends la vigueur à tes membres !
Ô toi qui tour à tour te manifestes et t'éclipses !
Que ta Volonté soit faite !
Regarde ! Voici que le « Dieu-au-Visage-Unique »
[est avec moi !
Horus se trouve à l'Horizon du Sud,
Et Thoth à l'Horizon du Nord.
J'apaise l'Incendie qui ravage les Mondes,
Je conduis la déesse de Vérité-Justice
Vers les dieux qui la vénèrent.
Ô Thoth, Thoth ! Entends ma voix !
Rends-moi vigoureux, ainsi que tu te rends
[vigoureux toi-même !
Montre à la Terre ton Visage radieux,

Ô toi qui, tour à tour, te révèles et t'éclipses !
Que ta Volonté soit faite !

Regarde ! Le « Dieu-au-Visage-Unique » se tient à
[mes côtés !
En vérité, je suis une Plante des zones désertiques,
Une fleur des horizons mystérieux !...
Voici Osiris... Ô Osiris, entends ma voix !
Rends-moi vigoureux, ainsi que tu te rends vigoureux
[toi-même !
Montre à la Terre ton Visage radieux,
Ô toi qui, tour à tour, te révèles et t'éclipses !
Que ta Volonté soit faite !
Regarde ! Le « Dieu-au-Visage-Unique » se tient
[à mes côtés !

Ô toi, Être dressé sur tes deux jambes puissantes
Et qui sais profiter du moment propice,
Toi à qui obéissent les deux Esprits Djafi[1],
Rends-moi vigoureux, de même que tu te rends
[vigoureux !
Montre à la Terre ton Visage radieux.
Toi qui, tour à tour, te révèles et t'éclipses !
Que ta Volonté soit faite !
Regarde ! Voici que le « Dieu-au-Visage-Unique »
Se tient auprès de moi !

Ô toi, dieu Nekhen, qui demeures dans l'Œuf cosmique,
Maître de la déesse Mehurt,
Rends-moi vigoureux, ainsi que tu te rends
[vigoureux toi-même !

Montre à la Terre ton Visage radieux,
Toi, qui, tour à tour, te révèles et t'éclipses,
Que ta Volonté soit faite !
Regarde ! Voici que le « Dieu-au-Visage-Unique »
Se tient auprès de moi !

Voici le dieu à la tête de Crocodile, Sebek,
Qui parcourt ses domaines ;
Voici Neith, maîtresse de Saïs,
Qui parcourt ses canaux et ses plantations...
Toi, qui, tour à tour, te révèles et t'éclipses,
Que ta Volonté soit faite !
Regarde ! Voici que le « Dieu-au-Visage-Unique »
[est avec moi !

Ô vous, sept Juges, qui sur vos épaules portez la
[Balance !

1. Djafi : Horus et Râ, ou bien : Osiris et Râ.

Lors de la Grande Nuit du Jugement,
L'Œil divin, sur votre ordre, coupe les têtes,
Taillade les cous, arrache, déchire les cœurs
Et massacre les Damnés dans le Lac de Feu.
En vérité, je vous connais et je connais vos Noms,
Et de même que je connais vos Noms, vous me
[connaissez...
Voici que je marche vers vous, ô dieux,
De même que vous marchez vers moi.
Vous vivez en moi ; de même, je vis en vous !
Rendez-moi vigoureux par la force des Sceptres
[magiques
Que vous tenez dans vos bras !
Accordez-moi, par le Verbe magique de votre
[bouche,
Une longue vie !
Que des années de ma vie s'ajoutent à des années,
Que des mois de ma vie s'ajoutent à des mois,
Que des journées de ma vie s'ajoutent à des journées,
Que des nuits de ma vie s'ajoutent à des nuits,
Afin que je puisse paraître devant ma statue
[funéraire
Et l'illuminer de mes rayons...
Accordez le souffle de Vie à mes narines !
Puissent mes yeux voir clair
Et distinguer chacun des dieux de l'Horizon,
Lors du jour attendu
Où seront pesées et jugées
Les iniquités commises sur la Terre !

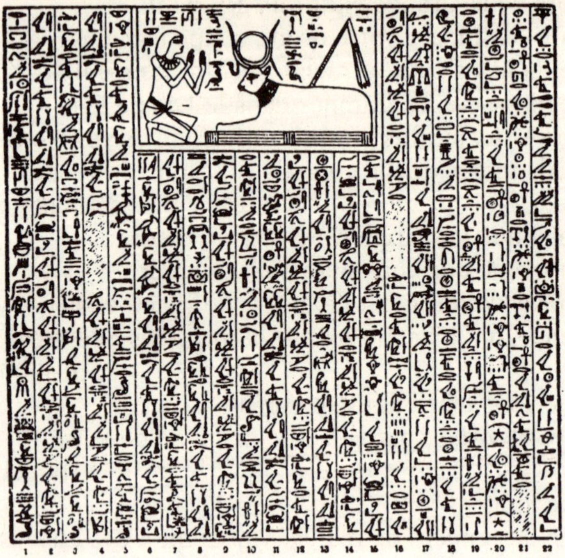

RUBRIQUE

Si ce chapitre est récité, le défunt pourra parcourir la Terre sous l'œil bienveillant de Râ ; son séjour auprès d'Osiris sera agréable et, en général, la récitation sera d'un grand profit pour le défunt se trouvant dans le Monde Inférieur. Les offrandes sépulcrales ne lui feront pas défaut, et il pourra paraître (devant Râ) tous les jours, éternellement.

Chapitre LXXII

Pour se frayer un chemin dans le Monde Inférieur

Salut, ô Seigneur de l'Ordonnance des Mondes,
Vous qui, exempts du Mal et du Péché,
Demeurez dans l'Éternité de l'infinie Durée !
Voici que j'aborde la Voie qui me conduira vers vous.
Moi, Esprit sanctifié, je parcours toutes les Formes
[du Devenir ;
Mon Verbe magique me donne la puissance ;
J'ai été jugé et sanctifié.
Délivrez-moi donc des démons à la tête de Crocodile
Qui se cachent dans ces Régions
Et fréquentent la Contrée de Vérité et de Justice !
Accordez à ma bouche la Parole de Puissance !
Que des offrandes soient placées dans mes mains
Devant vous !
Car je vous connais et je connais vos Noms.
Je connais le Nom de ce Dieu Grand.
Accordez une offrande à cet Esprit
Qui ouvre la Voie dans l'Horizon Oriental du Ciel.
Il descend en planant vers l'Horizon Occidental.
Voici qu'il se dirige vers moi pour me rendre
[vigoureux,
Afin que les démons ne s'emparent pas de moi...
Que je ne sois pas repoussé de devant votre Porte,
[ô dieux !
Que je ne la trouve pas fermée et verrouillée !
Car mes offrandes sous les espèces solides
[se trouvent à Pé
Et mes offrandes liquides se trouvent à Dep[1] ;

1. Pé et Dep : les deux moitiés de la ville de Buto.

C'est là que je joins mes deux bras...
Puissé-je contempler Tum, mon Père,
Établi dans ses domaines du Ciel et de la Terre !
En vérité, mes offrandes sont sans limites ;
Car c'est mon fils, issu de mon Corps, qui me
[nourrit...
Accordez-moi donc des repas sépulcraux,
De l'encens, de la cire et toutes choses bonnes
[et pures,
Nécessaires à la vie d'un dieu,
Réellement et éternellement !
Puissé-je passer à volonté par toutes les
[Métamorphoses,
Descendre et remonter dans ma barque
Les canaux de Sekht-Ianru !
Car je suis un dieu à la double tête de Lion.

RUBRIQUE

Si le défunt a appris ce chapitre lors de son séjour sur la Terre ou l'a fait inscrire sur son cercueil, il pourra sortir vers la pleine Lumière du Jour et parcourir à volonté toute la gamme des Métamorphoses ; en outre, il ne sera pas chassé de la place qui lui est due. Des offrandes sur l'autel d'Osiris ne lui feront pas défaut. Il pourra pénétrer dans le Sekht-Ianru et y apprendre le décret du dieu (Osiris) qui demeure à Djedu. Il y trouvera du froment et de l'orge. Il y prospérera, de même qu'il avait prospéré sur Terre. Il y fera ses volontés, pareil à un des dieux du Duat, réellement, continuellement, des milliers de fois.

Chapitre LXXIII

(Répétition du Chapitre IX)

Chapitre LXXIV

Pour se servir des Jambes

Ce que tu dois accomplir dans ta Demeure du Monde
[Inférieur,
Fais-le donc debout, ô dieu Sokari, planté sur tes
[deux jambes !
Quant à moi, je rayonne
Au-dessus de la constellation de la Hanche[1].
Voici que je parcours le Ciel
Et que je m'assieds au milieu des Esprits Sanctifiés...
Hélas ! Que je suis faible ! Hélas ! Que je suis faible !
Mes jambes m'obéissent, mais je me sens défaillir !
Je me sens désemparé
Au milieu des violences et des forces brutales
[déchaînées
Qui règnent dans le Monde Inférieur...

Chapitre LXXV

Pour se diriger vers Héliopolis et pour y obtenir une Place

C'en est fait ! J'ai parcouru
Tous les recoins cachés de la vaste Terre !

1. La constellation de la Grande Ourse.

Les Esprits-serviteurs de Thoth qui, les mains
[jointes,
Saluent le Soleil[1],
M'ont accordé la Science mystérieuse des Organes
[Internes...
Par cette Science je pénètre dans la Demeure
Où sont purifiés les habitants des cercueils...
Voici que je force un passage redoutable
Et arrive aux demeures des Dieux Remrem
[et Akhesesef ;
Puis je suis introduit dans la Région des Mystères
[sacro-saints[2]
Et je me trouve devant le dieu Kemkem[3].
Ses mains tendues au-dessus me protègent ;
Sa sœur Khebent et sa mère Seksekt
Reçoivent l'ordre de m'aider.
Je suis placé à l'Orient, là où Râ se lève tous les jours.
Comme lui, je me lève dans le Ciel.
Je le parcours dans tous les sens,
Moi, Esprit aux attributs divins.

---

1. Les serviteurs de Thoth et adorateurs du Soleil, divinités aux têtes de singes, Iaani, détenteurs du savoir ésotérique.
L'initiation, dans le monde ancien, avait pour objet :
a) soit les mystères du monde *extérieur* (soleil, lune, planètes, phénomènes atmosphériques, les règnes de la nature, etc.) ; ce furent, principalement, les initiations du type babylonien et mazdéen ;
b) soit les mystères se trouvant à l'*intérieur* de l'homme, chaque organe correspondant à un champ de forces cosmiques, par exemple : le foie renfermant en lui les possibilités de Jupiter, le cœur celles du Soleil, les poumons celles de Mercure, etc.
Telles furent l'initiation égyptienne et celle d'Éleusis, qui en dérivait. Cela nous fait comprendre la profonde connaissance du corps humain née en Égypte et qui donna naissance à l'art d'embaumement des cadavres et, plus tard, à la médecine.
2. Le terme « introduire » (*Bs*) a le sens, également, d'« initier ».
3. Les divinités Remrem, Akhsesef, Kemkem, Khebent et Seksekt ne sont guère connues, en dehors du texte ci-dessus.

Voici que j'arrive devant ce Lieu Saint
Situé sur la Route que Thoth parcourt,
Lorsqu'il s'en va pacifier les deux Adversaires
Qui se livrent la Grande Bataille...
Il passe alors par Pé et par Dep.

Chapitre LXXVI

POUR CHANGER DE FORME À VOLONTÉ

Voici que j'avance vers la Demeure du Roi des
[dieux...
(Un Esprit ailé m'a conduit ici.)
Salut, ô toi qui planes dans les étendues du Ciel,
Et qui illumines le Fils de la Couronne Blanche !
Puisse ma Couronne Blanche être sous ta
[protection[1] !
Puissé-je vivre à tes côtés !
Voici que j'ai cueilli et réuni
Tous les membres dispersés du Dieu Grand...
À présent, je crée de toutes pièces ma Route céleste
Et je marche sur cette Route...

1. La Couronne Blanche, signe distinctif du roi de la Haute Égypte, était également celui d'une étape d'initiation.

Chapitre LXXVII

Métamorphose du Défunt en Faucon d'Or

À l'égal d'un grand Faucon d'Or
Qui sort de son Œuf,
Je prends mon envol vers le Ciel.
Je plane dans le Ciel, pareil à un grand Faucon
Dont le dos mesure quatre coudées
Et dont les ailes reluisent comme des émeraudes du
[Sud...
Je prends mon envol du Cercueil placé dans la
[Barque « Sektet »
Et je porte mon Cœur vers les Montagnes de l'Est.
Puis je descends, planant, vers la Barque
[« Mandjit »...[1]
Les Hiérarchies divines se présentent devant moi.
Elles s'inclinent profondément
En me saluant par des cris de joie.
Alors, pareil à un grand Faucon d'Or à la tête de
[Phénix,
Je prends mon envol vers le Ciel...
En vérité, Râ est présent devant moi tous les jours
Écoutant mes paroles...
Vous, dieux anciens, ô Premiers-nés de Nut !
Regardez ! J'ai pris place parmi vous !
Stable et ferme je suis !
Les Champs des Bienheureux
S'étendent à perte de vue devant mes yeux ;
Ils me nourriront.

---

1. Mandjit : c'était le nom de la Barque de Râ – jusqu'à midi. Dans l'après-midi, elle portait le nom de Sektet.
Le chapitre LXXVII est le premier du groupe des chapitres traitant de « métamorphoses » dans l'Au-delà. Voir l'introduction.

Publiée avec l'autorisation de l'UNESCO

Tombe de Toutânkhamon. Le roi Aï accomplit le rite de l'ouverture de la bouche du roi Toutânkhamon, représenté comme un Osiris. XVIIIe dynastie.

Publiée avec l'autorisation de l'UNESCO

Tombe d'Anhourkhâoui. Barque solaire, au cours de sa navigation nocturne. On reconnaît Isis, Thot à tête d'ibis, le dieu-Soleil renaissant, dont un scarabée remplace la tête, le dieu Hou et le défunt, qui tient le gouvernail. Époque ramesside.

Publiée avec l'autorisation de l'UNESCO

Tombe de Séthi I. Isis étend ses bras ailés, dans un geste de protection. XIXe dynastie.

Publiée avec l'autorisation de l'UNESCO

Tombe d'Amennakht. Le défunt, agenouillé près d'un palmier, se penche pour boire l'eau du fleuve ; à côté de lui, sa femme, debout, fait un geste d'adoration. Époque ramesside.

Publiée avec l'autorisation de l'UNESCO

Tombe de la reine Néfertari. Le dieu Rê-Harakhti et la déesse de l'Occident, Amentit, assis côte à côte. XIXe dynastie.

Publiée avec l'autorisation de l'UNESCO

Tombe d'Irinéfer. Le défunt, dans la barque solaire,
adore le phénix, qui est un avatar du dieu solaire héliopolitain.
Époque ramesside.

Publiée avec l'autorisation de l'UNESCO

Tombe d'Anhourkhâoui. Le défunt devant le phénix d'Héliopolis, vignette illustrant le chapitre du *Livre* « de se transformer en Phénix ». Époque ramesside.

Tombe d'Amennakht. Le dieu Anubis parachève
la momification du défunt. Époque ramesside.

Publiée avec l'autorisation de l'UNESCO

Publiée avec l'autorisation de l'UNESCO

Tombe de la reine Néfertari. Le taureau et les sept vaches du ciel.
En bas, les quatre gouvernails qui symbolisent les quatre points cardinaux.
XIXe dynastie.

Publiée avec l'autorisation de l'UNESCO

Tombe de Sénedjem. Sénedjem et sa femme recevant de leur fils, agissant comme prêtre funéraire, une libation. Époque ramesside.

Publiée avec l'autorisation de l'UNESCO

Tombe de Pached. Le défunt est agenouillé à côté d'Osiris, devant lequel se trouve, accroupi, un génie, tenant sur ses genoux un vase avec deux torches allumées. Deux torches analogues sont tenues par un œil oudjat animé. À gauche, représentation stylisée du désert, sur lequel se détache un faucon. Époque ramesside.

Publiée avec l'autorisation de l'UNESCO

Nécropole de Memphis à Sakkarah. Offrande rituelle des canards et des grues. En bas, on voit des cages contenant, en plus petit, des canards. Ancien Empire (Mastaba du Vizir Mehou).

Esprit sanctifié au milieu de l'abondance de ces [Champs,
Je vis au gré de mon cœur.
L'Usage de mon larynx m'a été rendu par le dieu [Nepra
Et je garde la maîtrise de toutes les forces de ma [tête...

Chapitre LXXVIII

Le Faucon d'Or

Salut, ô dieu puissant !
Voici que tu te diriges vers Djedu
Et que tu sanctifies mes chemins...
Pendant que je parcours les Étapes de mon Voyage
Et que je visite mes Trônes,
Accompagne-moi !
Renouvelle et exalte mon Être !
Fais que la peur et la terreur accompagnent mon [Nom !
Puissent les dieux de la Région des Morts
Avoir peur de moi !
Qu'ils combattent entre eux, à cause de moi !
Que celui qui veut me faire du mal

Ne puisse approcher de moi dans la Région des [Ténèbres
Où les Âmes faibles cherchent un abri et se cachent !
Voici que les dieux, Seigneurs de la suite d'Osiris,
Écoutent attentivement mes paroles...
Parlant entre vous autres, ô dieux,
Gardez silence sur ce que vous avez entendu !
Mes Paroles, ne les révélez à personne !
Car Maat pourrait les entendre...
C'est Osiris lui-même qui parle par ma bouche.
Voici que j'accomplis mes Voyages ;
J'entre et je sors, selon la Puissance de mon Verbe...
Je contemple mes Formes successives
Créées par la puissance de mon Âme.
Par la maîtrise que j'exerce sur mes jambes,
Je leur enjoins la force et la rapidité de leurs [mouvements ;
Car je suis, moi, l'égal d'Osiris, Seigneur des Mondes.
Les dieux de la Région des Morts ont peur de moi,
Entre eux combattent dans leurs demeures,
À cause de moi.
Je puis y circuler, avec les Êtres qui y circulent ;
En mon pouvoir de Seigneur de la Vie,
Je m'y repose à ma place habituelle.
Isis me protège ; avec son appui
Je réforme le grand Tout de mon Être,
Tandis que des démons, invisibles, s'y opposent...
Tantôt je me repose, tantôt je suis en mouvement.
Je parcours les extrêmes limites du Ciel
Et converse avec le dieu Kêb.
Le Seigneur des Mondes m'accorde le Nectar divin...
En vérité, les dieux de la Région des Morts ont peur [de moi !
Ils combattent entre eux dans leurs domaines,
À cause de moi.

Ils renouvellent pour moi la nourriture en poisson
[et volaille.
En vérité, je suis un Esprit, du nombre des Esprits
[sanctifiés
Et du nombre des Corps Glorieux[1].
Voici que je parcours à volonté le cycle des
[Métamorphoses.
Ce dieu cependant arrive et pénètre dans Djedu ;
Imprimant un Cachet à mon Âme il l'a rendue divine
[et immortelle,
Et il te parle de mes voyages dans l'Au-delà et de mes
[projets...
En vérité, ma présence dans la Région des Morts
Sème la terreur et la confusion.
Les dieux ont peur et combattent dans leurs demeures
À cause de moi.
Car je suis un Esprit sanctifié, un de ces Êtres divins
Créés par Tum lui-même au commencement des
[Mondes,
Un de ces êtres qui dans son Œil divin
Se changent en des Plantes Florissantes...
Tum leur fait parcourir le cycle des Métamorphoses ;
Il les rend et parfaites et puissantes
De par leur Vie en Lui.
Regardez ! Il est Seul sur l'Océan céleste[2],
Pendant qu'il parcourt l'Horizon !
Des hymnes retentissent autour de lui ;
La peur et la vénération
Saisissent les dieux et Esprits sanctifiés
Qui sont à ses côtés.

1. Sahu : l'ultime – ou le pénultime – échelon de la divinisation de l'âme humaine, correspondant au « buddhi » de l'ésotérisme hindou.
2. Le soleil se manifestait : 1) le matin, sous les traits de Khepra ; 2) à midi, sous ceux de Râ ; 3) le soleil couchant était identifié à Tum. Toutefois, Tum est souvent substitué à Râ.

En vérité, je suis un des Serpents
Aux temps anciens créés par l'Œil divin du Maître
[Unique...
Isis, elle qui donna la naissance à Horus,
N'était pas encore là, que j'existais déjà.
Depuis, j'ai grandi, j'ai vieilli
Parmi les Êtres lumineux du Ciel
Qui, dans le sein de Tum, évoluaient avec moi.
Voici que je suis couronné en Faucon divin.
Je deviens Corps Glorieux, un Sahu,
Ainsi qu'Horus l'est dans son Âme,
Afin que je puisse pénétrer dans la Région des Morts
Et prendre possession du domaine d'Osiris...

Et voici que le dieu à la double tête de Lion,
Le préposé au Temple de la Couronne Nemmès[1],
Mais demeurant en lieu caché, me dit :
« Tu peux partir ! Parcours les Limites les plus
[lointaines du Ciel !
De même que, devenant Horus,
Tu as acquis un Corps Glorieux, "Sahu",
De même la Couronne Nemmès t'a été adjugée.
En vérité, ta Parole de Puissance atteint jusqu'aux
[extrêmes limites du Ciel. »
Je prends donc possession des attributs divins
[d'Horus
Qui sont ceux d'Osiris dans la Région des Morts...
Voici qu'Horus répète pour moi les Paroles
[consacrées
Prononcées pour son Père, le jour des funérailles.
« Fais que le dieu à la double tête de Lion
T'accorde la Couronne Nemmès qu'il garde,
Afin que tu puisses parcourir les Routes du Ciel

1. Nemmès : coiffure royale en forme d'une perruque.

Et voir ce qui existe,
Jusqu'aux extrêmes Limites de l'Horizon !
Que les dieux du Duat aient peur de toi
Et qu'ils combattent dans leurs demeures à cause
[de toi ! »
Toutes les divinités,
Celles qui sont attachées au Sanctuaire du Dieu
[Unique,
Ayant entendu ces paroles,
S'inclinent profondément...
Salut, ô toi, qui, tandis que vers moi tu t'avances,
Planes très haut au-dessus de ton tombeau !
Je sais que, à cause de moi,
Le dieu-Lion t'a voué la Couronne.
Apprends donc que je plane, moi aussi,
Très haut sur mon tombeau,
Que le dieu Iahd a préparé tous les chemins pour
[moi
Et que le dieu-Lion a fixé la Couronne sur ma tête.
Accorde-moi donc un vêtement de plumes !...
Voici qu'il rend vigoureux mon Cœur
Par mon épine dorsale et par sa puissance qui est
[grande.
En vérité, parvenu devant Shu, je ne serai pas
[repoussé
Et je ferai ma paix avec mon Frère, lui, l'Être-Bon[1],
Seigneur aux deux Uraei, béni soit-il !
En vérité, je connais les Routes du Ciel !
Ses souffles vivent dans les Rythmes de ma poitrine.
Le démon enragé à la tête de Taureau ne saura
[m'arrêter !
J'avance donc vers les lieux
Où, dans les Espaces Éternels,

1. Osiris.

Se voient, de toutes parts, les traces
De l'Écroulement des Mondes[1].
Je suis conduit ensuite vers la Région des Ténèbres,
Là où règnent les souffrances de l'Amenti.
Salut, ô Osiris !
Je traverse, tous les jours, la Demeure du dieu-Lion
Et de là je parviens à la Demeure d'Isis[2].
Je suis digne et préparé
Pour assister en maître au Sacre des Mystères...
Puissé-je au culte secret être admis !
Puissé-je contempler le Mystère de la Naissance de
[la Divinité !
Voici que de son Corps Glorieux
Horus habille mes membres.
Et, mon Âme communiant à son Âme,
Je vois ce qui advient à l'intérieur de lui[3].
Quand je prononce les Paroles consacrées
Devant le Portail flamboyant du Soleil,
Il vibre et il résonne, faisant écho.
Car je suis désigné pour succéder à Osiris,
Son Héritier dans la Région des Morts.
En vérité, je suis Horus parmi les Esprits sanctifiés,
Maître de son Diadème, Maître de sa Lumière.
Voici que j'ai atteint les Limites mêmes du Ciel...
Voici que Horus, dans le Palais, est assis sur son

---

1. Plus exactement : « où sur les bords du Temps sans limites se voient les traces du Naufrage ».

2. Notons que les deux étapes préparatoires à l'initiation (le passage à travers les régions du dieu-Lion et d'Isis) correspondent aux signes du Zodiaque : le Lion et la Vierge. L'initiation se situerait donc dans le signe de la Balance, ce qui est caractéristique pour l'Égypte (l'Arcane VIII). Voir l'introduction, p. 72.

3. Les limites entre le Moi et le Toi sont quasi inexistantes sur les plans spirituels, ce qui explique le passage ci-dessus. Les Hindous exprimaient cette communauté spirituelle par la formule : « TAT TWAM ASI » (« C'est toi »).

[Trône.
En vérité, mon Visage est celui du Faucon divin
Et mon Dos est celui du Faucon divin.
Je possède tous les attributs magiques du dieu mon
[maître.
Voici que j'avance vers Djedu ; je contemple Osiris
Et m'incline devant lui, à droite et à gauche.
Je m'incline devant Nut ; elle me fixe de son regard.
Les dieux, tous, me fixent de leurs regards.
Le Troisième Œil d'Horus.
Immobile au milieu de son front, me fixe à son
[tour...
Les dieux tendent, en silence, leurs bras vers moi...
Dans la plénitude de mes forces, je prends mon élan
Et je repousse les démons qui s'opposent à moi.
Alors les dieux m'ouvrent l'accès de la Voie
[sacro-sainte...
Ils contemplent en silence ma Variété de Formes
Et avec bienveillance écoutent les paroles de ma
[bouche :
« Ô vous, divinités de la Région des Morts,
Vous qui penchez vers moi vos visages et vos fronts,
Vous qui, les guides des Étoiles Fixes de l'Horizon,
Créez pour le Seigneur de la Terreur la Voie sacrée,
Voici qu'un ordre d'Horus est arrivé !
Levez vos visages ! Regardez-moi,
Pour que je puisse vous regarder en face !
Car j'ai été couronné Faucon divin !
Mon Corps Glorieux n'est-il pas celui d'Horus ?
J'arrive ici pour prendre possession
De l'Héritage de mon Père, Osiris, dans la Région
[des Morts.
Les démons chevelus qui s'opposeront à moi
Je les disperse, je traverse leurs rangs ! »
J'arrive ensuite dans une Région

Où les Esprits sont sur leurs gardes.
Sans bouger, ils guettent à l'entrée des demeures,
De deux côtés de la route.
Mais je passe sans m'arrêter ; mon Voyage me [conduit
Vers ces Esprits cachés dans leurs cavernes,
Gardiens des demeures d'Osiris.
Avec énergie, je leur adresse la parole,
Je leur fais sentir le terrible pouvoir
De moi qui, l'ennemi de Seth, possède les deux [Cornes.
Je leur révèle que je me suis emparé du Nectar [des dieux.
Que je me suis approprié les pouvoirs magiques [de Tum...
Qu'ils m'accordent donc le passage du Duat,
Eux, les dieux, et les innombrables Gardiens des [domaines d'Osiris,
Que je puisse les atteindre,
Que je m'empare des pouvoirs néfastes des démons [Ksemiu,
Que je sanctifie, par mon Verbe, les Routes [de l'Au-delà
Et ceux qui en garantissent la sécurité.
Aussitôt arrivé, je rends stables et sûrs les domaines [d'Osiris
Et sanctifie pour lui les Routes de l'Au-delà.
J'ai ainsi accompli ma mission, j'arrive à Djedu.
Je contemple Osiris et je lui parle :
Je lui parle de son Fils Premier-né
Qu'il aime,
Qui a percé le cœur de Seth...
Je contemple cette divinité inerte,
Je lui fais part des exploits accomplis par Horus
En ton absence, Osiris, mon Père divin...

Salut, Seigneur des Âmes, toi qui sèmes la Terreur !
Voici que j'arrive devant toi !
Porte-moi un regard bienveillant !
Puisses-tu me glorifier !
Ouvre-moi donc les Portes du Duat, de la Terre
[et du Ciel !
Oh !... Que je ne sois pas repoussé !
Ô Osiris ! grand et sublime, ton Trône !
Les nouvelles que je t'apporte sont douces à tes
[oreilles, ô Osiris !
Immense est ta puissance, ô Osiris !
Ta tête est solidement campée, ô Osiris !
Ton front, inattaquable, ô Osiris !
Ton cœur est satisfait, ô Osiris !
Ton larynx, fort et sain, ô Osiris !
Tu es comblé de dieux qui t'environnent, ô Osiris !
Tu es proclamé Taureau de l'Amenti, ô Osiris !
Ton Fils Horus est assis sur ton Trône, ô Osiris !
La Vie des Mondes est dans ses mains, ô Osiris !
Des millions d'années ne cessent d'œuvrer pour lui ;
Des millions d'Âmes tremblent devant lui.
Les Hiérarchies divines le craignent, obéissent à ses
[ordres.
Ainsi aux temps anciens décida Tum, dieu puissant,
[dieu unique.
Éternelle à jamais sa Parole !
Horus est, tout ensemble, Nectar des dieux et
[le Sacrifice divin.
Il cueille et réunit les Membres de son Père,
Car Horus est son Rédempteur, son Rédempteur...
Il parcourt l'Océan céleste,
Tandis que le Corps de son Père se décompose...
En vérité, Horus est le Maître et le Seigneur de
[l'Égypte.
Il fixe le cours des choses pour des millions d'années.

Nuit et jour, les dieux œuvrent pour lui.
Son Œil divin, la Source de Vie de millions d'êtres.
Il est l'Unique, le Maître des Mondes.

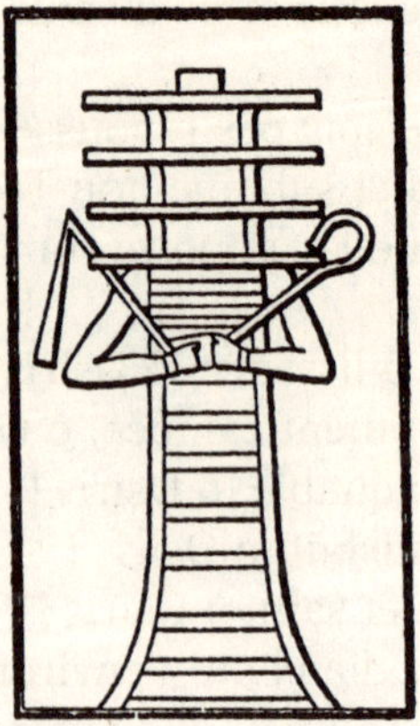

Chapitre LXXIX

POUR ÊTRE TRANSFORMÉ EN PRINCE DES DIEUX

Je suis Tum qui a créé le Ciel
Et fait naître à la Vie les êtres de la Terre.
Voici que j'avance, engendrant des êtres,
Enfantant les dieux, mes Fils,
Et m'engendrant moi-même...
Salut, ô Seigneurs de la Vie, Êtres purs,
Formes mystérieuses aux sanctuaires cachés !
Salut, ô dieux de Tenaït[1]
Et vous, dieux du Circuit des Régions froides !

1. Tenaït : un district du Duat.

Salut, ô dieux de l'Amenti,
Et vous qui demeurez aux profondeurs lointaines
[des cieux !
Regardez : me voici
Arrivant jusqu'à vous, devenu Âme et Esprit pur...
En vérité, je suis un dieu dans toute sa vigueur !
Oui, un dieu parmi les dieux qui m'entourent...
Je vous apporte de l'encens et des parfums,
Et je détruis l'influx néfaste de vos bouches.
J'arrive ici pour maîtriser et pour détruire le Mal
Qui habite vos cœurs
Et pour vous délivrer des péchés qui vous accablent.
Regardez : je vous apporte les biens suprêmes :
La Vérité et la Justice !
Je vous connais et je connais
Vos Noms cachés, vos Formes mystérieuses
Que nul autre ne connaît.
Voici, ô dieux, que je deviens dieu parmi vous,
Et que je suis couronné dieu parmi les hommes.
Hissé sur un pavois,
Je deviens vigoureux et puissant parmi vous.
Les dieux, à grands cris d'allégresse, marchent à ma
[rencontre
Et les déesses m'adressent des suppliques.
Couronné comme vos deux Filles, j'avance vers vous,
[ô dieux[1],
Je prends ma place dans la Maison des Deux
[Horizons.
Vers le Soir, je reçois sur mon autel des offrandes
[sépulcrales
Et je communie avec vous par les sacrifices liquides.
M'avançant, au milieu de cris d'allégresse,

1. Les deux Filles divines : Isis et Nephthys.

Voici que je salue les dieux de l'Horizon et je les
[adore ;
Car je suis le Seigneur des Êtres Parfaits...
Les dieux me saluent de leurs cris,
Comme une divinité sacrée du Grand Sanctuaire,
Quand, dégageant Mon Être des Entrailles du Ciel,
J'apparais à leurs yeux
Et lors que Nut, ma Mère céleste, m'enfante
Pour une autre existence, pour les Mondes de
[l'Au-delà.

Chapitre LXXX

POUR ÊTRE TRANSFORMÉ EN UN DIEU QUI ÉCLAIRE LES TÉNÈBRES

Je suis la Ceinture Lumineuse,
Celle qui rayonne sur la Poitrine de Nû
Et qui chasse les Ténèbres de la Nuit.
Par les invocations de ma bouche, très puissantes,
J'apaise cette colère des deux déesses qui mènent,
[sans trêve,
Un combat dans mon Cœur.
Voici que je redresse mon Père qui est tombé
Et avec lui tous ceux qui sont tombés
Dans la vallée d'Abydos...[1]
Je suis en paix... Je suis en paix...
En vérité, je suis le Souvenir de mon Père Osiris.
Je prends possession du Nectar des dieux
Que j'ai trouvé dans ma Ville ;

1. Le « Père » est Osiris – dont le sanctuaire se trouvait à Abydos – ; sa « chute » eut un retentissement cosmique.

Et les Ténèbres, je les emmène en captivité...
J'ai délivré l'Œil des Mondes alors qu'il s'éteignait ;
— Lors des fêtes du quinzième jour du mois – ;
J'ai départagé Seth d'avec son adversaire, ce Dieu
[Ancien ;
J'ai pourvu d'armes magiques
Thoth dans la Maison de la Lune,
Lors des fêtes du quinzième jour du mois,
Et j'ai pris possession de la couronne Ureret.
La déesse Maat, dont les Lèvres
Sont faites de Cristal et d'Émeraude,
Habite mon Cœur.
Voici mes Champs qui s'étendent parmi des canaux
[de lapis-lazuli.
En vérité, je suis la déesse Nut, elle qui chasse les
[Ténèbres !
J'avance ; voici que la Lumière se fait, éblouissante.
J'attaque et je renverse les démons à tête de
[crocodile.
J'adore les silencieuses divinités cachées dans les
[Ténèbres.
Je soulève et redresse ceux qui pleurent,
Leurs visages cachés dans les mains,
Livrés au désespoir...
Regardez-moi !
En vérité, je suis la déesse Nut, et j'arrive parmi
[vous !
J'ai entendu vos lamentations !
J'ouvre la Route à la Lumière !
Je suis Nut qui chasse les Ténèbres !...

Chapitre LXXXI

Pour se transformer en Lotus sacré

Je suis le Lotus mystérieux : splendeur dans la
[pureté...
J'avance, au milieu des Esprits sanctifiés,
Vers les Narines de Râ.
Je marche et je le cherche.
Regardez ! Je suis pur ! J'arrive aux Champs des
[Bienheureux !
Salut, Lotus, toi qui parais sous les traits du dieu
[Nefer-Tum[1] !
En vérité, je connais ton Nom caché,
Tes Noms multiples seulement connus des dieux.
Car je suis dieu comme vous autres, ô dieux !
Oh ! Ouvrez-moi l'accès vers les dieux-guides de la
[Région des Morts !
Puissé-je rester auprès du Prince de l'Amenti
Et devenir un citoyen de la Terre Sainte !
Ô dieux, recevez-moi, vous tous,
En la présence du Maître de l'Éternité !
Que mon Âme puisse parcourir l'Au-delà
Selon son bon plaisir !
Et qu'elle ne soit pas repoussée
Devant les Hiérarchies des dieux !...

1. Nefer-Tum : dieu de Soleil, fils de Ptah et de Sekhmet.

Chapitre LXXXII

Pour être transformé en dieu Ptah et pour vivre à Iunu

Pareil au Faucon d'Horus, je plane dans le Ciel ;
Mes cris sont perçants comme ceux d'une Oie
[sauvage.
Je descends en voltigeant vers la Région des Morts
Et y arrive au jour de la Grande Fête...
(Horreur ! Horreur ! Non ! Non ! Je n'en mange
[point !
Ces ordures... quel dégoût !
Mon Double éthérique en a horreur !
Je ne les laisserai pas pénétrer dans mon Corps !)
En vérité, je me nourris d'aliments purs
Que m'accordent les Esprits divins.
Plein de puissance, je vis des offrandes sépulcrales
Et goûte aux feuilles de ce Palmier de la déesse
[Hathor.
Mes offrandes : pains, bière, vêtements et vases.
J'approche et m'assieds à mon aise ;
Ma tête est la tête de Râ.
Mes quatre extrémités sont celles de Tum.
La terre, sous mes yeux, s'étend et grandit,
S'étend, grandit...
Voici que je prends mon élan...
Tandis que les forces magiques de Ptah et de Hathor
Vibrent sur ma langue et dans ma gorge,
Je fais surgir de ma mémoire les Paroles sacrées
Que mon Père, le dieu Tum, avait mises dans ma
[bouche.
Voici qu'il repousse, avec violence, cette diablesse
[néfaste

Dont le dieu Kêb avait tailladé tête, figure et lèvres,
Pour qu'elle eût peur !
Ma bouche laisse entendre des hymnes puissants.
Je suis proclamé l'Héritier de Kêb,
Le Seigneur de la Terre...
Il paraît, et me remet sa Couronne.
Les dieux d'Héliopolis s'inclinent devant moi ;
Je suis plus puissant que leur Seigneur ;
Ma mâle puissance s'étend sur des millions
[d'années...

Chapitre LXXXIII

Pour être transformé en Phénix royal[1]

Voici que je plonge dans la Matière Primordiale
Et que je deviens Khepra, dieu des Métamorphoses.
Je bourgeonne par la force universelle de
[bourgeonnement.
Comme une tortue, je me couvre d'une carapace...
En vérité, je porte en moi
Les germes et possibilités de tous les dieux...
Je suis les quatre Hier des déesses-Serpents.
Je porte en moi les Sept Étapes de l'Amenti.
Je suis Horus au corps resplendissant, tandis qu'il
[combat avec Seth.
Je suis Thoth qui sépare les deux Combattants
Et qui, aux profondeurs de son sanctuaire,
Ayant l'accord des dieux d'Héliopolis,

1. Ce chapitre esquisse quelques étapes des Métamorphoses : le défunt devient Khepra, les déesses-serpents, Horus, Thoth, Khonsu. Quant au phénix lui-même, Bennu, c'est l'Âme de Râ.

Prononce son Verdict.
Pareil à Thoth, je fais surgir un torrent
Pour séparer les deux Combattants...
Voici que je marche vers la pleine Lumière du Jour,
Et que je suis couronné dieu,
Car je suis le dieu Khonsu, l'irrésistible[1].

Rubrique

Si le défunt connaît ce chapitre, il sera purifié. Il sortira – après son arrivée dans le havre de la mort – vers la pleine Lumière du Jour ; il passera par toutes les Métamorphoses qu'il voudra ; il se trouvera parmi ceux qui entourent le dieu Un-Nefer ; il sera rassasié par les offrandes sépulcrales d'Osiris ; il verra – après la mort – le Disque du Soleil ; il prospérera sur la Terre, sous les rayons de Râ ; il sera justifié auprès d'Osiris. Et jamais, au grand jamais, les Forces du Mal ne triompheront de lui.

Chapitre LXXXIV

Pour être transformé en Héron

J'ai maîtrisé et subjugué les Forces Animales.
J'en ai coupé les têtes d'Émeraude scintillante
Aux longs cheveux bouclés...
Ô vous, anciennes divinités, vous, Esprits d'autrefois,

1. Khonsu : le dieu de la Lune.

Maîtres des Rythmes de l'Univers[1],
Apprenez ! Ma puissance est immense comme
[le Ciel !
Comme je massacrais autrefois mes ennemis
[sur la Terre,
De même je les massacrerai au Ciel !
À présent, je suis pur. D'une enjambée
Je franchis le Ciel ; je marche
Vers Aukert et vers Hermopolis[2].
Je laisse loin derrière moi
Les dieux qui parcourent les routes...
Je stimule la vigilance des divinités
Qui veillent au fond de leurs sanctuaires.
Ne connais-je pas le dieu Nu ?
Ne connais-je pas le dieu Tatunen[3] ?
Ne connais-je pas les Démons Rouges,
Eux qui surgissent soudain de leurs repaires
Et s'opposent violemment à ces dieux ?
Ne connais-je pas les Paroles magiques
Que je leur ai entendu échanger entre eux ?
C'est moi qui ai égorgé le Taureau Sacré
Dont parlent les Écritures...
En me voyant, les dieux s'écrient :
« Qu'il soit le bienvenu, cet Être puissant !
Qu'il entre en possession de son Domaine !
Grande, en vérité, est sa puissance et sa splendeur !
Comment nous opposer à son avance ? »
(En vérité, les Rythmes sacrés de l'Univers
Sont cachés dans mon Être :
Je ne saurais les redire au dieu Hu !)

1. Les rythmes cosmiques sont la manifestation de la Sagesse divine créatrice, la source de vie, d'harmonie et d'ordre ; en face, se dressent les forces destructrices du Chaos : l'arythmie, l'acosmie, l'anarchie, la mort.
2. Aukert (Augert) : l'Au-delà, le Monde Inférieur.
3. Tatunen, autre nom du dieu Ptah.

Mes actions mauvaises appartiennent au Passé ;
À mesure que j'avance,
La Vérité-Justice brille sur mon front.
Voici la Nuit qui vient...
Et celui qui était le Héros de la Fête
Est à présent inerte, étendu sur la terre, mort.
C'est « l'Ancien des Jours »
Que la Terre garde dans ses entrailles...

Chapitre LXXXV

POUR ÊTRE TRANSFORMÉ EN ÂME VIVANTE

Je suis l'Âme de Râ née de l'Océan céleste.
Je suis le dieu Hu, Nectar des dieux.
La vue du Mal me remplit d'horreur.
Je pense au Bien et ne vis que par la Vérité
[et la Justice.
Mon Nom sacré – le Nom de l'Âme divine –
Est pur de tache.
En mon pouvoir de dieu Khepra, je crée mon Être
Et l'Être de l'Océan céleste.
Je suis le Maître de la Lumière.
La Mort m'emplit d'horreur, de dégoût,
Et je ne pénètre point dans les caves de torture
[du Duat.
Glorifiant Osiris,
Je pacifie les cœurs de ces Esprits
Qui, semant la terreur sur leur passage,
Accompagnent ce dieu dans ses périples ;
Et voici que je monte plus haut, plus haut...
Là où je suis monté,
À la place qui me fut accordée,
Je deviens Nû, Seigneur du Ciel.
Les méchants ne sauraient me faire de mal.
En vérité, je suis le Premier-né parmi les dieux.
Regardez-moi !
Cette Âme est l'Âme du Dieu Éternel.
Ce corps est l'Éternité même.
Mon Devenir sans limites fait de moi
Le Seigneur des Années infinies,
Le Prince de l'éternelle Durée...
C'est moi qui ai créé les Ténèbres

Et les ai disposées en barrières infranchissables
Sur les confins du Ciel !
Tantôt, mes jambes m'obéissant, je parcours le Ciel
[selon mon gré,
Tantôt, le sceptre serré dans mes mains
Et prêt à repousser les attaques des Esprits-serpents
Qui guettent dans leurs cachettes,
Je vogue parmi les étendues du Firmament
Et accomplis les célestes Circuits.
Je me dirige à présent vers le Seigneur aux Deux
[Bras.
En vérité, je sais que mon Âme éternelle est celle
[d'un dieu.
Et mon Corps, je le sais, est l'Éternité même[1].
Je suis une divinité très haute, Seigneur du pays
[Tebu.
Mon Nom, le voici :
« Je deviens-le-Jouvenceau-des-Prairies-
Je-deviens-l'Adolescent-des-Villes ».
En vérité, mon Nom ne périra jamais...
Je suis l'Âme divine qui, autrefois, créa l'Océan
[céleste[2].
Ma demeure dans la Région des Morts est
[inabordable ;
Indestructible est l'Enveloppe qui me protège.
Le Mal ne s'attache plus à ma personne.
Voici mon Père divin, Seigneur du Crépuscule,

1. Voir note page 235.
2. Voir note page 235.

Chapitre LXXXV

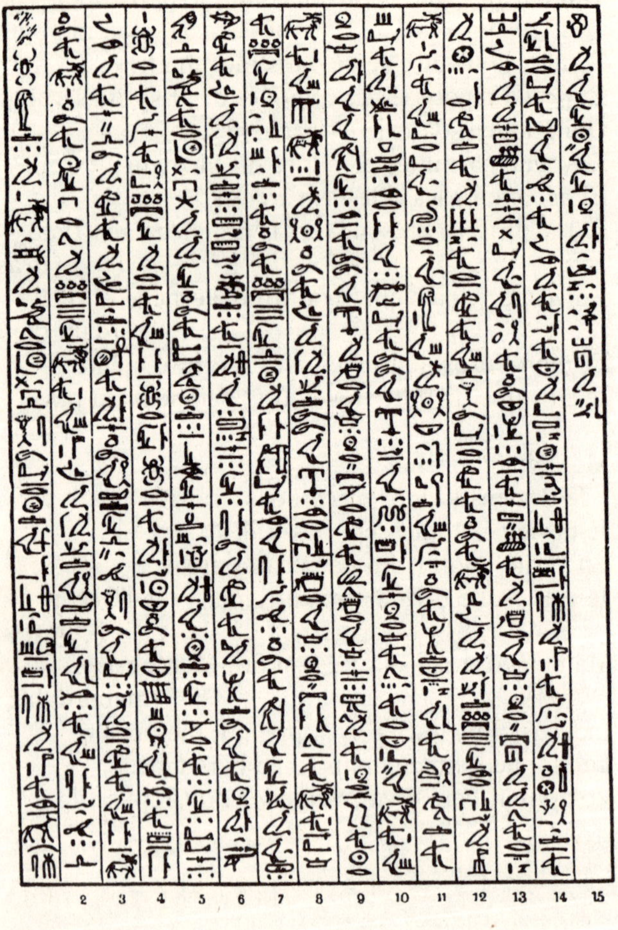

Dont le Corps repose à Héliopolis[1].
Son pouvoir s'étend sur tous les êtres
De la Région des Morts...[2]

Chapitre LXXXVI

Pour être transformé en Hirondelle

Je suis une hirondelle, une hirondelle...
Je suis aussi déesse-Scorpion, la fille de Râ...

---

1. Voir page 244. – Corps-Éternité : jeu de mots sur Djet-Djetta.
Ce passage, comme tant d'autres, analogues, suscite des réflexions. Sommes-nous ici en présence d'un égocentrisme exagéré ? D'un solipsisme mystique ? D'une mégalomanie pathologique ? Ces affirmations étaient-elles le fruit d'une expérience vécue ? Ou bien un moyen magique d'en imposer à l'ennemi, de le subjuguer ? Ou, enfin, un moyen d'autosuggestion ?
En outre, si le défunt se proclame « le premier-né parmi les dieux et le Seigneur du Ciel », que penser des millions de défunts qui répéteront la même formule ? N'est-ce pas la « déraison » pure et simple ? Nous ne le pensons pas.
Une expérience mystique immédiate (et c'en est une) peut être subjectivement vraie sans l'être objectivement. Des millions d'êtres humains peuvent être à même de vivre l'expérience de l'Union Mystique, d'être effectivement submergés par le sentiment de la Présence divine, d'une Puissance sans limites, de Félicité, de Lumière Infinie, etc., sans que pour cela, objectivement, naissent des millions de dieux...
2. Voir page 244. – Le dieu Nû : le Chaos originel.

Ô dieux ! Combien m'est doux et agréable votre
[parfum
Qui brûle et qui monte vers l'Horizon !
Vous, habitants de la Cité Céleste, voyez !
Car j'amène avec moi les Gardiens des célestes
[Circuits !
Tendez vers moi votre main secourable !
Que je puisse, sans danger, séjourner
Dans le Lac de Feu ;
Que je puisse me déplacer selon les ordres reçus
Et selon les décrets m'avancer…
Me voici qui ouvre la Porte. Que vois-je ?
Je prononce les Paroles de puissance. Je dis :
« Regardez bien !
Je suis Horus, moi qui m'empare de la Barque
[céleste
Et remets sur son Trône Osiris, mon Père !
Quant à Seth, fils de Nut, le voici, paralysé,
Ligoté au moyen de cordes qu'il avait préparées
[contre moi… »
Je sais ce qui se passe aux mystères de Sekhem ;
Et ici arrivé, je tends mes bras à Osiris…
Mes mouvements s'accomplissent en accord avec
[le verdict des Juges.
Je viens ici pour vous dire : « Laissez-moi entrer,
Afin que le Jugement puisse être rendu en ma
[présence ! »
Sur ces paroles, j'entre et le verdict ayant été rendu,
Je franchis en justifié le Portail de la divinité
[toute-puissante[1].
En vérité, je me suis purifié au cours du long Voyage.
J'ai maîtrisé le Mal qui polluait mon Cœur.

1. Divinité toute-puissante : Neb-er-Djer, Seigneur du Cosmos, c'est-à-dire Osiris.

J'ai arraché mes Vices et effacé les Péchés
Que ma Chair a commis dans la vie terrestre.
Laissez-moi donc passer, ô vous, Gardiens
[des Portes !
Car, dorénavant, je suis un des vôtres !
Je marche vers la Lumière du Jour Éternel !
J'avance, maître de mes mouvements !
Vous, Esprits de Lumière, apprenez :
Je connais les Chemins mystérieux de la Région
[des Morts ;
Et les Sentiers des Champs des Bienheureux ne me
[sont étrangers.
J'arrive, ayant brisé la résistance de mes ennemis...
Cependant, mon Cadavre sur la Terre, je le vois :
Dans son cercueil il repose, immobile...

Rubrique

Si le défunt connaît ce chapitre, il pourra sortir vers la pleine Lumière du Jour ; il ne sera point repoussé aux portes du Monde Inférieur ; il pourra se transformer en hirondelle, réellement, régulièrement, une infinité de fois.

Chapitre LXXXVII

POUR ÊTRE TRANSFORMÉ EN SERPENT

Je suis un Fils de la Terre[1].
Longues furent mes Années…
Je me couche au Soir ;
Et je renais à la vie, le Matin,
Selon les Rythmes millénaires du Temps.
Je suis un Fils de la Terre.
Je lui demeure fidèle[2].
Tantôt je meurs, tantôt je renais à la Vie.
Voici que je refleuris et que je me renouvelle,
Selon les Rythmes millénaires du temps[3].

Chapitre LXXXVIII

POUR ÊTRE TRANSFORMÉ EN DIEU SEBEK

Je suis le dieu Sebek dans toute sa vigueur[4].
Violent et brutal…
Je suis aussi le Grand Poisson d'Horus
Habitant Kem-Ur[5].

---

1. Le déterminatif du serpent – qui a induit dans l'erreur Budge et Renouf – indique que le défunt (ou plutôt, ici, l'initié) passe par l'étape de la « terre ». Le serpent est plus intimement lié aux forces de la terre qu'un quadrupède, par exemple ; c'est pourquoi il était devenu l'emblème de la Terre.
2. « Et je lui demeure fidèle », littéralement : « dans les limites de la Terre ».
3. Le Soir et le Matin symbolisent la mort et la résurrection de l'initié.
4. Sebek (Sukhos), divinité qui se manifestait sous la forme du crocodile : l'« Intelligent », l'« Adroit ».
5. Kem-Ur, un des lacs salés du Delta oriental.

Je suis le Maître des adorations au Sanctuaire
[Caché.

Chapitre LXXXIX

POUR UNIR L'ÂME AU CORPS DANS L'AU-DELÀ

Ô vous, Esprits divins, qui circulez et portez les
[offrandes
Au temple de la Grande Divinité,
Accordez à mon Âme le pouvoir de pénétrer
Partout où elle le désire !
Nourrissez donc mon Âme partout où elle se trouve !
(Regarde ! C'est l'Œil d'Horus
Qui se dresse, flamboyant, devant toi !)
En vérité, de même que les Esprits divins de la suite
[d'Osiris,
Toujours en mouvement,
Ne se couchent jamais dans le tombeau,
De même, je ne serai jamais forcé de me coucher
[dans le tombeau,
À l'encontre de ceux qui, à Héliopolis, par milliers,
Couchés en terre,
S'unissent à leur chair qui se décompose...
Car je garde le pouvoir sur mon Âme ;
Mon Esprit sanctifié se trouve partout où elle se
[trouve...
Ô vous, Gardiens du Ciel, prenez soin de mon Âme !
Restaurez-la ! Nourrissez-la !
Permettez-lui qu'elle puisse revoir mon Corps !
(Regarde ! C'est l'Œil d'Horus
Qui se dresse, flamboyant, devant toi !)

Ô vous, Esprits divins, vous qui traînez la Barque
[du Maître de l'Éternité,
Qui rapprochez le Ciel de la Région des Morts,
Oh ! Rapprochez mon Âme de mon Corps
[Glorieux[1] !
Vos bras soient bien équilibrés !
Saisissez de vos doigts les armes du combat !
Détruisez l'Ennemi, le Dragon !
Voyez ! Haut dans le Ciel navigue la Barque de Râ !
En paix et sans encombre avance le Grand Dieu.
Laissez donc passer mon Âme, dans l'Horizon
[Oriental,
Du Présent vers le Passé[2] !
Laissez-moi poursuivre en paix ce voyage à rebours
Vers l'Horizon Occidental !
Cependant, j'aperçois, sur Terre,
Réuni à son Corps Glorieux,
Mon cadavre qui repose en paix…
En vérité, ils ne seront dégradés ni détruits,
De toute Éternité !

RUBRIQUE

Ces paroles sont à réciter sur une amulette en or incrustée de pierres précieuses et placée sur la poitrine du défunt.

---

1. Sahu ou « Forme spiritualisée » ou « Corps glorieux », voir l'introduction.
2. Litt. : « d'avancer vers l'endroit où elle était hier ». Ce passage du présent vers le passé caractérise, d'après la Tradition, toute l'expérience vécue du défunt dans l'Au-delà : l'âme revit toute la vie terrestre encore une fois, mais « à rebours ».

Chapitre XC

Pour garder la Mémoire dans l'Au-delà

Ô toi, démon, qui coupes les têtes
Et qui taillades les fronts !
Ô toi, qui éteins la mémoire
Et rends la bouche des Esprits sanctifiés
Impuissante à prononcer la Parole magique
Qui vit dans leur cœur...
En vérité, tu ne me verras pas des mêmes yeux
Que tu les vois !
Voici que je me promène et que, soudain, je tourne [la tête
Regardant en arrière...
Oh ! Que vois-je ?
Des démons qui, immobiles, me suivent des yeux...
Ces ennemis du dieu Shu s'apprêtent à me couper [la tête,
À me taillader le front
Et, par ordre de leur maître,
À user de violence envers moi...
Je dirai :
« Ah ! Tu veux couper ma tête, taillader mon front ?
Tu veux éteindre ma mémoire ?
Tu veux mettre un sceau sur ma bouche
Et la priver des Paroles de Puissance
Qui vivent dans mon Cœur,
Comme tu l'as fait envers les autres Esprits [sanctifiés ?
Arrière, démon ! Retourne sur tes pas !
Je te l'ordonne par force magique de la Parole
Qu'Isis a prononcée, lorsque tu t'avançais,
Obéissant aux ordres de Seth, son ennemi,

Afin d'éteindre la Parole de puissance dans la bouche
[d'Osiris. »
Isis a dit alors :
« Arrière, démon ! Que ta face
Soit tournée vers tes parties honteuses !
Regarde plutôt ce Visage entouré de flammes !
Regarde ! C'est l'Œil d'Horus qui flambe
Au milieu de l'Œil de Tum ! »
En vérité, démon, tu ne sauras échapper
Au désastre de cette Nuit !
Car de même qu'Osiris t'avait repoussé,
Pour que ton abomination ne pénétrât point en lui,
De même je te repousse, car tu es une abomination
[pour moi !
Je t'ordonne donc :
« Tu n'avanceras pas vers moi ! »
Encore une fois, je te dis :
« Arrière, démon, ennemi de Shu ! »

Chapitre XCI

POUR QUE L'ÂME NE SOIT PAS CAPTURÉE DANS L'AU-DELÀ

Ô toi, très Haut, dont l'Âme puissante
Est partout vénérée ; toi qui sèmes la terreur
Et verses une partie de ta puissance
Dans les Âmes des dieux, immenses sur leurs
[Trônes !...
Regarde ! Me voici qui parcours les Routes des
[Esprits Bienheureux !
La protection magique plane sur mon Âme.

Elle garantit de toute attaque mon Esprit et mon
[Ombre.
En vérité, je suis un Esprit parfait se dirigeant
Vers l'endroit où il trouvera Râ et Hathor.

Rubrique

Si le défunt connaît ce chapitre, il pourra se transformer, dans le Monde Inférieur, en un Esprit sanctifié dûment protégé contre toute attaque ; il ne sera emprisonné à aucune des portes de l'Amenti, soit en y pénétrant, soit à la sortie, à tout jamais.

Chapitre XCII

Pour ouvrir à l'Âme et à l'Ombre l'accès de la Tombe

Je marche vers la pleine Lumière du Jour...
Voici que sont levés les Sceaux de la Mort
Et que, par l'ordre de l'Œil d'Horus,
Mon Âme a brisé ses scellés.
À présent, je deviens le diadème scintillant
Qui orne le front de Râ.
Mes pieds obéissent à mes ordres ;
Vastes, en vérité, mes enjambées,
Et puissants sont mes membres !

Je suis Horus qui venge son Père divin.
Mes Paroles de Puissance forment autant d'offrandes
Envers mon Père divin, à ma Mère divine.
Je force le passage, par la puissance de mes jambes,
Et je contemple la grande divinité
Assise sur la barque de Râ...
Cependant, sur la proue de la Barque,
Les Âmes, selon le nombre des Années,
Passent en jugement...
Ô Œil d'Horus ! Délivre mon Âme !
Place-la, tel un joyau, sur le front de Râ !
Quant à vous, démons, qui emprisonnez Osiris,
Puissiez-vous être plongés dans les Ténèbres !
Que mon Ombre ne soit pas capturée par vous !
Que mon Âme ne soit pas emprisonnée par vous !
Que la voie soit ouverte pour mon Âme et pour mon [Ombre !
Afin que toutes deux puissent contempler,
Au jour du Jugement, Dieu Grand dans son [sanctuaire !
Alors je réciterai les Paroles magiques d'Osiris
(Dont la demeure est cachée et mystérieuse).
Ô vous, démons, qui emprisonnez les membres [dispersés d'Osiris,
Qui faites la chasse aux Esprits sanctifiés,
Apprenez !
En vérité, le Ciel ne me tiendra pas emprisonné,
Ni la Terre ne saura m'enfermer dans ses entrailles !
Je ne serai pas soumis au pouvoir des démons-[bourreaux !
Mes jambes m'obéissent ;
Voici que je me dirige vers mon cadavre sur Terre...
Puissé-je être sauvé des démons
Qui ont emprisonné les membres d'Osiris !

Chapitre XCIII

Pour ne pas naviguer vers l'Est dans l'Au-delà

Ô mâle puissance de Râ générateur !
Lors des tempêtes cosmiques, elle fut atteinte
Et l'inertie du monde dura des millions d'années...
Cependant moi, je suis devenu plus fort que les forts,
Plus vigoureux que les vigoureux...
Si pourtant, embarqué malgré moi, j'étais emmené
[vers l'Orient
À travers le passage redoutable des deux Cornes ;
Si les démons me torturaient, festoyaient sur mon
[Âme,
S'ils dévoraient de Râ l'organe créateur,
Ainsi que la tête d'Osiris,...
Puissé-je alors être conduit vers les Champs
Où les Formes magiques moissonnent pour les
[dieux...[1]
Pourvu que je ne sois pas repoussé par les Cornes
[de Khepra !
Pourvu que je ne devienne pas pareil au pus
Dans l'Œil de Tum !
Que les démons ne me saisissent pas
Ni ne m'entraînent vers l'Orient,
Où ils voudraient festoyer sur mon Âme !
Qu'ils ne me causent pas de mal !
Qu'ils ne me massacrent pas !

---

1. Les Formes magiques (voir le chap. VI) étaient des figurines déposées dans les cercueils et qui, animées magiquement, devaient accomplir dans l'Au-delà différents travaux.

Chapitre XCIV

Pour posséder un Encrier et une Palette

Ô toi, le grand Esprit dont parle le Livre Sacré de
[Thoth
Et qui contemples en silence ton Père divin,
Voici que, devenu un Esprit sanctifié, j'arrive devant
[toi !
Moi, Âme vivante, douée de puissances magiques
Puisées dans les Livres Sacrés de Thoth...
Je tiens ces Livres dans mes mains,
Pour passer entre Seth et Aker[1].
J'apporte avec moi l'Encrier et la Palette
Et je les remets entre les mains de Thoth, le Scribe
[divin.
(En vérité, c'est un grand Mystère...)
Voici que je deviens le Scribe de Thoth ;
J'apporte la pourriture d'Osiris, la poussière de son
[Corps[2].
Avec laquelle je trace les signes sacrés...
Je récite, tous les jours,
Les Paroles de la grande divinité bienfaisante[3].

1. *Aker* : divinité chtonienne ; fut présentée sous forme d'un lion à deux têtes.
2. Idée très profonde. De même que le monde visible, ce Livre cosmique présente un tableau d'éparpillement des membres arrachés d'Osiris, de même les caractères sacrés (les hiéroglyphes) – ce don de Thoth – sont tracés à l'aide de la « poussière d'Osiris ».
3. Osiris.

Tes ordres, ô Horus, me font du bien[1] ;
Mes actes sont conformes aux décrets de Maat.
En vérité, je suivais, sur Terre, les lois du Dieu-Soleil,
Tous les jours de ma vie.

Chapitre XCV

POUR APPROCHER THOTH

Je suis le Seigneur très puissant des Tempêtes
Qui protège la Couronne divine contre ses ennemis.
Avec ce glaive que voici je frappe.
Seth est massacré !
Les bons Esprits sont réconfortés !
En protégeant la Couronne divine,
Je rends le glaive des dieux fort et irrésistible.
Voyez, comment le bras de Thoth
Frappe, au milieu des tempêtes, ses ennemis !

Chapitres XCVI et XCVII

POUR APPROCHER THOTH

Je suis Celui qui demeure dans l'Œil d'Horus.
Voici que j'arrive et que je remets Maat

1. Il s'agit ici de l'« Horus des Deux Horizons », ou Harakhté.

Aux mains de Râ.
J'apaise Seth par les offrandes à Aker[1] ;
J'apaise les Démons Rouges par mon adoration
[de Kêb.
(Paroles à prononcer dans la Barque céleste :)
Ô Sceptre d'Anubis,
Apprends ! J'ai apaisé les quatre Esprits,
Vassaux du Maître de l'Univers ;
Par leur décret je deviens
Maître des Champs, Père des Inondations,
Gardien des Étangs et Exterminateur de la Soif.
Je vous contemple, ô dieux anciens,
Et vous, les grands Esprits d'Héliopolis !,
Apprenez donc, vous tous !
Mon rang est plus élevé que le vôtre !
Comparé à vous tous, j'atteins la perfection !
Regardez-moi ! Ne suis-je pas aussi pur
Que l'Âme du dieu, l'ancien, le grand ?...
N'essayez donc pas, par la Parole de votre bouche,
De lâcher les démons,
Afin d'empêcher mon avance !
(Le voilà, l'impur, qui rôde autour de moi
Et qui s'apprête à bondir sur moi !)
En vérité, je me suis purifié
Dans le Lac de la Balance du Jugement.
Je me suis baigné dans les rayons de l'Œil divin.
M'étant reposé sous le Palmier de la déesse du Ciel,
Me voici donc qui puis réconforter les Âmes des
[morts.
Partout où j'apparais
Apparaissent Vérité et Justice.
Je suis leur Témoin sur Terre ;
Elles parlent par ma bouche.

1. Aker, voir chap. XLIV.

Je possède la puissance du Seigneur grand et unique,
[Râ !
Je vis au sein de la déesse Maat !
Nulle souillure du péché ne me contaminerait ;
Quoi que je fasse
De toutes parts je suis enveloppé
Par la Lumière du Jour Éternel.

Chapitre XCVIII

Pour pouvoir conduire une Barque dans l'Au-delà

Salut, ô Étoiles de la Hanche[1],
Vous qui brillez dans le Ciel Boréal,
Au milieu du Grand Lac !
Vous qui avez été les témoins de ma mort,
Regardez !... La couronne d'un dieu sur la tête,
Je me présente devant vous...
Ayant franchi le Portail de la Mort,
Voici que, couronné à l'égal d'un dieu,
Je me dresse devant vous...
Voici que mes ailes puissantes m'emportent plus
[loin...
Un cri perçant, pareil au cri d'une oie sauvage,
Sort de ma poitrine.
Comme un faucon, je plane au-dessus des nuages.
Je parcours les vastes Espaces de la Terre et du Ciel ;
Car Shu, m'ayant redressé,
M'insuffla une vigueur nouvelle.
Voici que les Esprits lumineux,

1. La Grande Ourse.

Debout des deux côtés de l'Escalier du Ciel,
M'indiquent le chemin ; et les Planètes, dans leur
[course,
M'emportent loin des lieux des massacres.
Les forces que je tiens en réserve
Repoussent loin de moi les attaques du Mal.
Je me dirige vers toi,
Ô dieu dont le Nom est : « C'est lui ! »…
À mesure que tu te portes à ma rencontre,
Augmente et grandit devant moi ton Image.
Voici que j'arrive devant le Lac de Feu
Parmi les Champs de Feu…
En vérité, ce Lac de Feu, ces Champs de Feu
Sont les deux Sources de ta Vie.
Quant à moi, demeurant près de ce lieu vénérable,
Je me sens vivre…
Ah ! Voici le dieu Kaa ! Il arrive dans sa Barque
Et apporte des choses nécessaires…[1]
Je suis debout sur le pont de la Barque,
Au gouvernail,
Et je la conduis sur la Surface limpide des Eaux…
De même que, par ordre de ce dieu,
Je navigue dans cette Barque,
De même mon Verbe de Puissance ne demeure pas
[sans fruit.
Voici donc que je parcours les routes célestes
Avec ma Barque et j'ouvre les Portes des Sanctuaires…
En vérité, les Champs de la céleste Hermopolis
M'ont été adjugés, à titre d'Héritage.

1. Ici une lacune dans le texte.

Chapitre XCIX

Pour conduire une Barque dans le Monde Inférieur

Ô vous, Esprits, qui naviguez
Sur les impures Vertèbres du dos d'Apopi[1] !
Puissé-je, moi aussi, naviguer dans ma Barque
— En paix, en paix –
Enroulant et déroulant les cordages !
Venez donc ! Venez ! Hâtez-vous !
Car j'arrive ici pour voir Osiris, mon Père !
Ô vous, maîtres du vêtement « Ansi » !
Regardez ! Joyeusement, j'en prends possession.
Ô vous, Seigneurs des Tempêtes, et vous aussi,
Mâles navigateurs sur les Vertèbres d'Apopi !
Vous qui, après avoir échappé au couteau,
Rattachez la tête, affermissez le cou,
Vous, compagnons de la Barque mystérieuse,
Qui maîtrisez et liez Apopi,
Regardez-moi ! Je navigue dans ma barque,
Enroulant mes cordages,
À mesure que j'avance vers la zone maudite
Où sont tombées, précipitées vers l'Abîme,
[les Étoiles...
En vérité, elles n'ont pu retrouver leurs anciennes
[orbites ;
Car leur route est obstruée par les flammes de Râ...
« Andebu » est le nom du Guide des deux Terres ;
Kêb est au gouvernail ; leur force magique
Ouvre la route au Disque Solaire
Qui plane au-dessus des Démons Rouges...

1. Apopi (Apepi) : le dragon, Esprit du Mal.

Voici que j'avance, dans ma Barque…
Puissent mon Double et mon Esprit se diriger
Vers l'endroit que toi seul tu connais !…

— Devine mon Nom, dit le pieu d'ancrage.
— Seigneur-des-deux-Terres-régnant-dans-son-
[sanctuaire, voilà ton Nom.
— Devine mon Nom, dit le marteau de bois.
— Le-Pied-du-Taureau-Apis, voilà ton Nom.
— Devine mon Nom, dit la corde de halage.
— Les-Bandelettes-bouclées-dont-se-sert-Anubis-
[penché-sur-les-Momies, voilà ton Nom.
— Devine notre Nom, disent les tolets à avirons.
— Les-Piliers-du-Monde-Inférieur, voilà votre Nom.
— Devine mon Nom, dit la cale.
— Le-dieu-Aker, voilà ton Nom.
— Devine mon Nom, dit le mât.
— Celui-qui-ramène-la-Souveraine-après-une-
[longue-absence, voilà ton Nom.
— Devine mon Nom, dit le pont inférieur.
— Le-drapeau-d'Up-Uaut, voilà ton Nom.
— Devine mon Nom, dit la barre d'avant.
— La-Gorge-de-Mestha, voilà ton Nom.
— Devine mon Nom, dit l'écope.
— La-déesse-Nut, voilà ton Nom.
— Devine nos Noms, disent les courroies.
— Peau-du-Taureau-Mnévis-retournée-par-Seth,
[voilà votre Nom.
— Devine nos Noms, disent les avirons.
— Les-Doigts-d'Horus-premier-né-des-dieux,
[voilà votre Nom.
— Devine mon Nom, dit l'écoque.
— La-Main-d'Isis-essuyant-le-Sang-qui-ruisselle-de-
[l'Œil arraché-d'Horus, voilà ton Nom.
— Devine nos Noms, disent les chevilles.

— Mestha, Hapi, Duamutf, Kebhsennuf, Hakau, Thet-
[em-aua, Maa-an-tef, Ir-nef-djesf, voilà vos Noms.
— Devine mon Nom, dit la proue.
— Le-Chef-du-District, voilà ton Nom.
— Devine nos Noms, disent les flancs du bateau.
— Les-déesses-Merti, voilà votre Nom.
— Devine mon Nom, dit le gouvernail.
— Droit-et-loyal-visible-dans-l'eau-à-la-limite-des-
[flancs, voilà ton Nom.
— Devine mon Nom, dit la quille.
— La-Cuisse-d'Isis-que-Râ-entailla-avec-son-Cou
[teau-afin de-remplir-de-Sang-son-bateau-Sektet,
[voilà ton Nom.
— Devine mon Nom, dit le matelot préposé aux voiles.
— Le-Proscrit, voilà ton Nom.
— Devine mon Nom, dit le vent qui t'emporte.
— Le-Vent-du-Nord-que-Tum-envoie-vers-le-nez-
[du-Khenti-Amenti, voilà ton Nom.
— Devine mon Nom, dit la rivière, si tu veux suivre
[mon courant.
— Attention !-ils-te-regardent ! voilà ton Nom.
— Devine notre Nom, disent les rivages qui glissent.
— Destructeurs-de-la-divinité-aux-bras-puissants-
[dans-la-Maison-des-Purifications, voilà votre Nom.
— Devine mon Nom, dit la terre ferme, puisque tu
[veux me fouler.
— Le-Serpent-du-Ciel-qui-se-dirige-vers-l'Esprit-
[Gardien-de-l'Embaumement-séjournant-au-milieu-
[des-Champs-des-Bienheureux-et-qui-en-sort-
[joyeux, voilà ton Nom. Tu réciteras ensuite, devant
[toutes ces divinités, les paroles que voici :
Salut, ô dieux de la Nature, aux Kâ resplendissants,
Vous qui existez et vivez éternellement,
Vous dont la limite est l'Infini !
Voici que je me suis frayé un chemin

Et que je marche vers vous, ô dieux !
Accordez donc à ma bouche les repas sépulcraux,
Afin que je puisse m'en servir
Et que je puisse prononcer les paroles de puissance.
Accordez-moi le pain consacré d'Isis,
Lorsque je me trouverai en face du Dieu Grand.
En vérité, je connais ce Grand Dieu,
Devant lequel vous placez, à présent, des offrandes.
Son nom est Thekem.
Il se dirige de l'Orient vers l'Occident.
Accordez-moi que son voyage soit mon voyage
Et son périple, mon périple,
Afin que je ne sois pas détruit dans le Mesket[1]
Et que les démons ne puissent pas s'emparer de mes [membres.
Puissé-je, à Pé, trouver le pain sacré !
Et à Dep, la boisson consacrée !
Que vos offrandes me soient chaque jour servies !
Que je reçoive froment, orge, pommade « Anti », [vêtements ;
Que ces offrandes contribuent à ma vie, à ma santé, [à ma force,
Pour que je puisse sortir vers la Lumière du Jour,
Que je puisse passer à volonté par de multiples [Métamorphoses
Et atteindre, à la fin, les Champs des Bienheureux.

RUBRIQUE

Si le défunt a appris ce chapitre, il pourra atteindre les Champs des Bienheureux ; il trouvera sur

1. Mesket : une région du Monde Inférieur.

l'autel de la Grande Divinité la boisson et le pain consacrés ; il possédera des champs de froment et d'orge que les serviteurs d'Horus moissonneront pour lui ; il s'en rassasiera ; il s'en frottera les membres, et son corps deviendra comme celui d'un dieu ; il pourra atteindre les Champs des Bienheureux, après avoir revêtu toutes les formes qu'il lui plaira ; il pourra enfin y circuler à tout moment, réellement, éternellement.

Chapitre C

Pour rendre parfait l'Esprit sanctifié

Pareil au Phénix divin je navigue ;
Ma Barque se dirige vers l'Orient.
Tel Osiris je m'avance vers Djedu.
J'ouvre les citernes du Nil, déblaie les routes du
[Disque solaire.
Comme le dieu Sokari, j'avance dans mon traîneau[1].
Je suis puissant comme est la grande déesse à sa
[culmination.
Je glorifie le Disque solaire
Et me joins aux Esprits à l'aube adorant le Soleil.
En vérité, je suis l'égal de ces Esprits. Comme eux,
Je suis une émanation d'Isis.
La puissance magique d'Isis me rend vigoureux...
Voici que j'ai enroulé mes cordages

1. Le dieu Sokari, l'ancienne divinité du Monde Inférieur (Rest-au), ne pouvait se déplacer qu'en traîneau, son bateau étant devenu inutilisable. Tout déplacement spirituel est un *glissement* ; le traîneau indique, en outre, les difficultés (frottements) créées par des obstacles.

Et qu'ayant repoussé Apopi, je lui fais rebrousser
[chemin.
Râ tend ses bras vers moi,
Et ses navigateurs ne me repoussent pas.
Car je suis fort par la puissance de l'Œil de Râ,
Et l'Œil de Râ est fort par ma puissance…
En vérité, si je ne suis pas admis au bord de la
[Barque
Râ sera séparé de l'Œuf Cosmique…

RUBRIQUE

Ce chapitre sera récité au-dessus d'un dessin exécuté sur du papyrus vierge, pur de toute écriture ; il sera écrit avec de l'encre faite avec des grains d'« Abut » mélangés avec du liquide d'« Anti » ; ce manuscrit sera placé sur la poitrine du défunt ; toutefois, il ne devra pas toucher ses membres ; après la récitation de ce chapitre, pour quelque défunt que ce soit, celui-ci pourra monter dans la Barque de Râ, régulièrement et tous les jours ; le dieu Thoth prendra soin de lui, lors de son arrivée, ainsi que lors de ses déplacements ultérieurs, tous les jours, régulièrement, réellement et éternellement ; le défunt deviendra un Esprit sanctifié dans toute sa perfection ; il pourra ériger le Symbole du Djed et affermir celui de la Boucle sacrée, et il pourra naviguer dans la Barque de Râ partout où il voudra.

Chapitre CI

Pour protéger la Barque de Râ

Ô Râ ! Assis dans ta Barque et fendant les vagues,
Tu navigues au-dessus des Abîmes...
Tu te diriges vers ton Passé et à rebours tu le
[parcours...[1]
Voici qu'à moi tu t'es uni qui suis le reflet d'Osiris,
Moi, Esprit sanctifié parmi tes serviteurs.
En vérité, ô Râ ! Si tu prospères, je prospère, moi
[aussi !
Ô Râ ! Par la vertu de ton Nom mystique : « RÂ » !
Pendant que tu traverses l'Œil cosmique,
Large de sept aunes et dont la pupille est large de
[trois aunes,
Rends-moi puissant !
En vérité, ô Râ ! Si tu prospères, je prospère,
[moi aussi !
Ô Râ ! Par la vertu de ton Nom mystique : « RÂ » !
Quand tu passes au-dessus de ceux
Qui sont devenus, après leur mort,
Leurs propres antipodes,
Aie pitié de moi ! Redresse-moi !
Replace-moi sur mes jambes !
Car, en vérité, ô Râ ! Si tu prospères, je prospère,
[moi aussi !
Ô Râ, en vertu de ton Nom magique : « RÂ » !
Lorsque tu dévoiles les Mystères des Mondes de
[l'Au-delà

1. Le défunt – ainsi que l'initié – apprend à revivre *à rebours* le déjà vécu : du présent vers le passé. Ce mouvement rétrograde dans la durée – assez pénible au début – est caractéristique pour l'existence spirituelle.

Pour initier les cœurs des dieux, tes serviteurs,
Révèle ces secrets à mon Cœur,
Car en vérité, si tu prospères, je prospère, moi aussi !

Rubrique

Par les Paroles de Puissance de ce chapitre, tes membres deviendront inaltérables et fermes comme ceux de Râ lui-même[1].

Prononcer ces Paroles devant une bandelette de lin fin royal sur lequel elles auront été tracées précédemment avec de la pommade « Anti ». Le jour des funérailles arrivé, cette bandelette sera placée sur le cou de la momie. Ceci fait, le cou du défunt deviendra fort et résistant ; et le défunt pourra, tel un dieu, accomplir tout ce que son cœur désire. Il pourra se joindre aux Serviteurs d'Horus. Pareil à une étoile, il occupera, face à Sothis, une place dans le ciel. Sa momie sera vénérée, telle une divinité, par ses proches, éternellement. La déesse Menket fera pousser des plantes sur sa tombe. Et sa Majesté le dieu Thoth versera à profusion la Paix éternelle de la Lumière incréée sur ses restes mortels, comme il l'avait autrefois fait pour sa Majesté Osiris, roi du Nord et du Sud...

1. Cette phrase, ici rattachée logiquement à la « rubrique », figure généralement à la fin du texte du chap. CI.

Chapitre CII

POUR MONTER DANS LA BARQUE DE RÂ

Salut, ô grande divinité, qui navigues dans ta
[Barque !
Transporté jusqu'ici, j'apparais devant toi !
Laisse-moi monter sur le pont du commandement
Et diriger la manœuvre de la Barque,
Comme font tes serviteurs, les Archontes des Planètes…
(Non ! Non ! Non !
Ces ordures, je n'en mange point !
Les toucher de mes mains et les fouler de mes
[sandales
M'inspire dégoût et horreur !)
Car les offrandes sépulcrales ne me font pas défaut :
Mes pains sont faits de blanc froment ;
Ma boisson est tirée du blé rouge.
Ah ! Les bateaux apportant mes offrandes, les voici !
Et ces offrandes seront placées sur l'autel
[d'Héliopolis…
Gloire à l'Œil divin, lui qui parcourt le Ciel !
(Si les Esprit-chiens m'attaquent, je saurai me
[défendre !)
Voici que j'avance et que j'arrache ce dieu
Des mains de mes ennemis qui font mal
À son torse, à ses bras et à ses jambes.
Je me dirige donc vers lui,
J'attache ses bras et je raffermis ses jambes.
Je circule dans la Barque de Râ
Et les décrets de ce dieu sont mon unique loi[1].

1. Râ, de même que Shamash, le dieu-Soleil des Babyloniens, était un dieu-législateur et justicier cosmique.

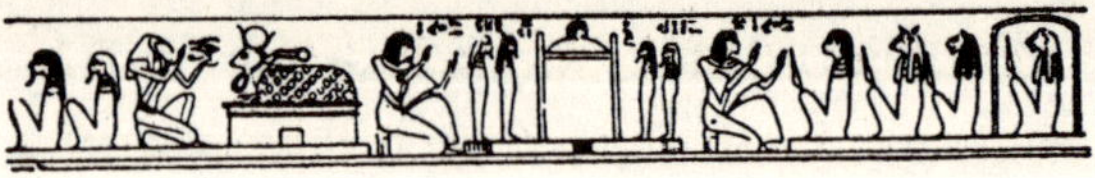

Chapitre CIII

Pour demeurer auprès de la déesse Hathor

Voici que, purifié, j'arrive !
Regarde, ô dieu As-Ahi ! Regarde !
En vérité, je me trouve, en ce moment,
Parmi les serviteurs d'Hathor…

Chapitre CIV

Pour séjourner parmi les grands dieux

Tantôt je suis assis parmi les grands dieux,
Tantôt je me dirige vers la Région de la Barque
[Sektet ;
Puis, tel un papillon, ayant pris mon envol,
J'arrive auprès des grandes divinités du Monde
[Inférieur
Et je les contemple en silence.
Regardez-moi ! Je suis ici, devant vous,
Parmi les Âmes purifiées des Bienheureux !

Chapitre CV

POUR FAIRE DES OFFRANDES AU DOUBLE ÉTHÉRIQUE

Salut, ô mon Double éthérique[1] !
Regarde ! Je dure encore ! Je vis !
Je viens vers toi, plein de vigueur et de puissance
[magique…
Je me lève tel le Soleil,
En possession d'une Âme immortelle et d'invincible
[volonté,
Je t'apporte de l'encens pour purifier tes émanations.
Ce que j'ai dit de mal, ce que j'ai fait de mal
Ne me le reproche pas !
Car je suis, en vérité, cette Tablette d'Émeraude
Qui est suspendue au cou de Râ,
Placée par les Esprits
Qui habitent la Maison des deux Horizons.
S'ils prospèrent, je prospère aussi,
Car mon Double est pareil à leur Double ;
Et la nourriture de nos Doubles est la même.
Ô vous, Esprits divins qui soulevez très haut,
Vers les narines de Râ, la Balance de la Justice,
Ne laissez pas ma tête tomber sur mon épaule !
En vérité, ne suis-je pas un Œil qui voit,
Une Oreille qui entend ?
Ne suis-je pas un puissant champion d'Osiris
Qui combat et repousse ses ennemis ?

---

1. Il s'agit ici de ce fameux KA, l'objet de tant de controverses parmi les égyptologues. Le « double » du mort pour les uns, le génie protecteur (l'ange gardien) pour les autres, le « corps vital », etc. Voir l'introduction.

Les offrandes sépulcrales n'ont-elles pas été
[préparées pour moi
Par des Esprits très hauts ?
Laisse-moi donc approcher de toi, ô dieu puissant !
Car je suis purifié et j'ai fait triompher Osiris
De ses ennemis.

Chapitre CVI

Pour recevoir des Offrandes

Vous, grands Esprits, maîtres des offrandes
[sépulcrales,
Et vous, chefs des Demeures célestes !
De même que vous portez des offrandes au grand
[Ptah dans son palais,
De même portez-moi des offrandes solides et liquides !
Puissé-je être purifié par l'attouchement de la
[Hanche sacrée[1]
Et par une offrande des vêtements de lin !
Ô vous qui naviguez parmi les Champs des
[Bienheureux,
Apprenez que les offrandes qui me sont destinées
Doivent m'être apportées le long de ce canal,
Pendant que votre Père divin passe dans sa Barque
[céleste.

Chapitre CVII

(Variante du Chapitre CIX)

1. La Hanche sacrée : un instrument magique avec lequel on ouvrait la bouche du mort.

Chapitre CVIII

POUR CONNAÎTRE LES ÂMES DE L'OCCIDENT

Voici la montagne Bakhau[1] ;
Sur elle repose le Ciel oriental. Sa hauteur est de
[trente mille aunes ;
Elle est large de quinze mille aunes.
Elle se trouve dans l'Horizon oriental du Ciel,
Et le Temple de Sebek, Seigneur de la Montagne,
Est situé dans sa partie orientale.
Étendu sur le flanc de la montagne
Est couché le grand Serpent.
Il est long de trente aunes, large de huit.
Sa poitrine est ornée de silex et de plaques scintillantes.
Or, je connais le Nom du Serpent de la Montagne...
Le voici : « Celui-qui-vit-dans-les-flammes »...
Voici qu'après avoir navigué en silence,
Râ jette un regard sur le Serpent.
Brusquement, sa navigation s'arrête ;
Car Celui qui est caché dans sa barque
Se tient aux aguets...
Voici qu'il plonge dans l'eau !
Il nage sept aunes sous l'eau.
Il attaque Seth, lance contre lui son javelot d'acier.
Alors, frappé en pleine poitrine,
Seth rend par la gorge ce qu'il avait avalé.
Puis, empoigné, ligoté, le voici mis au cachot...
... (Réciter, pendant ce temps, la formule magique
[qui suit :)
« Je te frappe, ô Seth, avec la lance !

1. Le Ciel était soutenu par deux montagnes : Bakhau, à l'est, et Manu, à l'ouest.

La voici dans ma main. Lentement, j'approche
Pour m'emparer de toi. Avec prudence
Je manœuvre la barque...
Je choisis avec soin des cordes,
Pour enlacer la tête...
Voici que j'avance ! Toi, par contre, tu recules !
En vérité, je suis un mâle invincible !
J'enlace ta tête, je fais blêmir tes lèvres !
Grande est ma vigueur !
En vérité, je suis puissant !
Je suis le grand maître de la Magie,
Fils de la déesse Nut. Je délivre les Esprits sanctifiés
De ton emprise, ô Seth ! »
Qu'est-ce ? Quel est cet Esprit
Rampant sur son ventre, sur sa queue, sur ses
[vertèbres ?
Attends donc ! Me voici !
Je marche à ta rencontre !
Mesure, si tu le veux, ta puissance avec la mienne !
Apprends, démon ! Je suis au comble
[de ma puissance !
En combattant, j'avance contre les ennemis de Râ !
C'en est donc fait ! Ils sont par moi domptés !
Le Soir descend. Je peux me reposer.
Puis je parcours le Ciel, tandis que toi, ô Seth,
Tu demeures immobile, ligoté.
En vérité, l'ordre que j'ai reçu, je l'ai exécuté !
Râ demeure inattaquable dans son Horizon !
Je possède tous les moyens pour repousser Apopi.
Je connais également les Esprits de l'Occident :
Celui-ci, Tum ; plus loin, Sebek,
Maître de la montagne Bakhau ;
Enfin, Hathor tout à fait dans le fond,
La souveraine du Soir.

Chapitre CIX

Pour connaître les Âmes de l'Occident

Salut, ô Portail du Ciel septentrional !
Je te connais :
Ta partie méridionale se trouve au pays de Kharu ;
Ta partie septentrionale est formée par le canal Ersa,
Là où, dans sa Barque poussée par les vents,
Râ pénètre dans le Ciel. Voici que je hisse les voiles,
Debout dans la barque qui avance sans arrêt...
En vérité, je connais les Esprits qui demeurent dans
[les branches
Des sycomores d'émeraude, ornement des rivages,
Qui glissent en silence...
Voici qu'ils viennent redresser Shu
Dans le Portail du Souverain de l'Orient,
Là où passe Râ dans sa Barque.
En vérité, je les connais, les Champs des Bienheureux,
Ce patrimoine de Râ !
Leur muraille de clôture est en fer ; dans les
[Champs, le froment
Mesure cinq aunes : deux pour l'épi,
Trois pour la tige.
L'orge y est de sept aunes : trois pour l'épi
Et quatre pour la tige.
Les Esprits qui travaillent dans les Champs
Sont hauts de neuf aunes. Ils font la récolte
Côte à côte avec les Âmes divines de la Région
[Orientale.
Je les connais bien : toi, tu es Heru-Khuit,
Toi, tu es Heskheri, Fils de la Veuve ;
Toi, enfin, tu es Neterduai, Seigneur de l'Étoile
[du Matin.

Chapitre CX

Ici commence le Chapitre ayant trait aux CHAMPS DE LA PAIX. Comment pénétrer dans la pleine Lumière du Jour, arriver aux CHAMPS DES BIENHEUREUX, séjourner dans les Champs de la Paix, grande Région souveraine des Vents ; comment en prendre possession, y devenir un Esprit, y travailler la terre, y récolter le blé, y manger, boire, y cohabiter, bref, y accomplir tous les actes de la vie terrestre[1].

Salut, ô maîtres des offrandes !
Voici que je viens en paix vers vous
Goûter la nourriture que la grande divinité
M'accorde tous les jours…
Seth a capturé Horus,
Pendant qu'il surveillait la construction des murailles
Dans les Champs de la Paix.
Mais j'ai délivré Horus de l'emprise de Seth
Et ouvert la Route aux deux yeux du Ciel[2].
Voici Seth ! J'ai lancé au vent ses pernicieuses [émanations ;
Qu'elles retombent sur son Âme et sur son Œil
Dans la ville de Mert.
Ce qui avait été caché à l'intérieur d'Horus,
Je l'ai délivré du dieu Aker,
À présent, monté dans ma grande barque
Je navigue sur le Lac de la Paix.
Pénétrant dans la demeure de Shu,
J'y procède au couronnement d'Horus.
Alors les étoiles flamboient d'une vigueur accrue…

---

1. Dans le chapitre qui va suivre nous traduisons le terme Sekht-Hotep par « les Champs de la Paix » et celui de Sekht-Ianru (ou Iaru) par « les Champs des Bienheureux ».
2. Les deux Yeux du Ciel : le Soleil et la Lune.

Puis je traverse le Lac et atteins la Cité de la Paix ;
Une paix profonde y règne, grâce à moi,
Dans le rythme de ses saisons, dans ses possessions,
Et parmi ses dieux premiers-nés.
J'apaise l'ardeur combative d'Horus et de Seth.
Grâce aux Esprits-Gardiens de la Vie,
Je crée le Bien, j'apporte la Paix,
Je force Horus et Seth à respecter leurs arbitres
Et je chasse les nuages vers ceux qui m'attaquent.
Je maîtrise ceux qui font violence aux faibles
Et détruis les démons qui assaillent les Esprits
[bienheureux.
En vérité, je connais ces régions de la Paix ;
J'ai navigué sur le Lac, pénétré dans les Villes...
Puissantes sont les incantations de ma bouche.
En vérité, je suis digne de devenir un Esprit sanctifié,
Et mes armes pourront résister aux attaques des
[démons...
Ô dieux ! Puissé-je donc séjourner dans vos Champs
[de la Paix
Que vous chérissez tant !
Puissé-je y devenir, ayant acquis la maîtrise de mes
[respirations,
Un Esprit bienheureux, y manger, boire,
Labourer, récolter le blé,
Exercer ma vigueur et mon Verbe magique !
Que je n'y sois réduit en esclavage !
Que j'y exerce une autorité sans égale !
Voici : tu as rendu vigoureux le dieu de la Paix,
L'as dressé sur les Colonnes lumineuses de Shu
Reliées par les beaux rayons du Soleil,
Cet ordonnateur des Années.
Là-dessus ma bouche est scellée ;
Elle gardera le silence ;
Les paroles qu'elle laisserait entendre

Seraient lourdes de mystère...
En vérité, j'enfante l'Éternité
Et je prends possession de la Durée sans limites...
Car je suis le Seigneur de la Stabilité immuable,
Et mon Âme repose au sein de la Paix.
Voici Horus qui paraît sous les traits d'un Faucon.
Ses ailes sont larges de mille aunes.
Sa vie dure deux mille ans.
Les armes à la main, il avance ;
Il arrive dans son Lac bien-aimé et devant sa Cité.
Engendré dans le temple du dieu de la Cité
Il y reçoit les offrandes de ce dieu.
Il repose au centre de son rayonnement de Vie,
Y accomplit les actes qu'il a l'habitude d'accomplir
Dans le Lac du Double Feu[1],
Là où personne ne connaît de joie,
Car ce lieu est un lieu de souffrance...
Ô dieu de la Paix !
Puissé-je arriver et partir, passer et repasser,
M'unir à ce qui est dans le temple de la Cité,
Me reposer au centre de mon rayonnement de Vie,
Y accomplir les actes qu'on a l'habitude d'accomplir
Dans le Lac du Double Feu,
Là où personne ne connaît de joie ;
Car ce lieu est un lieu de souffrance...
Voici que je vis au sein de la Paix divine...
Que la protection de mes Enveloppes
Ne me soit pas ravie par les Seigneurs de la Nourriture !
Que les dieux m'apportent en abondance des offrandes
Et que je puisse en prendre possession !
Voici que la Paix divine pénètre, profonde, en mon être
Et que je m'empare du grand Verbe de Puissance
Qui vit dans mon Cœur ;

1. Le « Lac de Feu » : l'Enfer.

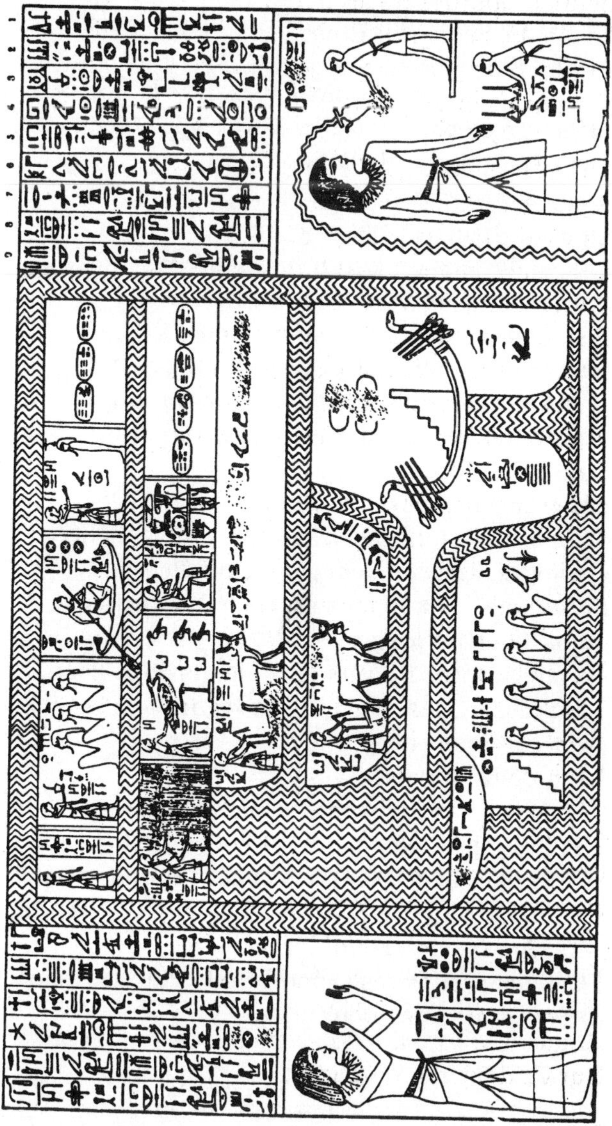

Car, en vérité, je me souviens, en ce moment,
Et ma mémoire, grâce aux formules magiques,
Ignore la défaillance.
Je circule, laboure, goûte la Paix dans la Cité céleste.
De cette région je connais les eaux, les provinces, les lacs
Dans les Champs de la Paix ;
C'est là que je vis,
Que ma vigueur devient grande,
Que je deviens un Esprit bienheureux,
Que je sème, récolte et me nourris,
Que je laboure et me livre à l'amour,
Que je suis en paix avec la Paix divine,
Que j'engendre des fils et navigue sur le Lac…
J'arrive devant la Ville.
Une paix suprême y règne.
Ma tête ornée de deux Cornes,
J'apporte des offrandes aux Esprits bienheureux…
En vérité, arrivant vers la ville du dieu Shu,
Je connais les nombres sacrés qui la régissent.
Je navigue sur le Lac
Et fais avancer Râ vers les Champs de la Paix…
Regardez ! Quelle Paix divine règne dans le Ciel !
À mesure que j'approche de la Terre,
Mon Cœur s'apaise.
Je fais pour vous, Esprits, ce que vous faites pour moi.
J'ai conquis la paix par ma force qui est grande ;
Et pendant que je vis dans la paix et que j'avance
[en paix,
Mon Âme derrière moi marche.
Dans mes deux bras j'apporte le Nectar des dieux…[1]
Ô Souveraine des Deux Terres !

1. Ce nectar lui-même n'est autre que le dieu Hu : pareil à Soma des Hindous et à Haoma des Iraniens, c'est la source de l'immortalité des dieux.

Confère la puissance à mes incantations !
Que ma mémoire soit vaste et infaillible !
Que je sois plein de Vie !
Que mes ennemis ne puissent m'atteindre !
Accorde-moi la joie du cœur et la paix de l'esprit !
Que mes articulations et mes artères
Soient-elles remises en place,
Lorsqu'à nouveau j'aspirerai le souffle vivifiant de
[l'Air !
Que la paix soit sur moi !
Que je devienne le maître de mes respirations !
Que tout mon être et mes mouvements
Soient sanctifiés par la paix !
Voici que j'entrouvre ma tête...
Endormi en Râ, je me réveille. Que vois-je ?
Une nuit épaisse remplit l'ouverture du Ciel ;
Mais, grâce à mes fluides, je survole les obstacles...
J'arrive devant ma Ville, la grande.
J'ai calculé mes forces ; je la traverse
Et me dirige vers la Région d'Ouakh.
En vérité, je suis le Taureau puissant au rayonnement
[bleu,
Maître des Champs des Bienheureux,
Seigneur des incantations magiques.
Je suis la déesse Septet au moment de sa culmination[1].
Ah ! Voici la région d'Ouakh ! J'y pénètre.
J'y absorbe mes offrandes
Et prends possession des viandes préparées par
[mon fils.
On me sert les oiseaux consacrés à Shu.
Je marche derrière les dieux,
En arrière de leur Double éthérique.
Ah ! Voici la région de Djeft ! J'y pénètre...

1. Septet : Sothis, l'étoile Sirius.

Là, j'endosse les habits consacrés à Horus.
Et comme les autres dieux du Ciel, je m'avance à la
[suite de Râ.
À présent, je me trouve au milieu des domaines
Du dieu de la Paix, Seigneur des Deux Terres.
Là, je me plonge dans les eaux du Lac Sacré.
Loin de moi toute souillure !
Voici le grand Maître ! Devant lui
J'empoigne des oiseaux et je les mange.
Je pénètre ensuite dans la Région de Kenkent.
Là, je me trouve en présence d'Osiris qui aura à me
[juger.
Je m'unis à ma mère et empoigne les démons-
[serpents.
Je suis délivré ; car je connais le Nom du dieu
Qui est en face de la déesse Djesert.
Il a les cheveux plats ; sa tête est munie de deux
[cornes.
Il passe le temps à labourer ses champs ;
Moi, je laboure les miens.
Ensuite, je pénètre dans la région Hast et repousse
[les démons.
Je respire à l'unisson des dieux.
La grande divinité me rend ma tête,
Et un Esprit aux yeux bleus l'ajuste sur mon corps.
Je pénètre ensuite dans la région Usrt
Où, au sommet d'un temple, je sers aux Esprits
Un repas sépulcral.
Voici la région de Smam ; j'y pénètre.
Une Couronne blanche orne ma tête ;
Mais mon cœur est sur ses gardes.
Je guide les Esprits célestes
Et réconforte ceux qui sont sur Terre.
Je réjouis les cœurs des dieux, car je suis leur
[Souverain,

Je suis celui qui règle leurs mouvements
Dans les Espaces de turquoise.
Voici la Région du froment et de l'orge. J'y pénètre.
Mes serviteurs m'y apportent les offrandes pour les
[dieux.
J'attache ma Barque dans une crique du Lac céleste ;
Ensuite, marchant le long du rivage, je la traîne,
En récitant des formules de magie
Et glorifiant les dieux des Champs de la Paix...

Chapitre CXI

(Variante du Chapitre CVIII)

Chapitre CXII

POUR CONNAÎTRE LES MYSTÈRES DE LA RÉGION DE BUTO[1]

Ô toi, cadavre, entre tous les cadavres de la région
[de Mendès !
Ô toi, déesse des chasseurs dans la région de Buto !
Et toi, déesse Shutet des Étoiles Fixes !

---

1. À propos de l'interprétation du mot BAW, ici traduit par « mystères », voir note en fin du chap. CXIV.
Le présent chapitre et ceux qui le suivent sont du nombre des plus difficiles à interpréter. Il se rapporte d'ailleurs aux mystères de Buto et, comme tel, n'en parle qu'à demi-mot. Ce n'est, en somme, qu'une série de visions intérieures, très concrètes, mais sans aucun lien logique entre elles, où le voyant revit *symboliquement* la lutte entre Seth et Horus, ainsi que ses suites. À noter la neutralité de Râ – bienveillante vis-à-vis d'Horus, mais neutralité quand même. De même que Thoth, Râ ne prend pas part à la lutte.
Pour la lutte entre Horus et Seth, voir l'introduction, pages 80-82.

Vous, enfin, divinités qui arrivez
Portant vos offrandes et de pain et de bière !
Connaissez-vous, vous tous, pourquoi la Région de [Buto
Fut offerte à Horus ?
Moi, je le sais ; mais vous, vous ne le savez point !
Voici : Râ donna cette région à Horus
Pour le dédommager de la blessure que son œil [a reçue.
Râ, en effet, dit à Horus :
« Fais-moi donc voir ce qui est advenu à ton œil[1] ! »
Et il le regarda... Puis Râ dit à Horus :
« Regarde par là ! Veille sur ce Sanglier noir ! »
Et Horus le surveillait sans trêve. Le Sanglier,
Avec grande furie, l'assaillit.
Puis Horus dit à Râ :
« Viens voir le coup que Seth a porté à mon œil ! »
Et, de douleur, Horus se mit à rager.
Râ, alors, adressant la parole aux divinités de son [entourage, dit :
« Trouvez-lui un endroit bien tranquille
Où il soigne sa blessure, car Seth,
Sous les traits d'un Sanglier noir,
Vient de porter un coup rude à l'Œil d'Horus. »
En s'adressant aux divinités de son entourage, [Râ ajouta :
« Ce Sanglier noir n'inspire à Horus que du dégoût.
Mais je vous jure qu'Horus renaîtra à la santé !
Ah ! Quel dégoût pour Horus que ce Sanglier noir ! »

---

1. Le combat d'Horus et de Seth pendant lequel Horus réussit à châtrer Seth, tandis que celui arrache un œil à Horus, est d'ordre astrosophique. Les deux « yeux » d'Horus sont la Lune et le Soleil. Or, les phases de la Lune étaient considérées comme la suite d'une catastrophe cosmogonique. Quant à la castration de Seth, on peut y voir une allusion à la Racine du Mal, à la « chute » adamique.

Plus tard, alors qu'Horus devint son propre enfant,
Les dieux de l'entourage de Râ
Apportèrent à Horus, en sacrifice expiatoire,
Des taureaux, des brebis et des porcs...
Voici les Noms des Enfants qu'eut Horus.
Duamutf, Hapi, Mestha, Kebhsennuf ;
Et Isis est leur mère.
Puis Horus dit à Râ :
« Accorde-moi les deux jumeaux divins de Buto
Et les deux jumeaux de Nekhen[1] !
En vérité, ô dieux, ils sont nés de vos Corps
Et avec moi ils demeureront
Jusqu'à la Fin des Temps.
Alors l'Ouragan de Feu s'apaisera,
La Terre reparaîtra dans sa nouvelle splendeur ;
Son Nom mystérieux sera :
« Horus-de-la-Tablette-d'Émeraude »...
En vérité, je connais les Esprits divins de la région
[de Buto :
Leurs Noms sont : Horus et Mestha et Hapi.

Chapitre CXIII

Pour connaître les Mystères de Nekhen

En vérité, je les connais, les Mystères de Nekhen !
Voici Horus enfanté par sa Mère, au milieu de
[l'Océan céleste,
Au moyen des Paroles de Puissance :
« Faites-moi savoir quelle a été la décision
Que, quant à moi, vous avez prise

1. Hiérakonpolis.

Et quant au chemin derrière vous...
En le cherchant, je le trouverai. »
Râ dit alors :
« En vérité, il est arrivé un malheur au Fils d'Isis
Pour la façon d'agir de sa Mère envers lui. »
Car Isis s'écria :
« Que l'on m'amène ici Sebek, Seigneur des
[Marécages ! »
Alors Sebek se mit à pêcher et prit des poissons.
Quant à Isis, elle fit grandir Horus
Dans un lieu qui avait été préparé.
Sebek, Seigneur des Marais de roseaux, dit :
« Voici que je suis venu et que j'ai trouvé
Sous mes doigts, au bord des eaux,
Les traces de leurs passages...
Je les ai enfermées dans un filet puissant. »
Râ dit alors :
« Il est temps que les poissons soient au pouvoir
[de Sebek !
Car c'est lui qui a trouvé les bras d'Horus
Au Pays des Poissons. »
Râ ajouta : « Une région des lacs
Sera établie à l'endroit du filet de Sebek »...
Alors, tandis qu'on dévoilait le visage d'Horus,
Pour les fêtes du premier et du quinzième du mois,
Au Pays des Poissons, ses bras furent apportés.
Alors Râ s'écria :
« Pour résidence de ses deux bras, je donnerai
[à Horus
La cité de Nekhen !
Là, dans la cité de Nekhen, solennellement,
Sa face sera dévoilée devant ses deux bras.
Pendant ces fêtes, il s'emparera de ses ennemis. »
Alors Horus dit :
« Laissez-moi donc emmener avec moi Duamutf
[et Kebhsennuf,

Afin qu'ils gardent mon Corps !
Et qu'ils puissent devenir les serviteurs du dieu
[tutélaire de Nekhen ! »
Râ répondit :
« Je t'accorde ce que tu demandes !
De même que tu fus reçu à Senket,
Tu le seras à Nekhen,
Et les cadavres de tes ennemis seront à ta merci. »
Horus dit :
« Regarde ! Ils sont tantôt près de toi, tantôt près
[de moi !
Ils écoutent avec attention les ordres de Seth,
Quand sa voix retentit, appelant les Esprits divins
[de Nekhen ! »
Puissé-je, moi, être introduit, après ma mort[1],
Parmi les Esprits divins de Nekhen !
Puissé-je délier les entraves d'Horus !
Car je les connais bien, les Esprits divins de Nekhen !
Ce sont Horus, Duamutf et Kebhsennuf[2].

---

1. « Être introduit » : terme technique dont on se servait dans les initiations.

2. Ce chapitre est un excellent échantillon des difficultés dont est hérissée l'interprétation du *Livre*. Nous sommes d'ailleurs prévenus dès le début qu'il s'y agit de « *mystères* » de Nekhen (Hiérakonpolis) ; le texte est donc « *chiffré* », du commencement à la fin. Horus y apparaît tantôt en fils d'Isis, élevé – en cachette de Seth – au milieu des marécages du Delta ; tantôt sous les traits de son père, Osiris, dont les membres (ici : les bras) étaient éparpillés sur toute l'étendue de l'Égypte et dont on dévoilait, lors de certaines fêtes, le visage.
Sebek était une divinité à la tête de crocodile, génie tutélaire de la planète Mercure. Duamutf et Kebhsennuf étaient les fils d'Horus.
L'expression : « *Esprits divins* » (ou : « *Âmes parfaites* »), BAW, est un équivalent de la puissance occulte d'un *centre initiatique* due à la perfection initiatique des hiérophantes, dits « Âmes parfaites », qui le composaient. Les chapitres de cette série (CXII-CXVI) se rapportent aux mystères de Buto, de Nekhen, de Khemenu et d'Héliopolis, ce qui justifie suffisamment les difficultés *voulues* dont ils sont hérissés. À noter la reprise du motif du chap. CXII, vers la fin.

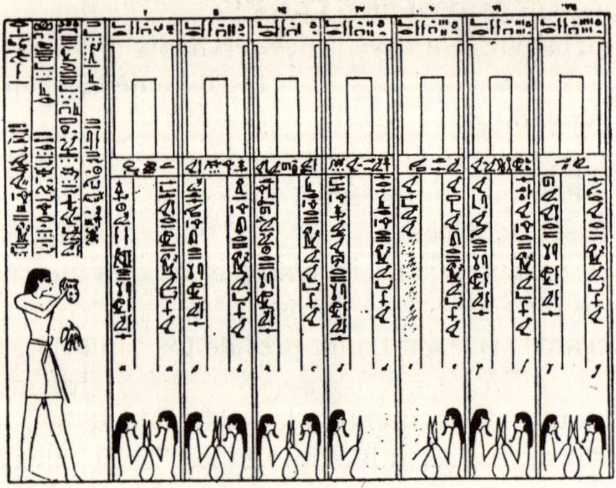

Chapitre CXIV

POUR CONNAÎTRE LES MYSTÈRES DE KHEMENU

Voici que, portée sur les bras,
Lors des fêtes de l'Ascension de Neith, à Mathit,
La statue de Maat s'avance lentement
Et que l'Œil divin resplendit...
Je vois devant moi la Balance du Jugement...
J'ai été initié dans ces mystères : je sais
Ce que Maat apporte de la ville de Kesi.
Mais je ne le dirai pas aux hommes
Ni ne le répéterai devant les dieux...
Car j'arrive ici par ordre de Râ lui-même
Pour placer la statue de Maat sur le passage de la
[procession,
Lors des fêtes de l'Ascension de Neith, à Mathit,
Quand l'Œil divin sera jugé.

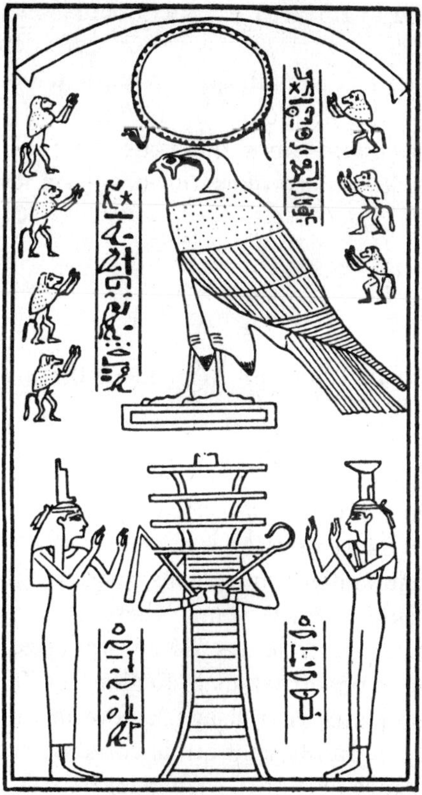

Voici que, grâce à ma connaissance des mystères
[de Khemenu,
J'arrive ici dans ma toute-puissance.
Car, comme vous, ils aiment ceux qui savent...
En vérité, je connais Maat dans toute sa vigueur
[implacable
Et j'accepte son verdict avec joie.
Salut, vous, ô Âmes divines de Khemenu !
Moi qui vous parle, je connais les choses cachées
[et mystérieuses

Qui vous sont révélées aux sacrements des mois et
[des demi-mois.
Les Mystères de la Nuit que Râ garde jalousement
C'est Thoth lui-même qui me les a révélés.
Et d'autres choses aussi que vous savez…
En vérité, je vous connais, ô Âmes parfaites de
[Khemenu !

Chapitre CXV

Pour connaître les Mystères d'Héliopolis

En vérité, longs furent les temps de mon séjour
Au milieu des Ombres du Passé,
Parmi les Esprits des Âges anciens…
Depuis l'Aube des Temps, sans cesse,
Au sein du dieu du Devenir, Khepra,
J'ai parcouru le cycle des Métamorphoses…
Voici que je pénètre dans la Région des Ténèbres
Et que, soudain, mon visage se dévoile
Devant l'Œil flamboyant qui le contemple…
Ô vous, Âmes parfaites, sachez-le ! Je suis une des
[vôtres !
Car je connais les Esprits divins d'Héliopolis !
En vérité, le savoir du Grand Voyant lui-même[1]
Ne surpasse pas mon Savoir caché !
N'ai-je pas par mon énergie surmonté les obstacles ?

1. Le « Grand Voyant » était un des principaux (peut-être le principal) parmi les hiérophantes d'un centre initiatique. Il possédait le Savoir sacré acquis par sa propre Voyance.
Les « obstacles » sont les épreuves de l'initiation. L'adepte (le candidat reçu) se trouvait en présence des dieux et il leur adressait la parole…

N'ai-je pas adressé la parole aux dieux ?
Eh bien, non ! Ils ne pourront pas me détruire,
[les démons,
Moi, l'Héritier des dieux d'Héliopolis !
Car, en vérité, je connais le Mystère de la Boucle
Qui pare le front de l'Enfant divin[1] !
Voici que Râ parle au dieu Amihaf
Dont la bouche, autrefois, fut attaquée, blessée...
Râ dit donc à cette divinité :
« Reçois de mes mains cette lance, héritage de
[l'humanité ! »
Et Amihaf reçut la lance...
Ainsi sont nés les deux frères divins
Qui parcourent leur orbite au ciel autour de Râ...
Plus tard, Amihaf devint femme
Ornée de la boucle sacrée, ce palladium d'Héliopolis...
Et l'Héritier de son héritier, le Grand Voyant
Devint le grand Prêtre-Voyant d'Héliopolis...
Ô vous, Esprits divins d'Héliopolis !
En vérité, je vous connais :
Vous êtes Râ, Shu, Tefnut...

1. L'Enfant divin – Harpokrate ou Harsiési – était le fils d'Isis. La Boucle – une spirale – était le symbole de l'évolution spirituelle, et, de même que les autres symboles d'autrefois, était considérée comme possédant une efficience magique.

Chapitre CXVI

Pour connaître les Mystères de Khemenu[1]

Voici que Neith se lève, sur la ville de Mathit
Et que, à côté d'elle, s'avance Maat la déesse.
Celui qui dévore les actions mauvaises commises
[par les hommes
Est le juge désigné par elle.
Alors je suis introduit par mon prêtre.
Je pénètre dans le Sanctuaire et contemple des
[Mystères...
En vérité, je ne les révélerai à aucun mortel
Ni ne les répéterai à aucun dieu...
Salut, ô dieux de Khemenu,
Vous qui me connaissez, de même que je connais la
[déesse Neith !
(Voici que l'Œil divin resplendit dans les Ténèbres !...)
Réjouissez-vous du verdict qui vient de me justifier !
En vérité, je les connais, les Âmes divines
[d'Héliopolis !
Je les connais, lorsqu'elles sont épanouies,
Aux fêtes mensuelles,
Et lors de leurs éclipses,
Dans les fêtes bimensuelles.
Regardez ! Voici Thoth, le mystérieux...
Plus loin, c'est Sa, le dieu de la Sagesse...
Enfin, c'est Tum, dieu grand.

1. Ce chapitre est une variante du chapitre CXIV.

Chapitre CXVII

POUR PÉNÉTRER AU RE-STAU[1]

Des chemins passant au-dessus de moi
Me conduisent vers le Monde de Re-stau.
Je porte la Ceinture d'un dieu et le Couronne d'un
[dieu.
J'avance et fais régner l'ordre à Abydos.
J'ouvre les routes menant vers le Re-stau.
Osiris soulage mes souffrances...
Voici que je fais surgir les eaux et que j'y établis
[mon Trône.
Je parcours la Vallée du Grand Lac.
Car j'ai fait de mes ennemis triompher Osiris ;
Je suis un dieu comme vous autres, ô dieux !
Sachez, Esprits divins !
Le Maître de l'Éternité lui-même me protège !
En vérité, je marche comme vous marchez ;
Comme vous, je reste, debout ou assis, à mon gré ;
Et l'empire sur le Verbe de puissance, je le possède,
Comme vous le possédez,
Devant le grand dieu, Seigneur de l'Amenti.

Chapitre CXVIII

POUR PARCOURIR LE RE-STAU

Voici que je nais
Et que je viens au monde dans l'Univers de Re-stau...

---

1. Re-stau : la partie du Monde Inférieur la plus difficile à traverser. Les chap. CXVII, CXVIII et CXIX traitent le même sujet.

Grâce aux libations de mes prêtres devant Osiris,
Je jouis de la félicité parmi les Corps Glorieux,
[« Sahu »,
Je suis reçu parmi les Esprits de Re-Stau et j'y
[grandis.
Alors que, Osiris les guidant, ils avancent vers sa
[Double Demeure,
Je m'avance à leur suite, moi, divinité unique,
Vers la Double Demeure d'Osiris.

Chapitre CXIX

POUR PARCOURIR LE RE-STAU

Voici une grande divinité au rayonnement puissant
Qui avance vers toi, Osiris !
C'est moi. Je me prosterne devant toi…
Regarde ! J'ai été lavé de toutes mes impuretés !
Ton Nom a été raffermi dans le Re-stau !
Gloire à toi, Osiris !
En vérité, ta puissance est grande à Abydos !
Planant en haut du Ciel, en compagnie de Râ,
Tu accomplis tes célestes circuits, Osiris !
Ton Œil divin d'en haut contemple les Initiés.
Toi, Râ, l'Unique, le Solitaire,
Écoute-moi qui te parle, Osiris !
« En vérité, ici, en ta présence, j'ai revêtu mon Corps
[Glorieux ! »
Puissé-je entendre les paroles :
« Cet Être que voici jamais ne sera repoussé
De devant ta présence, Osiris ! »

Chapitres CXX et CXXI

(Répétition des Chapitres XII et XIII)

Chapitre CXXII

Pour pénétrer dans l'Amenti

« Ouvrez-moi les Portes ! »
— Réponds d'abord, ô Âme ! Qui es-tu ?
Où vas-tu ? Es-tu capable des Métamorphoses[1] ?
Et quelles sont-elles ?
— Ainsi que vous, je suis un Esprit divin, ô dieux !
Le Nom magique de ma Barque est ainsi :
« La-Cohésion-des-Âmes-multiples ».
« Terreur-qui-fait-dresser-les-cheveux »,
Ainsi se nomment mes avirons.
« Celui-qui-veille » est le nom de ma proue.
« C'est-mal ! » est le Nom de mon gouvernail.
« Navigue-tout-droit ! » est le Nom de ma poupe.
En vérité, cette Barque a été façonnée pour le
[Voyage de l'Au-delà.

1. « Métamorphoses » et « Cohésion des Âmes » : voir l'introduction.

(Apportez-moi, au temple d'Anubis, les offrandes
[que voici :
Viande, pains, lait et gâteaux, dans leur totalité.)
Que je pénètre dans l'Au-delà sous forme de Faucon !
Que je traverse les Espaces célestes sous forme de
[Phénix Étoilé !
Que je pénètre, ayant en paix parcouru les chemins,
Dans le beau Royaume d'Amenti,
Devant le Lac d'Osiris,
Pour y adorer Osiris, Seigneur de la Vie Éternelle !

Chapitre CXXIII

Pour pénétrer dans le Grand Temple

Salut, ô Tum !
Regarde-moi ! En vérité, je suis Thoth,
L'arbitre du combat entre Seth et Horus !
Par moi, leur lutte va prendre fin ;
Je dompterai leur fureur et je mettrai un terme aux
[dévastations
Que leur guerre a causées ;
Voici que j'ai ligoté et repoussé le poisson Andu ;
J'ai vis-à-vis de lui exécuté tes ordres...
Je me suis couché ensuite dans la tombe
Au milieu des actions de ma vie passée ;
Dorénavant, je ne rencontrerai plus d'obstacles.
Voici que j'arrive au temple du dieu Uhem-Hra
Et que tu me contemples en silence.
Je transmets à ce dieu les ordres des dieux anciens ;
En vérité, je puis servir de guide aux dieux inférieurs...

Chapitre CXXIV

POUR EFFECTUER DES MÉTAMORPHOSES EN PHÉNIX ROYAL

Mon Âme construit pour moi
Une demeure stable à Djedu ;
Et pendant que je prospère dans la région de Buto,
Mes serviteurs magiques œuvrent et cultivent mes
[champs[1].
Le visage de mon Palmier est beau comme est celui
[du dieu Amsu.
(Non ! Non ! Je n'en mange point ! Quel dégoût que
[les ordures !
Je n'en mange point ! Je n'en approche pas mes mains !
Je n'y touche pas, fût-ce avec mes sandales !)
En possession de mes belles offrandes, je ne périrai
[pas !
Car je dispose des pains faits de froment
Et de la bière tirée de l'orge
Que les bateaux Sektet et Mandjit m'apportent
[régulièrement[2].
Assis sous les beaux feuillages des arbres qui me sont
[chers
Je goûte la paix et je contemple l'abondance des
[offrandes...[3]
Puissé-je devenir un Esprit sanctifié !
Puisse la déesse-Serpent me redresser
Et mettre sur ma tête la Couronne Blanche[4] !

---

1. « Serviteurs magiques », voir chap. VI.
2. Sektet et Mandjit : les deux Barques du Soleil, celle de l'après-midi (Sektet) et celle du matin, avant midi (Mandjit).
3. L'idéal de l'existence posthume, selon les Égyptiens.
4. La Couronne Blanche symbolise la Haute Égypte.

Ô vous, Esprits, gardiens des Portes
Du Pacificateur des Deux Pays !
Apprenez ! J'apporte dans mon Être des substances
Pouvant servir d'offrande aux dieux[1] !
Venez à mon secours ! Aidez-moi à soulever
L'opaque brouillard qui m'entoure et m'opprime !
Que les Esprits sanctifiés m'ouvrent leurs bras !
Que les Hiérarchies divines gardent le silence
Et ne révèlent point les paroles que j'échange
Avec les Âmes des Générations Futures[2] !
Puissant parmi ceux qui voltigent dans les airs
Je guide les cœurs des dieux qui me protègent.
En vérité, tout dieu et toute déesse me rendant
[vigoureux
Seront promus l'Esprits-Guides de l'Année.
Sous des feuillages verdoyants je vivrai
Goûtant aux offrandes étalées devant moi,
Pareil à Osiris lorsqu'il paraît à Abydos.
On reconnaît en moi l'ancêtre de Râ et des Êtres
[lumineux.
Enroulé dans mon vaste manteau du Ciel étoilé
Je demeure face à face avec les dieux anciens.
Le pain de la communion dans ma bouche,
Je comparais devant les dieux Ahiu.
Qu'ils me parlent donc et je leur répondrai !
Je parlerai avec le Disque solaire et avec les Êtres de
[Lumière.
Grande est ma puissance au milieu des Ténèbres
Qui règnent dans les mondes de Mehurt,
Tout près de l'Être vénéré…

1. Une vie juste consacrée au Bien « nourrissait » et vivifiait les dieux.
2. Henmemit – les âmes désincarnées, dans l'expectative de leur réincarnation.

En vérité, je ne forme, à présent, qu'un seul Être avec
[Osiris !
Regardez ! Je deviens parfait,
Tout comme Osiris est parfait parmi les divinités
[anciennes.
Je parlerai à Osiris à la manière des hommes
Et il me répondra dans le langage des dieux…
Voici que, devenu un Esprit sanctifié,
J'arrive ici avec la protection des forces magiques
Et dirige la déesse Maat vers ceux qui l'aiment.
Car je suis un Esprit sanctifié
Armé des forces magiques de tous les Esprits
[sanctifiés.
Je me manifeste sous forme de Sahu
Dans les villes d'Héliopolis, Busiris, Hérakléopolis,
Abydos et Panopolis.

Chapitre CXXV

PAROLES À PRONONCER À L'ENTRÉE DU SANCTUAIRE DE MAAT

Ô Maat ! Voici que j'arrive devant toi.
Laisse-moi contempler ta rayonnante beauté !
Regarde ! Mes bras sont levés en adoration
De ton Nom sacro-saint ! Ô Vérité-Justice, écoute !
J'arrive devant les lieux où les arbres ne poussent
[point,
Où le sol ne fait pas surgir de plantes…
Voici que je pénètre vers les lieux des Mystères
Et que je parle à Seth, le maître de ces lieux…
Mon Guide-protecteur s'approche de moi ;
Son visage est couvert d'un épais voile…

S'étant prosterné devant les lieux des Mystères,
Il pénètre dans le sanctuaire d'Osiris
Et contemple les Mystères qui s'y déroulent.
Voici les Esprits-Gardiens des Pylônes : leur forme
A l'apparence des Esprits sanctifiés des Morts.
Écoutez Anubis qui commence son discours.
Il parle en s'adressant à droite et à gauche
Dans la langue d'un homme venu de la terre
[d'Égypte
Qui connaît les routes de notre pays et ses villes.
Il dit : « L'odeur de cet homme, reniflez-la !
Vous semble-t-il qu'il est un des vôtres ? »
Je lui réponds : « En vérité, je suis Osiris ! »
J'arrive ici pour contempler les dieux, les grands,
Et pour entrer en possession de la Vie éternelle,
En communiant par le pain céleste.
Je suis parvenu jusqu'aux extrêmes limites du Ciel
Où demeure Osiris, Âme grande, Seigneur de
[Djedu...
Il m'a conféré la force des mouvements
Sous forme d'un Esprit à la tête de Phénix...
Doué du Verbe de puissance, j'ai plongé dans des
[eaux courantes ;
J'ai fait des offrandes d'encens ;
Je me suis dirigé, tel un enfant, vers l'arbre
[Shendet...
Voici que je suis arrivé à Éléphantine,
Devant le temple de la déesse Satit.
J'ai culbuté la Barque chargée de mes ennemis.
J'ai voyagé en paix sur le Lac
Et contemplé les Corps glorieux de Kam-Ur[1] ;
J'ai visité la Cité sacrée de Djedu ;

1. Kam-Ur, nom d'un taureau sacré, d'une ville qui lui fut consacrée et d'un lac dans le Duat.

Chapitre CXXV. – Vignette illustrant la psychostasie (le jugement après la mort). Le défunt implore ses 14 juges. Il est amené par Anubis devant la balance où est pesé son « Cœur ». Un monstre, en cas de condamnation, dévorera son cœur. Thoth inscrit les actions de sa vie passée. Horus le conduit vers la chapelle où se trouve Osiris.

Mais là-dessus je garde le silence…
J'ai rendu à la divinité l'usage de ses jambes.
J'ai atteint le temple d'Anubis et contemplé le
[Seigneur du lieu.
J'ai pénétré dans le temple d'Osiris
Et essayé sur moi les Vêtements de ce dieu.
J'ai traversé le Re-stau et ai contemplé les Mystères
[de ce lieu.
J'ai été caché et enseveli,
Et j'ai trouvé une voie de sortie…
J'ai traversé des contrées désolées où rien ne croît
Et j'ai couvert ma nudité des vêtements que j'y
[trouvai.
J'ai reçu pour m'en oindre la pommade des femmes[1],
Et l'on m'a enseigné les Paroles de Puissance des
[Initiés.
Voici Seth qui me parle à sa manière…
Je lui réponds : « Ta balance, en vérité, c'est dans
[notre Cœur
Qu'il faut la chercher ! »
Sa Majesté Anubis me dit :
« Connais-tu le Nom de cette Porte
De façon à le proclamer devant moi ? »
Je réponds :
« Le-dieu-Shu-le-destructeur, voilà le Nom de cette
[Porte ! »
Sa Majesté Anubis dit :
« Connais-tu le Nom de la Charnière supérieure
[de cette porte
Et celui de sa Charnière inférieure ? »
Je réponds : « Le-Seigneur-de-Vérité-et-de-Justice
[sur-ses-Jambes »
Est le Nom de la Charnière supérieure.

1. Il s'agit d'une pommade qui favorise le « dédoublement ».

« Le-Seigneur-de-la-double-Puissance-Dompteur-
[du-Bétail
Est le Nom de la Charnière Inférieure. »
Sa Majesté Anubis prononce :
« Passe donc, puisque tu les connais, ces Noms
[magiques ! »

[En entrant dans la Double Salle de Vérité-Justice, le défunt prononcera ce qui suit, – afin de se débarrasser de ses péchés et de pouvoir contempler les dieux].

La Confession négative. I. (Papyrus Nû)

Salut, dieu grand, Seigneur de Vérité et de Justice,
Maître puissant ! Voici que j'arrive devant toi !
Laisse-moi donc contempler ta rayonnante beauté !
Je connais ton Nom magique et ceux de quarante-deux
[divinités[1]
Qui dans la vaste Salle de Vérité-Justice t'entourent
Le jour où l'on fait le compte des péchés devant Osiris ;
Le sang des pécheurs leur sert de nourriture.
Ton Nom est : « Le-Seigneur-de-l'Ordre-de-l'Univers-
Dont-les-deux-Yeux-sont-les-deux-déesses-sœurs ».
Voici que j'apporte dans mon Cœur la Vérité et la
[Justice,

1. Ces 42 divinités constituaient une sorte de jury lors du Jugement des Morts.

Car j'en ai arraché tout le Mal...
Je n'ai pas causé de souffrance aux hommes.
Je n'ai pas usé de violence contre ma parenté.
Je n'ai pas substitué l'Injustice à la Justice.
Je n'ai pas fréquenté les méchants.
Je n'ai pas commis de crimes.
Je n'ai pas fait travailler pour moi avec excès.
Je n'ai pas intrigué par ambition.
Je n'ai pas maltraité mes serviteurs.
Je n'ai pas blasphémé les dieux.
Je n'ai pas privé l'indigent de sa subsistance.
Je n'ai pas commis d'actes exécrés des dieux.
Je n'ai pas permis qu'un serviteur fût maltraité par
[son maître.
Je n'ai pas fait souffrir autrui.
Je n'ai pas provoqué de famine.
Je n'ai pas fait pleurer les hommes mes semblables.
Je n'ai pas tué ni ordonné de meurtre.
Je n'ai pas provoqué de maladies parmi les hommes.
Je n'ai pas dérobé les offrandes dans les temples.
Je n'ai pas volé les pains des dieux.
Je n'ai pas dérobé les offrandes destinées aux Esprits
[sanctifiés.
Je n'ai pas commis d'actions honteuses
Dans l'enceinte sacro-sainte des temples.
Je n'ai pas diminué la ration de l'offrande.
Je n'ai pas essayé d'augmenter mes domaines
En usant des moyens illicites
Ni d'usurper les champs d'autrui.
Je n'ai pas manipulé les poids de la balance ni son
[fléau.
Je n'ai pas enlevé le lait à la bouche de l'enfant.
Je ne me suis pas emparé du bétail sur les prairies.
Je n'ai pas pris au piège de volaille destinée aux
[dieux.

Je n'ai pas pêché de poisson avec des cadavres de
[poissons.
Je n'ai pas obstrué les eaux au moment où elles
[devaient couler.
Je n'ai pas coupé les barrages établis sur les eaux
[courantes.
Je n'ai pas éteint la flamme d'un feu
Au moment où il devait brûler.
Je n'ai pas violé les règles sur les offrandes de viande.
Je n'ai pas pris possession du bétail appartenant aux
[temples des dieux.
Je n'ai pas empêché un dieu de se manifester.
Je suis pur ! Je suis pur ! Je suis pur ! Je suis pur !
J'ai été purifié comme l'a été le grand Phénix
[d'Héracléopolis.
Car je suis le Seigneur des Respirations
Qui donne la vie à tous les Initiés
Au jour solennel où l'Œil d'Horus,
En présence du Seigneur divin de cette terre,
Culmine à Héliopolis.
Puisque j'ai vu culminer à Héliopolis l'Œil d'Horus,
Puisse aucun mal ne m'arriver dans cette Région,
[ô dieux,
Ni dans votre vaste Salle de Vérité-Justice !
Car je connais les Noms de ces dieux
Qui entourent Maat, la grande divinité de la
[Vérité-Justice.

La Confession négative.
II. (Papyrus Nebseni)

1. Ô toi, Esprit, qui marches à grandes enjambées
Et qui surgis à Héliopolis, écoute-moi !
Je n'ai pas commis d'actions perverses.

2. Ô toi, Esprit, qui te manifestes à Ker-aha
Et dont les bras sont entourés d'un feu qui flambe,
Je n'ai pas agi avec violence.

3. Ô toi, Esprit, qui te manifestes à Hermopolis
Et qui respires le Souffle divin,
Mon cœur déteste la brutalité.

4. Ô toi, Esprit, qui te manifestes aux Sources du Nil
Et qui te nourris sur les Ombres des Morts,
Je n'ai pas volé.

5. Ô toi, Esprit, qui te manifestes à Re-stau
Et dont les membres pourrissent et puent,
Je n'ai pas tué mes semblables.

6. Ô toi, Esprit, qui te manifestes dans le Ciel
Sous la double forme de Lion !
Je n'ai pas diminué le boisseau de blé.

7. Ô toi, Esprit, qui te manifestes à Létopolis
Et dont les deux yeux font mal comme deux [poignards !
Je n'ai pas fraudé.

8. Ô toi, Esprit au masque flamboyant,
Qui marches lentement à reculons !
Je n'ai pas dérobé ce qui appartient aux dieux.

9. Ô toi, Esprit, qui te manifestes à Héracléopolis
Et qui écrases et qui tritures les os !
Je n'ai pas menti.

10. Ô toi, Esprit, qui te manifestes à Memphis
Et qui fais surgir et croître les flammes !
Je n'ai pas dérobé la nourriture à mes semblables.

11. Ô toi, Esprit, qui te manifestes dans l'Amenti,
Divinité des deux sources du Nil !
Je n'ai pas diffamé.

12. Ô toi, Esprit, qui te manifestes dans la région
[des Lacs[1]
Et dont les dents brillent comme le soleil !
Je n'ai jamais été agressif.

13. Ô toi, Esprit, qui surgis près de l'échafaud
Et qui, vorace, te précipites sur le sang de tes
[victimes !
Sache-le : les animaux des temples, je ne les ai
[pas tués.

14. Ô toi, Esprit, qui te manifestes
Dans la vaste Salle des trente Juges
Et qui te nourris d'entrailles des pêcheurs !
Je n'ai pas fraudé.

15. Ô toi, Seigneur de l'Ordre Universel,
Qui te manifestes dans la Salle de Vérité-Justice,
Apprends ! Je n'ai jamais accaparé les champs de
[culture.

1. La région de Fayyûm.

16. Ô toi, Esprit, qui te manifestes à Bubastis
Et qui marches à reculons,
Apprends ! Je n'ai pas écouté aux portes.

17. Ô toi, Esprit Aati qui parais à Héliopolis !
Je n'ai jamais péché par excès de paroles.

18. Ô toi, Esprit Tutuf, qui parais à Ati !
Je n'ai jamais prononcé de malédictions
Pour un dommage que l'on m'avait causé.

19. Ô toi, Esprit Uamenti qui parais dans les caves
[de torture,
Je n'ai jamais commis d'adultère.

20. Ô toi, Esprit, qui te manifestes dans le temple
[d'Amsu
Et qui regardes avec soin les offrandes qu'on
[t'apporte !
Sache-le : je n'ai jamais, dans la solitude, cessé
[d'être chaste.

21. Ô toi, Esprit, qui parais dans Nehatu,
Toi, chef des dieux anciens !
Je n'ai jamais terrorisé les gens.

22. Ô toi, Esprit-destructeur qui te manifestes à Kaui !
Je n'ai jamais violé l'ordonnance des temps.

23. Ô toi, Esprit, qui parais à Urit,
Et dont j'entends la voix qui psalmodie !
Je n'ai jamais cédé à la colère.

24. Ô toi, Esprit, qui parais dans la Région du Lac Hekat
Sous la forme d'un enfant !
Je ne fus jamais sourd aux paroles de la Justice.

25. Ô toi, Esprit, qui parais à Unès
Et dont la voix est perçante !
Je n'ai jamais soulevé de querelles.

26. Ô toi, Esprit Basti, qui parais dans les Mystères !
Je n'ai jamais fait verser de larmes à mes semblables.

27. Ô toi, Esprit, dont le visage se trouve derrière la
[tête
Et qui sors de ta demeure cachée !
Je n'ai jamais péché contre la nature avec les
[hommes.

28. Ô toi, Esprit à jambe enveloppée de feu
Et qui sors d'Akhekhu !
Je n'ai jamais péché par impatience.

29. Ô toi, Esprit, qui sors de Kenemet
Et dont le Nom est Kenemti !
Je n'ai jamais injurié personne.

30. Ô toi, Esprit, qui sors de Saïs
Et qui portes dans tes mains ton offrande !
Je n'ai jamais été querelleur.

31. Ô toi, Esprit, qui parais dans la ville de Djefit
Et dont les visages sont multiples !
Je n'ai pas agi avec précipitation.

32. Ô toi, Esprit, qui parais à Unth et qui es plein de
[ruses !
Je n'ai jamais manqué de respect aux dieux.

33. Ô toi, Esprit orné de cornes et qui sors de Satiu !
Dans mes discours je n'ai pas usé de trop de paroles.

34. Ô toi, Nefer-Tum, qui sors de Memphis !
Je n'ai jamais fraudé ni agi avec méchanceté.

35. Ô toi, Tum-Sep, qui sors de Djedu !
Je n'ai jamais maudit le Roi.

36. Ô toi, Esprit, dont le cœur est actif
Et qui sors de Debti !
Je n'ai pas pollué les eaux.

37. Ô toi, Hi, qui parais dans le Ciel !
Sache-le : mes paroles n'ont jamais été hautaines.

38. Ô toi, Esprit, qui donnes les ordres aux Initiés !
Je n'ai pas maudit les dieux.

39. Ô toi, Neheb-Nefert, qui sors du Lac !
Je n'ai jamais été impertinent ni insolent.

40. Ô toi, Neheb-Kau, qui sors de ta ville,
Je n'ai jamais intrigué pour me faire valoir.

41. Ô toi, Esprit, dont la tête est sanctifiée
Et qui, soudain, sors de ta cachette !
Sache-le : je ne me suis enrichi que d'une façon
[licite.

42. Ô toi, Esprit, qui sors du Monde Inférieur
Et qui portes devant toi ton bras coupé !
Je n'ai jamais dédaigné le dieu de ma Cité.

Devant les dieux du Monde Inférieur[1]

Ô vous, divinités, qui siégez dans la vaste salle de la
[Justice,
Je vous salue !
En vérité, je vous connais et je connais vos Noms !
Ne m'abandonnez pas au couperet du bourreau !
N'insistez pas sur mes péchés
Devant le dieu qui est votre Seigneur !
Que le mauvais sort ne m'atteigne pas
Par suite de votre intervention !
Faites entendre Vérité au Seigneur de l'Univers !
Car je n'ai fait, pendant ma vie sur Terre,
Que ce qui était vrai et juste.
Je n'ai jamais maudit un dieu.
Puissent les Génies tutélaires des Jours et des Heures
Ne pas m'affliger d'infortune !
Ô vous, divinités, qui siégez dans la vaste Salle de
[Vérité-Justice,
Je vous salue !
Votre cœur ignore le mensonge et l'iniquité ;
Vous vivez de Vérité, et la Justice est votre
[nourriture ;
Vous demeurez sous le regard fixe d'Horus,
Lui qui veille dans son Disque !
Délivrez-moi de Babaï qui, au jour du Grand
[Jugement[2],
Se nourrit des entrailles des Puissants !
Laissez-moi pénétrer jusque chez vous !

1. Papyrus Nû.
2. Baba (ou Babaï), une divinité à la tête de crocodile qui dévorait les âmes damnées.

Car je n'ai commis ni fraude, ni péché d'aucune
[sorte.
Je n'ai pas porté de faux témoignage.
Que nul mal ne me soit fait !
Car je me suis nourri de Vérité et de Justice.
Ma façon d'agir était celle qui est prescrite par les
[bonnes mœurs
Et qui est approuvée par les dieux.
En vérité, j'ai contenté les dieux, en faisant ce qu'ils
[aiment.
Je donnais du pain à l'affamé et de l'eau à celui qui
[avait soif.
Des vêtements à l'homme nu, un bateau au
[naufragé :
Aux dieux je faisais des offrandes,
Des libations aux Esprits sanctifiés…
Esprits divins !
Délivrez-moi ! Protégez-moi !
Ne m'accusez pas devant la grande divinité !
Pure est ma bouche ! Pures sont mes mains !
Faites que j'entende, venant de vous, cette parole :
« Oh ! Viens en paix, Âme qui arrives ici !
Viens en paix[1] ! »
En vérité, j'ai entendu
Les paroles de grand poids qu'échangeaient
Le Chat Divin et les Corps Glorieux
Dans le temple de Hapdré.
J'ai répondu aux questions de l'Esprit qui rend le
[verdict
Et dont le visage est derrière la tête.
J'ai contemplé les sacrements du Re-stau :
Sur eux l'Arbre béni étend ses branches…
Connaissant les pensées secrètes des dieux,

---

1. Voir note 3 page 299.

J'ai imploré leur secours.
J'arrive ici pour rendre témoignage à la Vérité,
Afin que la Balance soit établie à Aukert[1,2].
Ô toi, Seigneur de la couronne Atefu
Dont le Nom est : « Seigneur-des-Vents » !
Toi qui sièges haut sur ton piédestal,
Délivre-moi de ceux de tes serviteurs
Dont les décrets apportent malheurs et souffrances
Et dont les visages sont sans voiles !
Car en présence du dieu de la Vérité-Justice
Je n'ai rien fait que de vrai et de juste.
Ma poitrine est pure, car je l'ai lavée...
Dans le Lac de Maat j'ai purifié mon dos et mes
[entrailles.
Il n'est partie quelconque de mon être
Qui ne participe point de Vérité-Justice.

---

1. Aukert : le Monde Inférieur.
2. Voir page 242 :
La *paix* : le but suprême des supplications dans toutes les Églises : chrétiennes, bouddhiques, orphique, taoïste, égyptienne, etc. Ce désir d'assurer le repos des âmes des morts provient de ceci : le corps matériel de l'homme pourvoit l'âme, pendant la vie terrestre, d'une certaine stabilité à laquelle elle s'habitue. Après le dépouillement du corps et le « passage du Seuil », une âme habituée au seul contrepoids du corps et qui en est privée, souffre d'un manque de stabilité, de l'absence d'un point d'appui et de repère. Elle est entraînée par-ci par-là, désorientée, ballottée par d'innombrables courants, attaquée, abasourdie, terrorisée, soumise à une continuelle emprise des hallucinations ; elle flotte au gré des circonstances, des attractions et des répulsions, des terreurs subites, etc.
De cette expérience pénible et douloureuse naît une nostalgie, une soif ardente de la *PAIX*, d'une paix profonde, durable. (Les Églises chrétiennes prient, elles aussi, pour le *repos* de l'âme du mort : « requiem ».)
Voilà pourquoi l'équivalent du Paradis chrétien porte, en égyptien, le nom de « Champs de la Paix »...
Les pages qui suivent se rapportent à un épisode d'initiation. Les questions et les réponses sont « chiffrées », mais l'ambiance en est d'un surréalisme hallucinant.

Je me suis purifié dans l'Étang du Sud ;
Je me suis reposé dans la Cité du Nord,
Près du Champ des Sauterelles,
Là où, à l'heure seconde de nuit
Et dans la troisième heure de la journée,
Se purifient les serviteurs de Râ…
Les cœurs des dieux, quand ils passent,
De jour, de nuit,
Disent, en parlant de moi : « Qu'il approche ! »
« Qui es-tu ? Quel est ton Nom ? »
— « Fleur-d'Olivier » est mon Nom…
Une voix sortant de l'Espace
Me répond, invisible : « Passe ! »
Voici un bosquet, et puis – une ville…
Une voix interroge :
— Qu'as-tu trouvé sur ton chemin ?
— Un Pied et une Jambe.
— Que leur as-tu dit ?
— Joie et sérénité.
— Que t'ont-ils donné ?
— Une torche allumée et une tablette de cristal.
— Qu'as-tu fait de ces dons ?
— À l'aube, près du lac, au milieu des canaux,
[Je les ai enterrés.
— Qu'y as-tu trouvé ?
— Un sceptre de pierre.
— Quel est le Nom du sceptre ?
— Son Nom est : « Libre-comme-le-Vent ».
— Ayant enterré la torche allumée et la tablette
[de cristal,
Qu'as-tu fait ?
— J'ai prononcé des Paroles de Puissance, déterré la
[tablette,
Éteint la torche,
Brisé la tablette de cristal,

Et j'ai creusé le lac...
— Tu peux franchir la Porte de la Salle de Maat,
Car tu connais le visage double de la Vérité-Justice.
Le Verrou de la Porte me dit :
— Je ne te laisserai pas passer,
À moins que tu ne me dises mon Nom caché.
— « Centre-de-gravité-dans-la-Balance-de-Vérité-
[Justice », voilà ton Nom.
— Je ne te laisserai pas entrer,
Dit le Chambranle de droite,
À moins que tu ne me dises mon Nom caché.
— « Plateau-de-la-Balance-portant-la-Vérité-Justice »,
[voilà ton Nom.
— Je ne te laisserai pas entrer,
Dit le Chambranle de gauche,
À moins que tu ne me dises mon Nom caché.
— « L'Offrande-du-Vin », voilà ton Nom.
— Je ne te laisserai pas entrer,
Dit le Seuil de la Porte,
À moins que tu ne me dises mon Nom caché.
— « Le-Taureau-du-dieu-Kêb », voilà ton Nom.
— Je ne te laisserai pas entrer,
Dit la Serrure de la Porte,
À moins que tu ne me dises mon Nom caché.
— « Les-orteils-de-ta-Mère », voilà ton Nom.
— Je ne te laisserai pas pénétrer dans la Salle,
Dit la Poignée de la Porte,
À moins que tu ne me dises mon Nom caché.
— « L'Œil-source-de-Vie-du-dieu-Sebek-le-Seigneur-
[de-Bakhau », voilà ton Nom.
— Je ne te laisserai pas entrer dans la Salle,
Dit le Gardien des Battants de la Porte,
À moins que tu ne me dises mon Nom caché.
— « Coude-du-dieu-Shu-protecteur-d'Osiris »,
[voilà ton Nom.

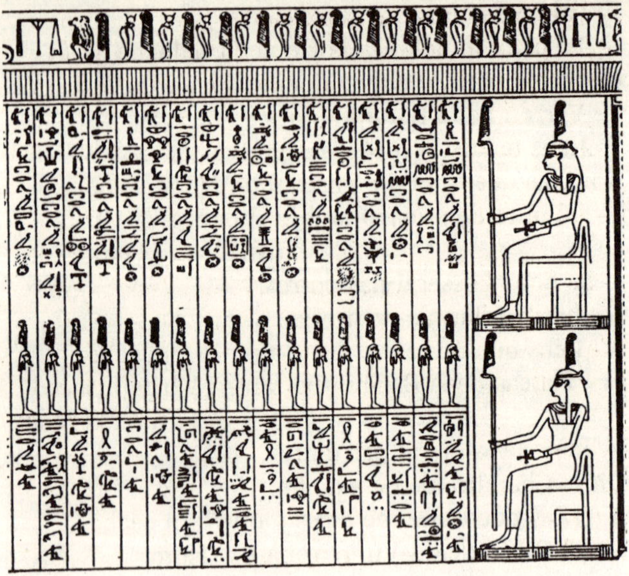

— Nous ne te laisserons pas entrer chez nous
Disent les deux Montants de la Porte,
À moins que tu ne nous dises nos Noms cachés.
— Vos Noms sont : « Les-Enfants-des-déesses-cou-
[ronnées-de-Serpents ».
— Tu nous as reconnus. Tu peux donc passer !
— Je ne te laisserai pas me fouler,
Dit le Plancher de la Salle de Maat,
Car je suis silencieux et je suis sacré.
En outre, je ne connais pas les Noms de tes deux
[pieds
Qui s'apprêtent à me fouler. Parle donc !
— « Le-Coureur-du-dieu-Khas » est le Nom de mon
[pied droit ;
« Le-Sceptre-de-Hathor » est le Nom de mon pied
[gauche.

— Tu me connais. Tu peux passer !
— Je ne t'annoncerai pas,
Dit le Gardien de la Porte s'ouvrant sur la Salle de
[Vérité-Justice,
À moins que tu ne me dises mon Nom caché.
— « Celui-qui-connaît-les-cœurs
Et-qui-fouille-les-entrailles-de-l'homme », voilà ton
[Nom.
— Je t'annoncerai au dieu… Dis-moi encore ceci :
Quel est le dieu qui gouverne à cette heure ?
Quel est son Nom ?
— « Celui-qui-protège-les-Deux-Terres », voilà son
[Nom.
— Bien. Mais qui est ce dieu
Qui tient en sa garde les Deux Terres ?
— Thoth est ce dieu !
— Franchis le seuil et approche,
Dit alors la voix de Thoth lui-même, invisible.
— Dis-moi d'abord, pourquoi arrives-tu ici ?
— J'arrive ici pour être annoncé.
— Quelle est ta condition ? Quelle sorte d'homme
[es-tu ?
— Je me suis purifié de tous les péchés.
Je suis étranger aux imperfections des hommes
Qui obéissent aux impulsions du moment.
Je ne suis pas du nombre de ceux-là !
— Je t'annoncerai à la divinité,
Si tu me dis encore ceci :
Quel est le Nom de la divinité
Qui est protégée par un Ciel de Feu,
Qui est entourée par une Muraille de déesses-
[Serpents,
Qui se repose sur la surface des Eaux courantes ?
Qui est-ce ?
— C'est Osiris !

— Franchis le Seuil ! En vérité, je pourrai t'annoncer !
Apprends donc !
Le Pain de ta Communion,
Le Vin de ta Communion
Et toutes les offrandes sépulcrales qu'on te destine
Sont des Émanations de l'Œil de Râ !

Rubrique

Faire des images de ce qui se passe dans la Salle de Vérité-Justice.

Ce chapitre sera récité, lorsque le corps du défunt aura été lavé, purifié et revêtu des bandelettes de momie ; après qu'on lui aura mis des sandales, qu'on lui aura enduit les yeux avec de l'antimoine et le reste du corps avec de la pommade « anti » et après qu'on lui aura apporté des offrandes sépulcrales, de l'encens, de la viande, de la volaille, du pain, de la bière ainsi que des légumes. Dessiner ensuite des images en couleur sur une tuile faite avec de la terre que n'auront foulée ni les pourceaux ni d'autres animaux domestiques. Si l'on écrit sur cette tuile le chapitre ci-dessus, alors le défunt et ses enfants prospéreront ; son nom ne sera pas oublié et il aura la faveur du roi et des princes. Il trouvera sur l'autel de la Grande Divinité du pain, du vin, de la viande ; et il ne sera pas repoussé aux Portes de l'Amenti ; il y sera introduit en compagnie des rois de l'Égypte et il se trouvera dans l'entourage d'Osiris réellement, continuellement, éternellement.

Chapitre CXXVI

Salut, ô vous, les quatre puissants Esprits aux mas-
[ques de singes[1],
Vous qui, assis sur la proue de la Barque de Râ,
Annoncez les ordres du Seigneur des Mondes !
Vous êtes mes juges et mes arbitres.
Départagez donc mes misères et mes vertus !
Apaisez les dieux par le feu dévorant
Qui sort de vos bouches !
Vous portez aux dieux les offrandes,
Les repas sépulcraux aux Esprits sanctifiés.
Vous vivez et vous nous nourrissez de la Vérité-
[Justice.
Vous ignorez le Mensonge et le Mal...

1. Il s'agit d'Iaani, Esprits-cynocéphales, « serviteurs » de Thoth, maîtres de sagesse et adorateurs de Râ à l'aube.

Arrachez donc le Mal de mon Cœur,
Détruisez mes péchés pour lesquels, sur Terre,
J'ai mérité tant de châtiments.
Éliminez toute souillure qui s'attache à ma personne,
Afin que rien ne m'empêche d'arriver jusqu'à vous.
Laissez-moi pénétrer dans Ammehet, entrer dans le [Re-stau,
Que je franchisse le mystérieux Portail de l'Amenti.
Que les repas sépulcraux me soient servis
Au même titre qu'ils le sont aux Esprits sanctifiés
Dont voici l'existence : ils entrent dans le Re-stau,
Ils sortent du Re-stau...
Les quatre puissants Esprits aux masques de singes
Répondent : « Viens ! Car nous avons détruit tes [péchés
Et arraché tes vices, sources de tes châtiments sur [la Terre.
Nous avons éliminé toute souillure qui s'attachait à [ta personne.
Entre donc dans le Re-stau !
Franchis le Portail mystérieux de l'Amenti !
Tu y recevras des repas sépulcraux.
Tu pourras y entrer, en sortir à ta guise,
Comme le font les Esprits sanctifiés
Dont la vie fut conforme aux prescriptions des [dieux.
Ton Nom sera proclamé tous les jours
À l'intérieur du Temple de l'Horizon...

Chapitre CXXVII

Hymne aux dieux de Kerti

Salut, ô vous, divinités de Kerti[1],
Et vous, habitants de l'Amenti !
Salut, Gardiens des Seuils du Duat !
Vous qui protégez les dieux,
Qui prononcez les Noms des arrivants par-devant
[Osiris,
Qui dressez devant lui une Barrière magique,
Qui glorifiez les dieux et culbutez les ennemis de Râ,
Qui répandez la Lumière et chassez les Ténèbres,
Qui contemplez la grande et sainte divinité
Et vivez en communiant à sa vie… Vous tous,
Invoquez-le, Celui qui demeure dans l'Orbe solaire !
Conduisez-moi vers vos Demeures cachées,
Pour que mon Âme puisse assister à vos Mystères ;
Car moi, être puissant qui vous égale,
J'ai renversé les obstacles devant moi dressés dans
[l'Amenti
Et triomphé de vos ennemis.
Ô toi, dieu grand qui demeures dans l'Orbe solaire !
Irrésistible, tu triomphes de tes ennemis !
Ainsi que toi, ô Osiris, Seigneur de l'Amenti,
J'ai triomphé de tes ennemis sur Terre et dans le
[Ciel,
Seigneur de tous les dieux et de toutes les déesses !
Tu es puissant auprès de Celui dont le Nom est caché
Et jamais révélé aux autres divinités…
Salut, Gardiens des Seuils ! Salut !

1. Kerti : *a)* des subdivisions du Monde Inférieur (des grottes circulaires) ; *b)* les divinités qui y demeurent.

Vous qui châtiez les Âmes, dévorez les cadavres,
Vous qui amenez la Vérité-Justice vers l'Âme divine
Et qui, libres de tout Mal, demeurez dans l'Akert[1]
Ne me laissez pas sans protection,
Afin que je ne sois pas anéanti !
Vous qui faites parvenir la Vérité-Justice
Vers cet Être parfait et mystérieux
Qui demeure dans le Monde Inférieur,
Cet être dont l'Âme, pareille à celle de Râ,
[est proclamée Osiris !
Montrez-moi le Chemin, ouvrez sur moi les Portes
Et la demeure de Kerti !
Car c'est vous qui me faites triompher de mes
[ennemis !
Que le Gardien de la Porte me présente les offrandes
Et qu'il mette sur ma tête la couronne Nemmes,
Attribut de Celui qui demeure dans le sanctuaire
[caché !
Voici la Forme immobile d'Horus des deux Horizons,
Le Maître de Vérité-Justice, Âme divine, Esprit parfait ;
Ses mains sont puissantes.
Les deux dieux grands me saluent, radieux de joie...
Et m'ayant glorifié, ils m'entourent de leurs bras
Et m'accordent leur protection.
Mon ascension au Ciel ressemble à celle d'un dieu.
Obéissant aux ordres, je parcours tout le cycle des
[Métamorphoses.
Je triomphe devant les Juges ;
Les Portes du Ciel s'ouvrent devant moi,
Ainsi que celles de la Terre et du Monde Inférieur,
De même qu'elles s'ouvrent devant Râ lui-même.
Je proclame à voix haute :

1. Akert (ou : Augert) : le Monde Inférieur.

« Ouvrez-moi les Portes du Ciel, de la Terre et du [Duat !
Je suis l'Âme vivante d'Osiris !
J'habite dans le sein de ce dieu !
Laissez-moi traverser sans obstacle
Toutes les Régions prescrites selon la Loi divine !
Que me voyant les dieux me glorifient !
Puissé-je auprès d'eux trouver leur faveur !
Puissé-je m'avancer, circuler à mon gré !
Et qu'aucun vice, aucun péché
Ne me soit reproché ! »

Chapitre CXXVIII

Hymne à la gloire d'Osiris

Salut, ô Osiris,
Être-Bon, triomphant, fils de Nut,
Premier-né de Kêb, dieu ancien, Maître du Souffle [de la Vie,
Grand Prince de l'Occident et de l'Orient,
Seigneur des mystères qui sèment l'effroi !
Couronné à Hneni-nesu de la couronne Atef[1],
Maître de puissance du Souffle,
Seigneur de la Salle des rites théurgiques,
Maître des multiples offrandes et des fêtes à Djedu !
Voici qu'Horus exalte son Père Osiris
Dans tous les coins de l'Univers.
Isis et Nephthys réunissent leurs efforts ;
Le Verbe magique de Thoth sanctifie l'Être-Bon ;

1. Hneni-nesu : Hérakléopolis ; Atef : la couronne de la Haute Égypte.

Ses paroles mûrissent longuement dans sa poitrine ;
Elles sortent de sa bouche et rendent Horus
Plus vigoureux que tous les autres dieux.
Lève-toi, Horus ! Toi, fils d'Isis,
Restaure ton Père sur son Trône, Osiris !
Salut, ô Osiris ! Regarde ! Je viens vers toi !
Je suis ton fils Horus qui rétablit
Ta Toute-Puissance divine !
En vérité, dès ce moment
Je vis des offrandes sépulcrales d'Osiris.
Lève-toi donc, Osiris ! J'ai triomphé de tes ennemis !
Je t'ai vengé !
En vérité, je suis le dieu Horus de ce jour
[d'aujourd'hui !
Pendant que je me lève sous les traits de ton Âme,
Cette Âme te glorifie devant les dieux qui t'entourent.
Salut, ô Osiris ! Voici ton Double qui arrive devant
[toi !
Tu demeures en paix, en ton Nom de Ka-Hotep.
Je suis Horus qui te glorifie en ton Nom d'Esprit
[sanctifié.
Je t'adore en ton Nom de Pehu
Et je t'ouvre le chemin en ton Nom d'Up-Uaut[1].
Salut, ô Osiris ! Voici que j'arrive devant toi !
Tes ennemis, amenés de partout, je les remets entre
[tes mains.
Voici que tu reçois ton Sceptre et ton Piédestal
Dont tes pieds foulent les marches.
Tu fais parvenir aux dieux leur nourriture spirituelle
Et des offrandes sépulcrales à ceux qui sont dans
[les tombeaux.
Ô dieu puissant ! Tu as remis aux mains des dieux,

1. Up-Uaut, divinité – sous forme de chacal – qui « ouvre les chemins ».

Par toi créés, ton immense pouvoir !
Tu demeures dans leurs Corps Glorieux
Et tu rassembles tes attributs éparpillés parmi toutes [les divinités.
Tu entends la Voix de la Vérité-Justice
Le jour des offrandes, lors des fêtes d'Uga...

Chapitre CXXIX

(Répétition du Chapitre C)

Chapitre CXXX

POUR RENDRE PARFAITS LES ESPRITS SANCTIFIÉS

Regardez ! Le Ciel est ouvert, la Terre est ouverte,
L'Ouest est ouvert, l'Est est ouvert,
La moitié du Ciel du Sud est ouverte,
La moitié du Ciel du Nord est ouverte,
Les Portes sont grandes ouvertes, les Portails sont [déverrouillés,
Et voici que Râ paraît à l'horizon...
La Porte double lui est ouverte par la Barque Sektet,
Le Portail lui est ouvert par la Barque Mandjit[1] ;
Il respire l'Ordonnance divine des Mondes...
Et voici que le dieu Shu paraît ; il crée Tefnut ;
Les vassaux d'Osiris composent l'entourage de Râ.
Quant à moi, je saisis ma lance de fer
Et, à l'égal d'Horus, je pénètre de force dans les [sanctuaires.

---

1. Les « Barques » de Râ (Sektet et Mandjit), voir plus haut.

J'avance vers les lieux où l'on célèbre les Mystères.
Le messager du dieu qui m'aime
Purifie par ses libations ma chapelle.
La Vérité-Justice m'accompagne.
J'ai reçu des cordes pour consolider mon sanctuaire.
J'ai les tempêtes en horreur ;
Que l'inondation n'approche pas de moi !
Que je ne sois pas repoussé de devant Râ !
Que je ne sois pas forcé de rebrousser chemin !
Regardez ! Les actions de ma vie passée sur la Terre
Les voici ! Je les porte dans mes deux bras[1] !
Ne me forcez pas d'errer dans la Vallée des
[Ténèbres !
Ne me plongez pas dans le Lac, séjour des
[Méchants[2],
Ni ne m'abandonnez en compagnie des damnés !
Que mon Âme ne soit pas subjuguée
Ni entraînée en captivité par les démons !
Qu'il me soit permis de détourner mon visage
De l'échafaud de Sepdu[3] !
Soyez loués, ô vous, Esprits planétaires
De la constellation de la Hanche !
Quant à vous, ô couteaux divins des Mystères,
Et vous, les deux Bras divins qui illuminez et
[réjouissez l'Univers
Et conduisez, selon les Rythmes des Époques,
Les jeunes et les vieux,
Regardez ! Voici Thoth, Seigneur des Mystères !

---

1. La Tradition ésotérique enseigne que les conséquences karmiques des actions commises sur Terre sont concentrées dans les extrémités (dans les bras et dans les jambes), qui deviennent ainsi les « réservoirs » du karma futur.
2. Le Lac = le Lac de Feu, l'Enfer.
3. Sepdu : on connaît plusieurs divinités portant ce nom, les unes possédant la tête de crocodile, les autres celles de lion ou d'ibis.

Il procède aux libations devant le Maître-des-
[Millions-d'Années
Et lui ouvre le chemin à travers le Firmament.
C'est Thoth qui immobilise les ouragans
Et les emprisonne dans ses forteresses.
Voici que moi, Osiris, j'arrive devant ma Demeure
[éternelle...
Ô vous, Esprits divins !
Écartez de moi les misères et les souffrances !
Et puisque ma personne est agréable à Râ,
Laissez-moi pénétrer jusqu'à lui !
Qu'une Barque tenue prête pour moi
Me permette de naviguer sans soucis et en liesse !
Que Thoth réjouisse mon cœur !
Alors je glorifierai Râ, et Râ écoutera mes paroles.
Il balaiera les obstacles que mes ennemis ont dressés
[devant moi...
Puisse ma navigation ignorer les naufrages !
Qu'on ne me fasse pas rebrousser chemin !
Car en vérité, c'est moi qui suis Râ-Osiris !
C'est pourquoi ma Barque ne craint pas les
[naufrages.
Voici un Esprit planétaire
Dont le Visage luit dans la Constellation de la Hanche ;
Son regard me fixe,
Car le Nom de Râ vit dans mon Cœur,
Et ma Forme spirituelle procède de ma bouche.
En vérité, quand je parle, Râ écoute ma Parole de
[Puissance !...
Sois glorifié, ô Râ, toi qui règnes dans l'Horizon !
Tu purifies par tes flammes les Êtres de Lumière ;
Tu possèdes au Ciel le pouvoir suprême
Au moment où l'ennemi avance à l'attaque.

Me voici ! J'arrive pour rétablir l'Ordre Cosmique[1] !
Car ce firmament d'acier qui avait protégé le monde
[de l'Amenti,
Le démon Apopi l'a percé ;
Au milieu des ouragans et des tempêtes
Il y a pénétré ;
Et malgré les contre-attaques du dieu puissant à la
[tête de Lion,
C'est de moi que dépend la restauration de l'Ordre
[des Mondes !
Écoutez-moi donc, ô dieux,
Vous qui siégez sur vos Trônes majestueux !
Voici que j'arrive devant les Hiérarchies célestes !
Je délivre à jamais Râ du dragon Apopi !
Je veille ! Je veille !
En vérité, le Dragon ne pourra plus l'approcher !
Les signes magiques placés devant moi par le
[démon,
Je saurai m'en emparer !
Les repas sépulcraux ne me manqueront pas !
Thoth me pourvoira de la puissance magique
Issue de mes actions dans la vie passée[2].
Je ferai circuler la Vérité-Justice dans la Barque
[céleste.
En établissant les Hiérarchies célestes pour des
[millions d'années,
Je triompherai au milieu d'elles.

---

1. Dans ce qui suit est exprimée la doctrine (connue du manichéisme, du bouddhisme et de l'occultisme occidental) de l'Homme, clef de voûte du Cosmos. Ce vaste Univers, avec ses hiérarchies de dieux, ne saurait être sauvé ni rétabli dans son intégrité originelle que par le sacrifice librement consenti de l'Être humain purifié, sanctifié, ayant atteint la perfection divine... Cette doctrine était enseignée dans les mystères de l'Antiquité et dans les initiations alchimiques du Moyen Âge...
2. Litt. : « Thoth le pourvoit avec ce qui a été fait par lui. »

Les dieux me guident ; et m'accueillant de leurs cris
[d'allégresse,
Ils me reçoivent dans leur céleste Barque.
Les Princes divins de l'entourage de Râ
Se tiennent derrière moi.
En vérité, je suis heureux !
L'ordre divin règne. Le Maître de l'Univers est
[glorifié.
La déesse Maat arrive devant son Seigneur et Dieu.
Voici que je reçois en mes mains l'arme sacrée
Et que je traverse le Ciel.
Les Êtres de Lumière me glorifient ;
Car mon activité est grande et je ne me repose
[jamais.
Râ lui-même accorde à mes exploits un tribut de
[louanges ;
Car j'ai fait de mon mieux
Pour réduire les suites des désastres d'Autrefois[1].
À présent, je regarde autour de moi et me sens
[satisfait...
Voici que j'abandonne les avirons ;
Et ma Barque, irrésistible comme le Soleil à l'aube,
Glisse dans les vastes étendues du Ciel...
Thoth, le dieu grand, me conduit au milieu de son
[Orbe ;
Et je prends place dans la Barque de Khepra
Où je parcours le cycle des Métamorphoses.
Je parle, et aussitôt mon Verbe magique devient
[un fait accompli.
J'avance, je parcours le Ciel.
Voici que j'arrive devant l'Amenti.
À ma vue, Shu est en joie

1. Allusion aux catastrophes cosmiques de la « Guerre dans les Cieux ».

Et les Esprits de Feu marchent à ma rencontre.
Ils saisissent et acheminent la Barque vers l'endroit
Où Râ et sa suite ont pris place.
Alors Râ fait quelques pas en avant.
Son regard tombe sur moi, Osiris : et il ordonne :
« Que la Paix soit sur lui ! Que la Paix soit sur lui !
Qu'il ne soit pas repoussé !
Que la Flamme qui le soutient en ce moment
Ne lui soit pas ravie !
Que la tempête sortant de ta gueule, démon,
Ne soit pas déchaînée contre lui !
Qu'il évite les routes menacées par les Esprits du Mal
À tête de Crocodile (il les a en horreur !)
Et qu'ils ne puissent pas l'approcher ! »
Voici que je monte dans la Barque de Râ...
Les dieux m'accordent ton Trône, ô Râ,
Ainsi que ton Corps Glorieux.
Ta route, je la parcours ; et à l'aube, je repousse
Le démon Nebt qui arrive dissimulé derrière un [rideau de flammes
Et, dans un étroit et long couloir, m'attaque à [l'improviste...
En vérité, j'ai été prévenu d'avance
Quant aux dangers qui m'attendaient.
Voici que je prends place dans la Barque, ô Râ,
Et que je reçois les offrandes qui me sont dues.

RUBRIQUE

Ce chapitre sera récité au-dessus d'un bateau de Râ peint de couleurs variées, dans un lieu rituellement pur. Placer la figurine représentant le défunt sur la proue dudit bateau et peindre la Barque « Sektet » sur le tribord et la Barque « Mandjit » sur le bâbord. On leur servira, au jour anniversaire d'Osiris, des offrandes liquides et solides... Ces cérémonies auront pour effet de faire vivre l'âme du défunt et de la faire durer éternellement. Elle ne connaîtra point la seconde mort[1].

[Dans la rédaction saïte nous trouvons, immédiatement après, les lignes suivantes :]

... Le défunt participera aux mystères du Duat ; il sera initié aux mystères du Monde Inférieur...

Ce chapitre se trouvait dans la grande salle du Temple, sous le règne du roi Hesepti ; il avait été trouvé auparavant dans la grotte d'une montagne...

Les Paroles de Puissance de ce chapitre furent créées par Horus au profit de son Père, Osiris, l'Être-Bon...

Car lorsque Râ jette un regard sur le corps et sur les membres [momifiés] du défunt, voici le spectacle qui s'offre à ses yeux : il voit le corps sous l'aspect d'un immense panorama des Hiérarchies divines[2] ; grand est l'effroi, grande est l'angoisse que cette

---

1. Après la mort physique et l'éclipse temporaire de conscience qui s'ensuit, le défunt, libéré du corps terrestre et de ses entraves, se réveille et commence à s'adapter à de nouvelles conditions de vie. Toutefois, sa conscience après la mort a pour substrat l'« enveloppe subtile » (sûkshma çarira des Hindous, le « corps astral » de Paracelse), héritière de toutes les tares et imperfections de la Terre. La fonction de la mort étant d'éliminer ce qui est impur et imparfait, ce substrat est menacé d'une « seconde mort », c'est-à-dire, de l'extinction totale de la conscience chez le défunt. C'est cette menace – conséquence de l'imperfection morale durant l'existence terrestre – qui faisait frissonner d'angoisse les anciens Égyptiens. La mort physique, par contre, les laissait indifférents, car ils se sentaient suffisamment armés pour aborder l'Au-delà et croyaient ne rien perdre au change.
2. Ce passage – très réaliste, malgré son ésotérisme – est brillamment illustré par les chants X-XI de la *Bhagavad-Gita* où l'Âme divine de Krishna est révélée à Arjuna. Car derrière le rideau illusoire du plan de la matière se cachent d'immenses panoramas du plan visionnaire ; et nulle part ils ne sont aussi vastes que derrière l'illusion du corps humain et celle de l'âme humaine...

vision inspire aux hommes, aux dieux, aux Esprits sanctifiés et aux damnés…

Le défunt sera uni à son âme, éternellement ; il ne mourra pas pour la seconde fois dans le Monde Inférieur ; aucun contretemps ne lui arrivera lors de la Pesée des Paroles. Il triomphera de ses ennemis et pourra trouver sur l'autel de Râ ses offrandes sépulcrales tous les jours, éternellement…

Chapitre CXXXI

Pour demeurer aux côtés de Râ

Je suis Râ dont le rayonnement embrase la Nuit.
Tout homme qui le suit,
Suit Thoth et participe de la Vie éternelle…
Il sera pareil à Horus
Qui, orné d'un diadème, parcourt la Nuit.
Mon cœur se réjouit, car je suis un de ces Êtres
Dont les ennemis ont été détruits par les Princes des
[dieux.
Ayant reçu son arme de fer, je parcours la route près
[de Râ.
Voici que je viens vers toi, ô Râ, mon Père divin !
J'arrive sous les traits de Shu et j'invoque la
[puissante déesse.
Je fournis ma substance au dieu Hu.
Par ma présence, j'écarte le démon Nebt du chemin
[de Râ.
Je suis un Esprit sanctifié. J'arrive vers le Prince
[des dieux
Qui demeure aux extrêmes confins du Ciel.
J'ai rencontré la puissante déesse.

J'ai relevé ton courage,
Afin que mon Âme vive
Par la puissance et par la terreur de ton Nom.
Car, quand Râ au Ciel fait entendre sa voix,
C'est moi qui donne ici des ordres !...
Salut, ô grande divinité dans l'Orient du Ciel !
Laisse-moi prendre place dans ta Barque !
Laisse-moi y descendre, en planant,
Sous les traits d'un Faucon divin !
Laisse-moi prononcer les paroles de commandement !
Voici que je frappe avec puissance
Et que je m'empare de ma vigne !
Laisse-moi donc monter en paix dans ta Barque, ô Râ,
Et naviguer en paix dans la belle Amenti !
Voici Tum qui m'adresse la parole et qui dit :
« Veux-tu entrer ? Car la déesse Mehen, sa durée[1]
Est d'un million d'années, oui, d'un million de fois
[un million d'années !
Elle demeure à Urt, près du Lac-des-Millions-
['Années...
Voici que les armées du Ciel sont en marche
Aux côtés de la déesse et des dieux qui l'entourent.
Le dieu du Fractionnement de l'Univers
Se trouve aussi à ses côtés. »
Je dis : « Quelque chemin qu'on prenne,
Pour des millions d'années à venir,
On ne découvrira partout que Râ, notre Maître et
[Seigneur.
Le chemin qu'il suit est le chemin du Feu,
Et toutes les Armées du Ciel marchent derrière lui ! »

1. *Mehen* : la déesse-serpent qui protégeait Afu-Râ dans sa Barque pendant le voyage *nocturne* du Duat.

Chapitre CXXXII

Pour revenir sur terre et revoir sa Maison

Je suis le dieu-Lion.
À grandes enjambées je parcours le Ciel.
Voici que je bande mon arc et que j'abats ma proie.
À présent, j'arrive devant les canaux
Et je passe à travers l'Œil d'Horus.
En vérité, je suis moi-même l'Œil d'Horus[1] !
Ô dieux ! Laissez-moi avancer en paix !

Chapitre CXXXIII

Pour rendre parfait l'Esprit sanctifié du Défunt

Voici que Râ paraît à l'Horizon
Et que, sorti des régions mystérieuses,
Suivi des dieux, il assouvit la faim du Ciel Oriental.
Le Verbe de Puissance de la déesse Nut
Prépare la voie à ce Prince des dieux…
Et voici que Râ se dresse dans son sanctuaire.
Tu renifles l'air frais,
Tu aspires les vents du Nord,
Tu fournis l'aliment à tes poumons[2]

---

1. Les frontières entre le Moi et le Non-Moi n'existant pour ainsi dire pas sur le plan visionnaire, le défunt, au moment où il traverse l'Œil d'Horus, s'identifie avec celui-ci.
2. Litt. : « à ta cage thoracique ». Bksw, la colonne vertébrale ; îbt, le piège à oiseaux ; donc, « thorax »).

Le jour où tu respires selon la divine Ordonnance[1].
Voici que tu fends la foule qui entoure Râ
Et tu vogues dans la Barque de Nut.
Les Princes des dieux obéissent à tes ordres,
Pendant que tu recueilles tes os
Et que tu comptes tes membres éparpillés[2].
Tu te diriges vers la belle Amenti,
Tu y parais, et ta Forme, de jour en jour, devient plus
[jeune...
Baignée dans le rayonnement du Disque solaire
Elle resplendit, à présent, comme une statue d'or...
En vérité, avec chaque jour qui passe
Ton Image devient plus jeune et plus belle.
À l'horizon montent des cris d'allégresse ;
On les entend vibrer dans les cordages de ta Barque.
Les dieux du Ciel me contemplent avec admiration,
Comme si j'étais Râ lui-même.
Leur Maître va chercher la couronne Ureret...[3]
Je me sens seul au milieu des dieux qui entourent
[Râ,
Mais fort par le fait même de ma solitude ;
Pareil à Râ, je suis vigoureux
Sur Terre et dans le Monde Inférieur.
En vérité, je ne demeurerai jamais inerte ni passif !
Voici que mes deux yeux possèdent toute leur force
[d'antan
Et qu'avec mes deux oreilles
J'entends les Harmonies de l'Ordonnance divine.
Comme Râ, je navigue dans l'Océan céleste.

---

1. L'Ordonnance divine (Maat = la synarchie cosmique) est opposée à l'acosmie et à l'anarchie.
2. De même que les membres d'Osiris ont été éparpillés à travers l'Égypte, de même le défunt, identifié à Osiris, doit subir – théoriquement – le même sort.
3. Ureret : couronne royale de Râ.

En vérité, je ne répéterai jamais ce que j'ai entendu ;
Je ne raconterai à personne ce que j'ai vu
Dans les lieux des Mystères…
Voici que l'on me salue avec des cris de joie
Et que je parcours en triomphateur l'Océan céleste.
Je suis le divin Faucon.
Les Esprits qui m'entourent apportent, au gré des [dieux,
La Paix céleste à mon Double éthérique…
En vérité, multiples et variées à l'infini sont mes [Métamorphoses
Devant le Faucon d'Or…

RUBRIQUE

Réciter ce chapitre au-dessus d'un bateau, long de quatre coudées, fait en porcelaine verte et décoré d'images peintes des Esprits-gardiens des cités ; peindre, en outre, un ciel étoilé ; le tout sera purifié rituellement, à l'encens et au natrum.

Faire sculpter ensuite, dans de la pierre « Meht », neuve, une image de Râ et la placer à la proue du bateau. Y placer également une image du mort que tu aimes, afin qu'il y atteigne la perfection ; qu'il puisse parcourir le Ciel dans la Barque de Râ et qu'il l'y contemple en personne.

Qu'aucun œil humain ne découvre ces objets sacrés, sauf toi-même, ton père et ton fils. Prends-en grand soin !

Grâce à ce moyen, le défunt atteindra une grande perfection au sein de Râ ; son pouvoir parmi les dieux de son entourage sera immense ; ceux-ci le considéreront comme leur égal ; et si les hommes

La procession de barques divines sur le Nil céleste. – Au milieu : Les funérailles. Les enfants du défunt, les pleureuses, les proches, Anubis. – Le texte en bas : L'énumération des offrandes destinées au défunt.

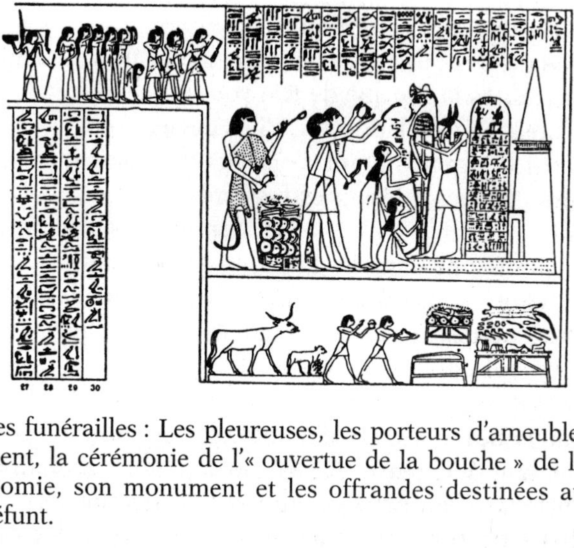

Les funérailles : Les pleureuses, les porteurs d'ameublement, la cérémonie de l'« ouvertue de la bouche » de la momie, son monument et les offrandes destinées au défunt.

vivant sur Terre ou les Morts de l'Au-delà le rencontrent sur leur chemin, ils se prosterneront devant lui. Car il apparaîtra dans le Monde Inférieur couronné d'un rayonnement, à l'égal de Râ.

Chapitre CXXXIV

Pour rendre parfait l'Esprit sanctifié du Défunt

Salut, ô dieu ! Tu brilles et resplendis,
Debout dans ton sanctuaire. À ceux qui t'aiment
Tu donnes la joie des millions d'années.
Aux Êtres de Lumière tu fais parachever, selon leur gré,
Les innombrables Métamorphoses dans la Barque
[de Khepra.
Tu as renversé le démon Apopi.
Et vous, ô fils de Kêb, vous renverserez mes ennemis !
Assis dans la Barque de Râ, vous les détruirez !
Horus coupera leur tête ! Elles deviendront
Au Ciel comme autant d'oiseaux qui voltigent…
Leurs parties inférieures ressembleront aux
[animaux sur la Terre,
Aux poissons dans les Lacs…
En vérité, tous les démons, mâles ou femelles,
Je les détruirai : ceux qui parcourent le Ciel,
Ceux qui habitent la Terre
Et même ceux qui atteignent les Étoiles…
Voici que Thoth, fils d'Aner, sort d'Amenti
Pendant que, silencieux et muet, je le regarde faire.
Puisse ce dieu puissant, grand massacreur, terreur
[des démons,
Les anéantir, les broyer, les balayer de l'existence !

Qu'il se purifie dans leur sang !
Qu'il prenne un bain dans le sang des Démons
[Rouges !
En vérité, il vous détruira, vous, ô démons,
En vous attaquant de son siège dans la Barque de
[Râ, son Père !
Apprenez que je suis Horus, né d'Isis !
Nephthys m'a nourri de son lait.
(De même que ces déesses ont mis au monde
[et allaité Horus,
Celui qui écrase les démons, alliés de Seth.)
Ah ! Lorsqu'ils verront la couronne Urеret sur ma
[tête
Ils tomberont sur leurs faces et m'adoreront !
Voici que les hommes et les femmes, les dieux
[et les morts,
Et les Esprits sanctifiés, tous me voient,
Moi, Horus, la couronne Urеret sur ma tête !
Ils tombent sur leur face et m'adorent !
Car, en vérité, j'ai vaincu mes ennemis
Dans le Ciel supérieur et dans le Ciel inférieur,
Devant les Hiérarchies divines, devant les déesses
[et les dieux !

Rubrique

Réciter ce chapitre sur l'image d'un Faucon orné d'une couronne blanche, ainsi que sur celles des dieux Tum, Shu, Tefnut, Kêb, Nut, Osiris, Isis, Seth et Nephthys, peints en couleur jaune sur de la pierre brute « Meht » ; placer ces images à l'intérieur d'une « barque du Soleil », en même temps qu'une figurine représentant le défunt que l'on voudrait sanctifier.

Oindre tous ces objets avec de l'huile de cèdre, brûler de l'encens et rôtir de la volaille. C'est un acte de vénération vis-à-vis de Râ pendant sa navigation.

Tous ces actes étant accomplis, le défunt demeurera avec Râ tous les jours, partout où ce dieu se dirigera ; et il détruira les ennemis de Râ réellement, continuellement, éternellement.

Chapitre CXXXV

PAROLES À PRONONCER LORS DE LA NOUVELLE LUNE

Moi, Osiris, je tiens en échec les Tempêtes du Ciel.
J'entoure de bandelettes et fortifie
Horus, le Dieu-Bon, continuellement[1].
Moi, dont les Formes sont diverses et multiples,
Je reçois mes offrandes aux heures fixées par le Destin.
Les Tempêtes sont immobilisées devant ma face.
Voici que Râ arrive, accompagné de quatre divinités
[supérieures.
Ils parcourent le Ciel dans la Barque solaire.
Et moi, Osiris, je pars pour mon Voyage
À l'heure fixée par le Destin.
Monté sur les cordages de la Barque solaire
Je commence ma nouvelle existence...

1. Ici Horus, momifié, est identifié avec Osiris.

Si le défunt connaît ce chapitre, il deviendra un Esprit sanctifié dans le Monde Inférieur ; il n'y mourra pas pour la seconde fois ; assis aux pieds d'Osiris il y pourra recevoir sa nourriture.

Si le défunt connaît ce chapitre [pendant ses pérégrinations] sur Terre, il deviendra pareil à Thoth ; il sera vénéré des vivants ; il ne sera point précipité, le moment venu, dans les Flammes Royales de la déesse Bast, mais cette puissante princesse le fera grandement prospérer.

Chapitre CXXXVI

POUR CIRCULER DANS LA BARQUE DE RÂ

Ô vous, Esprits stellaires d'Héliopolis !
Et vous, Êtres lumineux de Kher-Aha[1] !

1. Kher-Aha, ville qui se trouvait sur l'emplacement de Fustât, le Vieux-Caire d'aujourd'hui.
Ici, comme dans tous les autres passages du *Livre* mentionnant des « villes », il s'agit, bien entendu, non pas d'une localité de ce nom sur la terre, mais de son « modèle originel » sur un plan supérieur.

Regardez ! Un dieu vient de naître !
Les cordages de sa Barque céleste sont au complet…
Voici qu'il saisit les avirons.
En vérité, je suis assez puissant
Pour manier les armes de combat des dieux !
Voici que je démarre la Barque de Râ et pénètre
[au Ciel…
Je parcours les canaux et j'arrive devant Nut.
En compagnie de Râ je vogue
Sous la forme d'un Esprit au masque de singe[1].
En vérité, j'ai écarté
Les désastres qui déjà menaçaient les Mondes,
Les limites du Ciel et l'Escalier du dieu Sebagu[2].
Voici que les dieux Kêb et Nut sont joyeux.
Ils ne cessent de répéter mon Nom,
Car je suis un nouveau-venu pour le Ciel.
Grâce à moi, l'Être-Bon rajeunit ;
Râ reparaît dans toute sa splendeur ;
Le dieu Unti recouvre le pouvoir de parole,
Et le dieu des inondations, Bahu,
Devient premier parmi les dieux…
En vérité, les malheureux qui n'avaient pas connu la
[joie de vivre,
Ils la goûtent à présent.
On n'entend plus de lamentations.
La vigoureuse action des Hiérarchies célestes
Se fait partout sentir…
Je t'adore, Âme divine, dont la puissance magique
Passe la puissance des dieux du Sud et du Nord
Dans tout l'éclat de leur splendeur !
Oh ! Puissé-je croître et grandir au Ciel,

1. Les Esprits-cynocéphales, « serviteurs » de Thoth et adorateurs du Soleil à l'aube.
2. Sebagu (ou : Sbagu), la planète Mercure.

Comme tu grandis parmi les dieux !
Délivre-moi donc de tous les pièges des démons !
Fortifie mon cœur !
Puissé-je devenir fort, de la force de tous les dieux,
De tous les Esprits sanctifiés et de tous les morts !
Oui, en vérité ! Je suis fort de toutes les forces !
Je suis le Seigneur de la Justice divine
Dont les rênes sont tenues par la déesse Uadjit[1] !
Les forces qui, des confins des Mondes, viennent et [me protègent,
Protègent Râ dans son Ciel !
Que mon Voyage s'accomplisse donc en paix, ô Râ !
Ouvre la Voie pour ta Barque céleste !
Car la force qui me protège, elle te protège, ô Râ !
J'arrive au Ciel en dieu vengeur,
Horus Khuti, Maître des deux Horizons.
Je rétablis pour Râ l'ordre dans les Demeures du [Ciel.
Les dieux se réjouissent lorsque je repousse les [démons.
Le démon Nebt ne pourra m'approcher ;
Et les Gardiens des Seuils ne me détruiront pas.
Car je suis un dieu mystérieux au visage voilé,
Préposé au sanctuaire du Grand Temple.
Je porte et communique à Râ les paroles des dieux
Et supplie mon Seigneur, selon les paroles du [message.
En vérité, je suis plein de vigueur ;
Je reçois mes offrandes au temps fixé par le Destin.

---

1. *Uadjit* : l'ancienne déesse-serpent, dont le temple se trouvait à Buto (Per-Uadjit), dans le Delta. Elle était la déesse-égrégore de la Basse-Égypte, Nekhebit l'étant pour la Haute-Égypte. (Les deux déesses étaient symbolisées par les deux uraei sur le front de Râ, ainsi que sur la couronne royale de l'Égypte.)

Rubrique

Ce chapitre sera récité au-dessus d'une figurine représentant le défunt et placée à l'intérieur d'un « bateau de Râ ». Le récitant aura été préalablement lavé et purifié rituellement ; il brûlera, tout d'abord, de l'encens devant Râ ; il présentera ensuite des offrandes de pain, de vin et de volaille rôtie, destinées au voyage du défunt dans le bateau de Râ.

Tout Esprit sanctifié à l'usage duquel auront été accomplies ces cérémonies pourra demeurer parmi ceux qui *vivent* ; il ne sera jamais détruit ; il mènera l'existence d'une divinité sacro-sainte ; le Mal ne pourra l'atteindre ; il sera pareil à un parfait Esprit sanctifié de l'Amenti ; il ne mourra point pour la seconde fois ; il prendra ses aliments en présence d'Osiris, tous les jours ; il pourra se déplacer en compagnie des rois du Nord et du Sud, tous les jours ; il pourra se désaltérer aux sources ; il sortira – pareil à Horus – vers la Lumière du Jour ; il vivra et deviendra pareil à un dieu ; il sera exalté et invoqué par les vivants, tel un Râ, tous les jours, réellement, continuellement, éternellement.

Chapitre CXXXVII

Pendant qu'on allume le Feu dans le Monde Inférieur[1]

Voici que l'Œil étincelant d'Horus,
Lumineux comme Râ, paraît à l'Horizon.

1. Papyrus Nebseni.

Ses mouvements sont pleins d'harmonie,
Et il détruit la triple domination de Seth.
Car il avait été décrété que Seth serait saisi et amené
Et que les flammes dévorantes de l'Œil divin
Seraient dirigées contre lui.
Qu'elle vienne donc, cette Flamme régénératrice,
Que je puisse l'adorer !
Qu'elle fasse régner autour de Râ,
D'accord avec les vœux de tes deux Sœurs,
L'Ordonnance divine !
Ô Râ ! En vérité, l'Œil divin d'Horus,
Il vit ! Il vit !
Il vit au sanctuaire du Grand Temple.
Son Nom est : « An-Maut-f ».

Chapitre CXXXVIII

PENDANT QUE LE DÉFUNT ENTRE À ABYDOS

Salut, ô dieux qui demeurez à Abydos !
Vous, Hiérarchies divines rassemblées dans ces
[lieux,
Venez à ma rencontre !
Regardez et réjouissez-vous !
Voici Osiris, mon Père divin !
Devant son Tribunal j'ai été jugé !
Dans son Sanctuaire j'ai pénétré !
En vérité, je suis Horus,
Maître de l'Égypte et le Seigneur du Désert Rouge ;
Car j'ai pris possession de ce pays.
Personne ne surpasse Horus en puissance !
La terreur de son Œil divin fait trembler ses
[ennemis !

En vérité, il a vengé son Père divin,
Arrêté l'inondation provoquée par sa Mère.
Il a écrasé ses ennemis, détruit le désordre et
[la violence,
Réduit à l'impuissance les attaques du démon Nebt,
Lui, Horus, Seigneur d'une multitude de peuples,
Prince des deux Terres !
Voici qu'en vertu des décrets,
Il s'empare du Domaine de son Père.
Ma Parole, après le Jugement de la Balance,
Fut trouvée juste et véridique ;
J'ai maîtrisé mes ennemis et déjoué leurs pièges
Dirigés contre moi.
En vérité, ma force me protège,
Car je suis le fils d'Osiris ; et mon Père
Protège son Corps avec une force miraculeuse...[1]

Chapitre CXXXIX

(Répétition du Chapitre CXXIII)

Chapitre CXL

À RÉCITER LORSQUE L'ŒIL DIVIN EST À SON POINT CULMINANT

Regardez ! Un dieu puissant se lève à l'Horizon !
Voici que Tum paraît
Entouré des nuages odorants.
Le Ciel entier est embrasé par le rayonnement

1. Allusion à l'identité d'Osiris avec le défunt lui-même.

Des Esprits sanctifiés.
Le temple aux pylônes est plein de joie et
[d'allégresse ;
Car voici qu'au milieu des dieux je fais mon
[apparition…
Ma Forme ressemble à celle des autres dieux.
En ce moment même, des cris éclatent…
Bientôt ils retentissent de plus belle.
L'allégresse règne dans les sanctuaires du Monde
[Inférieur.
Les décrets de Tum et de Horu-Khuti sont reçus avec
[vénération.
Or sa Majesté a ordonné aux divines Hiérarchies
[de sa suite :
« Que l'Œil divin approche de ses membres !
Qu'il rende puissants ses bras,
Afin qu'ils exécutent les décrets de Dieu ! »
En vérité, l'Œil divin resplendit au milieu du Visage
Pendant la longue période de Nuit,
Lors de la Quatrième Époque de la Terre[1]
Et jusqu'à la fin de la deuxième subdivision de
[l'Époque.
Alors, devant les Hiérarchies célestes,
Resplendit la Majesté de l'Œil divin…
Sa Majesté est lumineuse comme autrefois,
À l'aube des Temps où elle était à la fois
Toutes les divinités : Râ, Tum, Shu, Kêb,
Osiris, Seth, Horus, Mentha, Bahu, Thoth,
Nau, Djetta, Nut, Isis, Hathor, Nephthys,
Merti, Maat, Anpu, Tamesdjetta,
L'Âme et le Corps de Râ…

1. À la lecture de ce chapitre on est amené tout naturellement à identifier la « Nuit de la Quatrième Époque » avec la Kali-Yuga de la tradition ésotérique hindoue.

Telle est l'énumération récitée par Udjat
Devant le Seigneur de la Terre.
Elle est complète ; les dieux s'en réjouissent,
[aujourd'hui,
Et leurs bras restent inactifs.
Les dieux, pendant les Fêtes, disent :
« Salut, ô Râ, navigateur, parmi ta nombreuse suite !
En vérité, Apopi est vaincu !
Salut, ô Râ, toi qui te manifestes
Sous toutes les Formes du Devenir universel !
Salut, ô Râ, le vainqueur des ennemis !
Que ton Nom soit sanctifié !
Salut, ô Râ, toi qui détruis les Enfants de la Révolte ! »

Rubrique

Réciter ce chapitre au-dessus d'une amulette d'Udjat[1] (faite avec du véritable lapis-lazuli ou avec de la pierre « Mac » ornée avec de l'or) devant laquelle on placera de belles et pures offrandes, le dernier jour du second mois de la saison « Pert », au moment où Râ paraît.

Faire une autre amulette d'Udjat, avec du jaspe, et la placer sur une partie du corps du défunt, à ton choix. Lorsque ce chapitre aura été récité devant un « bateau de Râ », le défunt pourra se déplacer en compagnie des dieux ; il deviendra l'un d'eux ; il ressuscitera dans le Monde Inférieur.

Lors de la récitation de ce chapitre et lorsque les offrandes auront été placées devant Udjat se trouvant à son apogée, quatre feux seront allumés sur

1. Udjat, l'Œil d'Horus.

des autels pour Râ-Tum, ainsi que quatre autres pour Udjat et, enfin, quatre feux seront allumés pour les dieux mentionnés ci-dessus.

Disposer, sur chacun de ces autels, cinq pains, de l'encens et de la viande rôtie...

Chapitres CXLI-CXLII[1]

Ici commence le chapitre que récitera soit un fils au bénéfice de son père mort, soit un père au bénéfice de son fils mort ; il sera récité lors des fêtes de l'Amenti, afin de rendre le défunt parfait aussi bien dans le sein de Râ que parmi les dieux au milieu desquels il séjournera.

À réciter au neuvième jour des fêtes.

Dire :

Voici les offrandes : du pain, de la bière, de la viande, de la volaille, du rôti, de l'encens allumé... Elles sont destinées :

À Osiris, Prince de l'Amenti ;
À Râ-Harakhte, à Nû, à Maat, à la Barque de Râ ;
À Tum ;
À la Grande Hiérarchie des dieux et à la Petite ;
À Horus, Maître de la couronne Ureret ;
À Shu, à Tefnut, à Kêb, à Nut, à Isis, à Nephthys ;
Aux Temples des multiples KA du Seigneur des [Mondes ;
Aux circuits et aux révolutions célestes

1. Ces deux chapitres forment un seul bloc, qui pourrait être divisé en deux parties dont la première renfermerait les noms de dieux autres qu'Osiris et la deuxième les noms d'Osiris. C'est ce qui fut fait pour la recension saïte publiée par R. Lepsius.

Qui maintiennent l'Ordre divin[1] ;
À Augert qui demeure à sa place naturelle ;
À l'Égypte du Nord et du Sud qui est un Corps
[glorieux des dieux ;
À la déesse vénérée à la chevelure rousse ;
À la déesse, Amie de la Vie, dont les cheveux flottent
[au vent ;
À la déesse dont le Nom puissant se révèle dans ses
[exploits ;
Au Taureau sacré, époux de la Vache divine ;
Au pouvoir bienfaisant du beau Gouvernail
Qui resplendit au Septentrion du Ciel ;
Au pouvoir bienfaisant du Gouvernail du Ciel
[occidental
Qui accomplit ses circuits et qui sert de guide aux
[deux Terres ;
Au dieu de la Lumière, au milieu du Temple rempli
[de statues des dieux
Et qui est le Gouvernail bienfaisant du Ciel oriental ;
À Celui qui demeure dans le Temple des Esprits
[Rouges,
Qui est le Gouvernail bienfaisant du Ciel Méridional ;
À Mestha, Hapi, Duamutf et Kebhsennuf ;
Aux deux Temples de la Terre d'Égypte,
Celui du Nord et celui du Sud ;
À Sektet et Mandjit, les deux Barques du Soleil ;
Au dieu Thoth ;
Aux dieux du Sud, du Nord, de l'Est, de l'Ouest ;
Aux dieux de la Hanche du Ciel ;
Aux dieux des offrandes sépulcrales ;
Au dieu du grand Sanctuaire ;
Au dieu du temple de Feu ;

1. « Circuits » (sn), au lieu de « tempêtes ». L'erreur du déterminatif est due au copiste.

Aux dieux des nécropoles ;
Aux dieux des deux Horizons ;
Aux dieux des champs ;
Aux dieux des herbes et de la végétation ;
Aux dieux des pains de froment ;
Aux Esprits des chemins du Sud, du Nord, de l'Est,
[de l'Ouest ;
Aux Esprits-gardiens des Portes du Duat ;
Aux Esprits-gardiens des Pylônes du Duat ;
Aux Esprits-gardiens des Portes des Mystères ;
Aux Esprits aux visages voilés qui gardent les
[carrefours ;
Aux Esprits-gardiens de ceux qui se lamentent et
[implorent ;
Aux Esprits-gardiens des sépulcres creusés aux
[flancs des montagnes,
Source de joie et de contentement aux défunts ;
Aux Êtres flamboyants qui attisent le feu ;
Aux Êtres qui font la ronde autour des autels
[fumants ;
Aux Êtres qui apaisent le feu flambant dans
[l'Amenti...[1]

*

* *

À Osiris, l'Être-Bon et Seigneur de la Vie,
Seigneur de l'Univers et Maître du Temple
[d'Abydos ;
À Osiris, dieu Saa et dieu Orion,
Seigneur des Temples du Sud et du Nord,

1. Ici commence – dans l'édition de R. Lepsius – le chapitre CXLII, entièrement consacré à Osiris.

Dont la domination s'étend sur des millions
[d'années ;
À Osiris-Ptah, Seigneur de la Vie, Bati-Erpit,
Prince du Re-stau, qui demeure dans les Montagnes-
[nécropoles ;
À Osiris qui habite en Ati, Sehtet, Nedjeft,
En Resu, Pé, Neteru, Sau, Baket, Sunnu ;
En Rehenenet, Aper et Kefdenu…
À Osiris-Sokari de Ped-She et de Pesg-Ré ;
À Osiris qui demeure dans sa ville ;
À Osiris qui demeure au Ciel, ainsi que dans le
[Re-stau ;
À Osiris Nebjesti, au grand couteau ;
À Osiris, Seigneur de l'Éternité ;
À Osiris qui séjourne dans les eaux et qui décide
[du sort des batailles ;
À Osiris, Prince couvert de bandelettes de momie,
Seigneur de Tanent et de Nedbit,
De Sati, Bedeshu, Depu, Saïs, Nepert, Shennu,
De Henket, Ta-Sokari, Shau, Fat, Heru, Maati,
[Hena…

Chapitre CXLIII

(Ne renferme que des vignettes)

Chapitre CXLIV

[L'entrée dans les Arrits]

Le premier Arrit[1].

« Être-aux-aspects-multiples-suspendu-la-tête-en-
[bas » est le Nom de son Gardien.
« Enquêteur » est le Nom de son Surveillant.
« La-voix-qui-baisse » est le Nom de l'Huissier.

Le deuxième Arrit.

« Gloire-Étendue » est le Nom de son Gardien.
« Tourne-visage » est le Nom de son Surveillant.
« Maître » est le Nom de son Huissier.

Le troisième Arrit.

« Mange-Ordure » est le Nom de son Gardien.
« Visage-qui-veille » est le Nom de son Surveillant.
« Criailleur » est le Nom de son Huissier.

Le quatrième Arrit.

« Repousse-Visage-aux-Voix-multiples »
Est le Nom de son Gardien.
« Cœur-qui-veille » est le Nom du Surveillant.

1. Les Arrits (ou : Arruts) étaient des portes massives donnant accès aux sept « demeures » du Duat, lesquelles portaient le même nom ; devant chaque porte étaient assis, armés de couteaux, trois Esprits : un gardien, un surveillant et un huissier (celui-ci annonçait les arrivants à l'intérieur de l'Arrit).

« Balafré-qui-repousse-les-Enragés » est le Nom de [l'Huissier.

Le cinquième Arrit.

« Mange-Serpents » est le Nom de son Gardien.
« Avaleur » est le Nom du Surveillant.
« Visage-d'Hippopotame-Terreur-des-Rebelles »
Est le Nom de l'Huissier.

Le sixième Arrit.

« Modeleur-des-Pains-frappe-Voix » est le Nom de [son Gardien.
« Porte-Visage » est le Nom du Surveillant.
« Ne-point-taillader-le-Visage-du-Gardien-du-Lac »
Est le Nom de l'Huissier.

Le septième Arrit.

« Ne-joue-pas-avec-le-Couteau » est le Nom de son [Gardien.
« Grande-Voix » est le Nom du Surveillant.
« Terreur-des-Démons » est le Nom de l'Huissier.

Salut, ô Arrits !
Et vous qui, au nom d'Osiris,
Avez fait surgir les Arrits, salut !
Vous qui veillez sur eux
Et, tous les jours, qui annoncez à Osiris
Les besoins des Deux Terres, –
En vérité, je vous connais et je connais vos Noms.
Car je reviens à la vie dans le Re-stau ;
Proclamé l'Esprit sanctifié des Deux Horizons

J'ai été exalté dans la ville de Pé et dans le Re-stau,
Salué comme un Corps Glorieux,
Un Être Purifié dans le Sein d'Osiris.
Entouré de dieux, je parcours la Maison de
[l'Horizon,
Car je suis, à présent, l'un d'entre eux,
Leur égal, leur chef même ;
Chef reconnu des Esprits sanctifiés, je préside
Aux fêtes des mois et demi-mois.
Ô toi qui accomplis tes célestes circuits,
Regarde ! Je vis sous l'Œil flamboyant d'Horus ;
Et, la nuit venue,
Lorsque, dans ma barque, je navigue sur l'Océan
[céleste,
Le bras de Thoth demeure étendu au-dessus de moi
Et la Barque sacrée de Râ me protège...
En vérité, mon Nom est plus puissant que n'est le
[vôtre,
Et je triomphe de vous dans le chemin de Vérité-
[Justice.
Horus, le fils aîné, fils bien-aimé de Râ, se porte à
[mon secours,
Et je suis pourvu des forces magiques du dieu-Lion.
C'est pourquoi je ne serai pas repoussé aux portes
[des Arrits.
Tous les jours
Je me purifie dans l'entourage d'Osiris, prince de
[l'Amenti.
Et c'est dans les Champs de la Paix que je laboure.
Je séjourne, entouré des Initiés et des Magiciens[1],
Vis-à-vis des Esprits
Qui, sous la protection du bras puissant de Thoth,

1. Litt. : « parmi ceux qui *savent* les choses (cachées) et ceux qui les *pratiquent* ».

Apportent des offrandes…
Par ordre d'Anubis, ils surveillent les démons
Et les empêchent de ravir ces offrandes.
Voici que, pareil à Horus dans sa splendeur, j'arrive.
Râ m'accorde entrée aux Arrits de l'Horizon ;
Et les dieux me saluent avec des cris de joie.
Le démon Nebt ne saura m'approcher ;
Et les gardiens des Arrits ne me repousseront pas,
Car mon Corps est protégé d'amulettes.
Un voile épais couvrant mon visage,
Entouré d'Initiés de la déesse Hathor
Je demeure dans la pénombre sacrée de son Temple.
En vérité, c'est moi qui crée les foules d'humains,
Qui détruis le pouvoir néfaste d'Apopi
Et fais que Maat s'approche de Râ.
Voici que j'ouvre une voie à travers le firmament,
Et que j'immobilise les tempêtes et rends la vie à
[l'entourage de Râ…
Je fais à présent transporter mes offrandes
Vers un endroit qui me convienne ;
Et, ayant équipé ma barque, je navigue en paix ;
J'ouvre des voies, les parcours à mon gré.
Mon visage est pareil à celui d'un dieu puissant :
Je suis le Seigneur de la Puissance…
Voici que je me repose à l'Horizon.
En vérité, je suis assez puissant pour vous culbuter,
[ô démons !
Ne vous opposez donc pas à mon avance !
Ne me repoussez pas, moi Osiris, votre Seigneur !

Ce chapitre sera récité au-dessus d'un dessin représentant les Hiérarchies divines et exécuté, en couleur jaune, sur un « bateau de Râ ». Des offrandes leur seront faites : de la volaille et de l'encens ; grâce à quoi le défunt revivra ; il sentira ses forces redoubler parmi les dieux qui l'entourent ; il ne sera pas repoussé devant les Pylônes du Monde Inférieur.

En outre, faire une figurine représentant le défunt ; la placer devant ces dessins et la faire avancer successivement vers chacune de ces Portes.

Réciter ce chapitre devant la Porte dessinée de chaque Arrit respectif et placer une offrande devant elle : hanche, cœur, tête et pied d'un taureau roux et quatre récipients remplis de sang ne provenant pas du cœur ; des amulettes ; seize pains blancs, huit pains PSEN, huit pains SHENS, huit pains KHENFU ; huit pains HBENNU ; huit vases de bière ; huit boisseaux de grain ; quatre vases pleins de lait d'une vache blanche ; de l'herbe verte ; des olives vertes ; de la pommade de liniment pour les yeux ; de la pommade HATET et de l'encens allumé.

Réciter ce chapitre deux fois au-dessus de chacun des vases. Après avoir fait ces dessins, à la quatrième heure, marcher en cercle [autour d'eux], pendant la journée, tout en faisant grandement attention et en calculant le temps d'après le ciel.

Pendant que tu procèdes aux cérémonies décrites ci-dessus, fais attention de ne pas être vu de personne ; grâce à ces cérémonies, le défunt fera de grands progrès dans le Ciel, sur la Terre et dans le Monde Inférieur ; ceci lui sera profitable pour tout ce qu'il entreprendra ; il obtiendra tout ce dont il aura besoin, réellement, continuellement, éternellement...

Chapitre CXLV

LES PYLÔNES DE SEKHT-IANRU[1]

I

À toi je porte le salut d'Horus,
Ô toi, premier Pylône du Dieu-au-Cœur-Arrêté !
Voici que j'ai achevé mon Voyage.
Sache-le : je connais ton Nom mystérieux,
Comme je connais l'Esprit qui monte la garde auprès
[de toi.
Voici ton Nom : « Maîtresse-des-terreurs-
Protégée-par-des-murailles-infranchissables-
Artiste-de-la-Parole-magique-
Je-repousse-les-forces-du-Chaos-et-je-protège-le-
[Voyageur-
Sur-les-routes-du-Ciel ».
« Nerau » est le Nom de l'Esprit qui monte la garde.
Sache-le : je me suis purifié dans les eaux
Dans lesquelles Râ se purifie lui-même,
Lorsqu'il quitte l'Horizon Oriental.
J'ai été oint de la pommade « hati » du bois du
[cèdre ;
Je porte le costume rituel « menkh ».

1. Les deux régions de l'Au-delà : 1) les « Champs de la Paix divine » (Sekht-Hotep) et 2) les « Champs des Joncs » (Sekht-Ianru, ou Sekht-Ialu, d'où les « Champs Élysées » des Grecs) correspondaient, aux yeux des anciens Égyptiens, à la notion moderne du Paradis.

Je tiens en main un sceptre fait du bois « heti ».
— « Passe ! » réplique le Génie du Pylône.
« Tu es pur ! »

II

À toi je porte le salut d'Horus,
Ô toi, deuxième Pylône du temple,
Où réside le « Dieu-au-Cœur-Arrêté » !
Voici que j'ai achevé mon Voyage.
Je connais ton Nom caché
Comme je connais l'Esprit qui monte la garde auprès
[de toi.
Voici ton Nom : « Souveraine-du-Ciel-maîtresse des
[deux-Mondes-
Celle-qui-sème-la-terreur-sur-la-Terre-
Jusque-dans-ses-profondeurs... »
« Mes-Ptah » est le Nom de l'Esprit qui monte la
[garde auprès de toi.
Sache-le : je me suis purifié dans les eaux
Où Osiris, aux temps anciens, s'est purifié,
Et où les Barques : « Sektet » et « Mandjit »
Lui furent amenées, lorsqu'il sortit d'Am-Urt
Et qu'il passa sous les Pylônes.
J'ai été oint de la pommade en usage lors des fêtes,
Et je porte le vêtement rituel « seshet » :
J'arrive, tenant en main un sceptre en bois de
[« benben ».
— « Passe ! » répond le Génie du Pylône.
« Tu es pur ! »

III

À toi je porte le salut d'Horus,
Ô toi, troisième Pylône du temple
Où demeure le « Dieu-au-Cœur-Arrêté » !
Voici que j'ai achevé mon Voyage.
Sache-le : je connais ton Nom mystérieux
Comme je connais l'Esprit qui monte la garde auprès
[de toi.

Ton Nom est :
« Maîtresse-des-Pylônes-à-qui-sont-destinées-de-
[nombreuses-offrandes-
Celle-qui-les-dirige-et-qui-est-agréable-aux-dieux-
Celle-qui-fixe-le-jour-de-la-navigation-vers-Abydos-
[de-la-Barque-Nshemt ».
« Bek » est le Nom de ton Gardien.
En vérité, je me suis purifié dans les eaux
Où s'est purifié Ptah lors du voyage de la Barque
[Solaire,
Pendant les fêtes où le Visage fut dévoilé.
Je me suis oint de « hati », « hekennu », « tahennu ».
Je porte le vêtement « shesa », en main un sceptre
[du bois « ihn ».
— « Passe ! » répond le Génie du Pylône.
« Tu es pur ! »

IV

À toi je porte le salut d'Horus,
Ô toi, quatrième Pylône du temple,
Où demeure le « Dieu-au-Cœur-Arrêté » !
Voici que j'ai achevé mon Voyage.
Sache-le : je connais ton Nom mystérieux,

Comme je connais l'esprit qui monte la garde auprès
[de toi.
Voici ton Nom :
« Souveraine-armée-de-couteaux-Maîtresse-des-
[Deux-Terres-
Qui-détruis-les-ennemis-du-Dieu-au-Cœur-Arrêté-
Qui-aide-les-malheureux-dans-leur-détresse ».
« Frappe-bétail » est le Nom de ton Gardien.
Je me suis purifié dans les eaux mêmes où l'Être-Bon
S'est purifié ayant sur Seth remporté la victoire.
Je me suis oint de « sunit » et « enen ».
Je porte sur moi le vêtement « shesa » ;
Et mon sceptre est fait du bois « tau-atutu ».
— « Passe ! » répond le Génie du Pylône.
« Tu es pur ! »

V

À toi je porte le salut d'Horus,
Ô toi, cinquième Pylône du temple !
Voici que j'ai achevé mon Voyage.
Sache-le ! Je connais ton Nom mystérieux
Comme je connais l'Esprit qui monte la garde auprès
[de toi.
....[1]

Chapitre CXLVI

(Variante du chapitre précédent)

1. Suit, sous la même forme, l'énumération des 21 pylônes.

Chapitre CXLVII

(Variante du chapitre CXLIV)

Chapitre CXLVIII

Pour ravitailler le défunt en offrandes

[Une vignette représente le défunt, dans un sanctuaire, adorant le dieu Râ. Tout auprès, se tiennent sept vaches et un taureau, avec leurs offrandes. On aperçoit, derrière eux, quatre gouvernails, symboles des quatre points cardinaux de l'espace.]

Salut, ô toi, qui reluis dans le Disque solaire !
Voici que, Âme de la Vie universelle, tu parais à [l'Horizon.
En vérité, je te connais et je connais ton Nom,
Et les Noms des sept Vaches et celui du Taureau.
Ô vous, Esprits, qui nourrissez d'offrandes les [défunts dans l'Au-delà,
Apportez-les-moi et laissez-moi séjourner dans votre [entourage[1] !

....

Ô toi, « Belle-Puissance », le Gouvernail du Nord !
Ô toi, « Accomplisseur-de-Circuits-et-Conducteur-[des-Deux-Terres », Gouvernail de l'Ouest !
Ô toi, « Fulgurant-dans-le-Temple-des-dieux-[visibles », Gouvernail de l'Est !
Ô toi, « Habitant-dans-le-Temple-des-Divinités-[Rouges », Gouvernail du Sud !

1. Suivent les « Noms » des sept vaches et celui de leur taureau.

Faites surgir devant moi les offrandes !
Accordez-moi Vie, Santé, Force, Triomphe
Sur Terre, au Ciel et dans le Monde Inférieur !...
Ô vous, tous les Pères des dieux,
Et vous, toutes les Mères des dieux,
Délivrez-moi des obstacles dressés sur mon chemin
Par les Puissances des Ténèbres,
Des attaques des Forces du Mal,
De leurs pièges, de leurs couteaux atroces
Et de tous les fléaux damnables
Qui pourraient être suscités contre moi, –
Soit par les hommes sur Terre, soit par les dieux,
Soit par les Esprits sanctifiés des morts
Ou par les âmes damnées,
Que ce soit pendant le jour ou pendant la nuit,
Pendant les fêtes des mois ou demi-mois,
Pendant l'année ou ses saisons...

RUBRIQUE

À réciter, lorsque Râ paraîtra au-dessus des peintures représentant les dieux. Placer les offrandes devant eux, pain, viande, volaille, encens. Grâce à quoi le défunt recevra des repas sépulcraux au sein de Râ ; il jouira d'une grande abondance de nourriture dans le Monde Inférieur et sera délivré du Mal, à tout jamais.

Personne ne doit être présent pendant la récitation, en dehors de toi-même.

En vérité, Râ deviendra pour le défunt son Gouvernail qui le protégera, qui anéantira ses ennemis au Ciel, sur la Terre et dans le Monde Inférieur ; et le défunt jouira partout d'une grande abondance, réellement, continuellement, éternellement…

Chapitre CXLIX

[Les quatorze Iats][1]

I. *Le premier Iat.*

Salut, ô toi, le premier Iat de l'Amenti,
Où les morts reviennent à la vie en goûtant au pain
[consacré !
Lorsque tu me vois arriver,
Enlève les bandelettes mortuaires qui enserrent ma
[tête !
L'Esprit puissant qui t'habite
A déjà réuni mes os et fortifié mes membres ;
Et Ahi, Seigneur des Cœurs, a ajusté mes os…
Place Ureret, couronne sacrée de Tum, sur mes
[cheveux !
Neheb-Kau a consolidé ma tête ;
Et les deux plateaux de la Balance sont bien
[équilibrés…
En vérité, tu seras plus puissant que les autres dieux,
Ô Amsu-Ket…

II. *Le deuxième Iat* (à peindre en vert).
(Sa divinité est Râ-Harakhte)

1. Iat : une « division » (ou « demeure ») du Sekht-Ianru. Il y en avait quatorze. Selon G. Maspéro, c'étaient des « îles ».

À réciter :

Voici, à perte de vue, s'étendent mes possessions
De Sekht-Ianru...
Ô Champs de Joncs ! Vos murailles sont de fer.
Le froment y atteint cinq coudées,
Deux pour l'épi, trois pour la tige ;
L'orge y mesure sept coudées,
Trois pour l'épi et quatre pour la tige.
Les Esprits y sont hauts de neuf coudées ;
Ils y moissonnent le blé en compagnie de Harakhte.
En vérité, je connais une porte au milieu de ces
[Champs
Par où Râ sort vers l'Orient du Ciel.
Au sud se trouve un lac
Fréquenté par les oiseaux KHARU ;
Au nord est situé un canal
Que hantent les oiseaux RE.
C'est à cet endroit même que passe la Barque de Râ
Poussée des vents en poupe.
Préposé aux cordages de la Barque divine,
Je suis un matelot infatigable.
En vérité, je connais les deux sycomores de
[turquoise,
D'où surgit Râ, lorsqu'il part pour son voyage.
Celui-ci le mène vers les Piliers de Shu
Et vers la Porte du Seigneur de l'Orient...
En vérité, je connais ces Champs de Râ.
Le froment y atteint cinq coudées ;
L'orge y mesure sept coudées ;
Les Esprits y sont hauts de neuf coudées ;
Ils y moissonnent côte à côte,
Avec les Âmes parfaites de l'Orient...

III. *Le troisième Iat* (à peindre en vert).
(C'est un Iat des Esprits sanctifiés)

À réciter :

Salut, ô Iat des Esprits sanctifiés
Que personne ne saurait traverser en bateau,
Car de toute part le feu fait rage.
Ô Esprits ! Sanctifiez vos chemins, purifiez vos
[demeures ;
Faites ce qu'Osiris vous avait prescrit, de toute
[éternité...
Voici que j'arrive vers vous, moi, Être grand,
Possesseur de la Couronne Rouge
Qui orne le front du dieu de la Lumière...
Je vivifie, par la flamme qui sort de ma bouche,
Les Deux Terres et ses habitants...
En vérité, Râ est sauvé de l'emprise du démon
[Apopi !

IV. *Le quatrième Iat* (à peindre en vert).
(C'est un Iat de deux hautes montagnes)

À réciter :

Salut, chef de l'Iat mystérieux,
Et toi, grande montagne du Monde Inférieur
Au-dessus de laquelle s'élève le ciel étoilé !
Elle a trois cents mesures de long,
Deux cent trente de large.
Un serpent, long de soixante-dix coudées, l'habite ;
« Lanceur-des-Couteaux » est son Nom.
Il se nourrit des Esprits sanctifiés
Et des damnés du Monde Inférieur
Qu'il massacre et dévore...

Voici que j'arrête ma navigation, ô Maat,
Devant ta clôture fortifiée ;
Je regarde de tous les côtés et cherche vers toi une
[entrée.
Je trouve l'entrée et je m'unis à toi, moi, Mâle
[puissant…
En vérité, je suis digne d'orner ta tête, ô déesse[1],
Car ma puissance grandit de jour en jour…
À présent, je suis devenu le Grand Magicien divin,
Et rien n'échappe à ma vision…
J'aperçois un Esprit qui rampe sur son ventre.
Qui est-ce ?
Je sais qu'il est puissant dans les montagnes où il
[habite…
Ô Esprit, laisse-moi t'approcher,
Pour que ta force demeure avec moi !…
Voici que, faisant un effort, je me tiens debout.
J'avance et je maîtrise les démons Akriu, ennemis
[de Râ ;
Et la paix de ce dieu descend sur moi, le soir[2],
Tandis que j'accomplis dans les cieux mes circuits
Et que tu demeures, toi, dans la Vallée…

V. *Le cinquième Iat* (à peindre en vert).

À réciter :

Salut, Iat des Esprits, obstacle infranchissable
Pour ceux qui cherchent à le traverser !
Les Esprits qui l'habitent
Ont les cuisses longues de sept coudées

1. La tête de la déesse Maat était ornée de deux plumes, symboles de la Vérité-Justice.
2. Le Soir, qui parachève la journée, symbolise l'initiation.

Et se nourrissent sur les Ombres des morts affaiblis
[et qui défaillent.
Ô Iat ! Ouvre-moi un chemin,
Pour que je puisse te traverser
Et pénétrer dans la belle Amenti…
Car tel fut l'ordre d'Osiris, Seigneur des Esprits
[sanctifiés…
Regarde ! Je vis ici en Esprit sanctifié,
En célébrant, lors des mois et des demi-mois,
Des fêtes prescrites.
J'accomplis mes révolutions célestes ;
Et l'Œil d'Horus ainsi que Thoth m'accompagnent
[dans mon voyage.
Les flammes qui jaillissent de la bouche de tous les
[dieux
Dévorent aujourd'hui mes ennemis,
S'ils n'ont pas encore fini leurs jours
Sur les lieux des massacres.

VI. *Le sixième Iat* (à peindre en vert).

À réciter :

Salut, ô Immehet, toi que vénèrent les dieux[1],
Grand mystère aux Esprits sanctifiés
Et lieu lugubre quant aux âmes damnées…
Je viens ici pour contempler le dieu de cette région.
Dévoilez donc vos têtes, lorsque vous me verrez
[venir ;
Car je suis dieu puissant
Et je vous porte des offrandes pour vous nourrir.
Que le Seigneur de votre Iat ne mette pas main sur
[moi !

1. Immehet, le royaume du dieu Sokari.

Que les Massacreurs ne s'emparent pas de moi !
Que les Démons-Équarrisseurs ne me fassent pas la
[chasse !
Puissé-je vivre en paix parmi vous !

VII. *Le septième Iat* (à peindre en vert).

À réciter :

Ô cité d'Iss, ô toi, lointaine et difficile à entrevoir !...
Dans les flammes qui rougeoient
Un serpent vit, et Rerek est son Nom...
Son dos est long de sept coudées.
Il se nourrit des morts et les extermine.
Arrière, Rerek, toi qui habites dans la cité d'Iss,
Qui tritures les morts dans ta gueule,
Pendant que tes yeux lancent des éclairs ;
Que tes os soient broyés, que ta semence demeure
[inféconde !
N'approche pas de moi !
N'envoie pas contre moi les jets de ton poison !
Qu'il retombe sur la terre et y reste !
Qu'à tout jamais tes lèvres soient scellées !
Ah ! Voici que son KA est tombé au milieu des
[serpents ennemis !
Tandis que moi, je demeure sain et sauf...
Ta tête, Rerek, vient d'être coupée
Par la divinité au masque de lynx.

VIII. *Le huitième Iat* (à peindre en vert).

À réciter :

Salut, ô Ha-Hotep, toi qui exerces ton empire
Sur les rivières de ce Iat !
Personne ne saurait maîtriser leur courant,
Et le rugissement des eaux sème l'épouvante.
Ka-Ha-Hotep est le Nom du gardien.
L'entrée, il la refuse ou il l'accorde, à son gré,
Et il tient à l'écart les êtres qui n'y ont pas droit.
Sache donc que je suis, moi, l'oiseau Ennur,
Haut sur ses pattes et dont la voix ne se tait jamais.
J'apporte à Tum ce qui est du domaine de la Terre[1] ;
Je rends vigoureux les vassaux de Râ
Et sème la terreur parmi les Seigneurs du
[Sanctuaire.
Les Esprits des Éléments tremblent me voyant
[arriver.
Aussi ne me traînera-t-on pas vers le billot des
[tourmenteurs.
En vérité, je ne serai pas détruit...
Car je suis le Guide de l'Horizon Septentrional.

IX. *Le neuvième Iat* (à peindre en jaune).

À réciter :

Salut, ô cité d'Ikesi,
Toi qui restes un mystère pour les dieux eux-mêmes.
Les Esprits sont saisis d'effroi, en entendant
[prononcer ton Nom.
Nul ne saurait y pénétrer, ni en sortir,

1. C'est-à-dire les expériences de ma vie terrestre.

Hormis la Grande Divinité elle-même
— Dont la demeure est l'Œuf cosmique –
Elle qui inspire aux dieux la crainte, la terreur aux
[Esprits.
L'entrée de la Cité est cernée de flammes ;
Activées par les vents, les flammes pénètrent nez et
[bouche...
Il en est ainsi à cause des dieux,
Qui, de leur gré, entourent la Grande Divinité,
Afin que, ne sentant, ils ne puissent reconnaître
Ce qui ne doit être perçu que par cette Grande
[Divinité
Qui dans son Œuf cosmique demeure.
Elle avait fondé cette Cité, afin d'y vivre seule
Et pour y jouir de sa solitude ;
Nul ne devait s'en approcher,
Hormis au jour des Grandes Métamorphoses...
Salut, Divinité sacrée, toi qui demeures dans l'Œuf
[cosmique !
Voici que j'arrive vers toi,
Pour que je puisse te suivre
Parmi les dieux qui t'accompagnent.
Puissé-je pénétrer dans la ville d'Ikesi et en sortir,
[tout à ma guise !
Puissent ses portes demeurer ouvertes pour moi !
Puissé-je respirer l'air de ces lieux
Et jouir des offrandes qui s'y trouvent !

X. *Le dixième Iat* (à peindre en jaune).

À réciter :

Salut, ô toi, cité des dieux Kahu
Qui font la chasse aux Esprits sanctifiés
Et s'emparent des Ombres des morts ;

Qui dévorent la chair crue et se gavent de pourriture,
Tandis que leurs yeux épient,
Afin que rien sur Terre n'échappe à leur
[surveillance...
Ô vous, dieux qui demeurez dans vos Iats,
Prosternez-vous devant moi, lorsque je me présente !
Car vous ne pourrez pas ravir mon Esprit sanctifié,
Ni vous emparer de mon Ombre !
En vérité, je suis le Faucon divin !
Voici que j'ai été couronné, oint et encensé.
Les animaux pour moi immolés sur Terre,
Isis, debout, s'avançant me les offre,
Nephthys se tenant en arrière et protégeant mon
[dos.
En vérité, mon Chemin est pour moi sanctifié...
Ô toi, serpent Nau, Taureau de Nut, et toi,
[Neheb-kau,
Voici que j'arrive vers vous.
Délivrez-moi donc de tout mal
Et accordez-moi la félicité
À tout jamais...

XI. *Le onzième Iat* (à peindre en vert).

À réciter :

Ô toi, cité du Monde Inférieur
Où sont dissimulés les corps,
Où l'on s'empare des Esprits sanctifiés...
Nul n'y pénètre,
Par la crainte des Esprits qui en surveillent les Portes...
À l'intérieur de la cité, les dieux regardent dans
[l'étonnement,
Et les morts damnés qui y sont enfermés
Regardent, poussant des cris pleins de menaces ;

Seuls bienveillants sont les dieux qui y séjournent,
Afin de sanctifier les morts et leur transmettre les
[Mystères.
Ô toi, cité d'Idu, nc t'opposc pas à mon passage,
Car je suis Maître des incantations magiques
Par vertu d'un couteau, héritage de Seth ;
Mes jambes m'appartiennent à jamais...
Puissant par les vertus de l'Œil d'Horus
Voici que je me lève à l'Horizon ;
Et, après une période de torpeur,
Mon Cœur se réveille à la vie.
Je suis sanctifié dans le Ciel et vigoureux sur Terre ;
Je vole, pareil à un faucon,
Et pousse des cris, pareil à l'oie sauvage.
Puis je descends aux bords fleuris du Lac ;
D'une Divinité j'y reçois la couronne.
Tantôt assis, tantôt debout,
Je goûte la nourriture dans les Champs de la Paix.
Voici que les portes de Maat s'ouvrent devant moi
Et que les portes des abîmes célestes sont
[déverrouillées.
Puis, entouré des Dieux, je dresse une échelle vers le
[ciel ;
Car comme eux, je suis dieu.
Je pousse des cris, pareil à l'oie sauvage.
Que les dieux puissent m'entendre ;
Et ma voix est pareille à la voix de Sothis[1].

XII. *Le douzième Iat* (à peindre en vert).

À réciter :

Salut, Iat d'Unt dans le Re-stau !

---

1. Sothis = Sirius.

Tu es entouré de flammes,
Et les dieux ni les Esprits n'osent t'approcher ;
Car s'ils t'approchaient,
Les Uraei flamboyants feraient disparaître leurs
[Noms.
Salut, Iat d'Unt !
En vérité, je suis un grand parmi les Esprits qui
[t'habitent ;
Je suis une étoile parmi celles qui y brillent.
Je n'y serai pas détruit, ni mon Nom n'y sera effacé.
Les dieux qui demeurent dans ce Iat disent de moi :
« En vérité, il embaume l'air comme fait un dieu ! »
Voici que je suis avec vous, que je vis parmi vous,
Ô vous, dieux de l'Iat Unt ;
Aimez-moi donc plus que vos propres dieux !
Et toujours je serai avec vous,
Éternellement…

XIII. *Le treizième Iat* (à peindre en vert).

À réciter :

Salut, ô Iat, dont les Esprits sanctifiés
Ne parviennent pas à maîtriser les eaux cerclées de
[flammes.
En vérité, tes torrents sont du feu liquide, dévorant
Ceux qui, là-bas, aspirent à boire
Pour étancher la soif qui les torture…
Ils ne peuvent boire, saisis qu'ils sont de crainte
Et de grande terreur…
Les dieux et les Esprits regardent ces torrents de feu
Et reculent sans étancher leur soif…
Leurs cœurs ne sont pas satisfaits,
Car, malgré leur désir,
Ils restent impuissants à s'approcher de ces torrents

Dont l'eau est parsemée de plantes,
Comme celles qui poussent du Corps d'Osiris...
Mais moi, j'ai maîtrisé les torrents de feu,
Je m'y suis désaltéré,
Pareil au dieu qui, habitant l'Iat des Eaux,
En est le gardien.
Les autres dieux reculent de frayeur ;
Ils sont plus terrifiés que ne le sont les Esprits des
[morts...
Salut, dieu qui résides dans l'Iat des Eaux !
Voici que j'arrive vers toi.
Accorde-moi le pouvoir sur les eaux,
Afin que je puisse boire dans les torrents,
Ainsi que tu laisses boire cette grande divinité,
[Hapi[1],
Qui fait pousser et verdoyer les plantes
Et qui produit les offrandes pour les dieux...
Accorde-moi donc que je vienne jusqu'à toi,
Ainsi que fait Hapi,
Et que j'obtienne le pouvoir sur les plantes...
Car je suis le fils de ta chair,
Éternellement...

XIV. *Le quatorzième Iat* (à peindre en jaune).

Salut, ô Iat de Kher-Aha,
Toi qui, dans la cité de Djedu,
Forces Hapi à battre en retraite ;
Fais que Hapi produise en abondance le blé
Et le fasse parvenir à la bouche des mangeurs.
Accorde les offrandes divines aux dieux
Et aux Esprits des morts les offrandes sépulcrales.

---

1. Hapi : le Nil.

Il existe un serpent dans le double Kerti
[d'Éléphantine[1].
Parti de là, Hapi arrive plein d'eaux vers son
[embouchure.
Il s'arrête entre les quais de Kher-Aha[2].
Car il y trouve les dieux qui régissent les canaux…
Il les rencontre à son heure,
Qui est celle du silence de la Nuit…
Ô dieux de Kher-Aha, vous qui régissez les canaux !
Que vos écluses soient ouvertes pour moi,
Qu'on pousse devant moi les portes des canaux,
Que j'entre en possession des canaux,
Que je puisse me reposer sur les bords des eaux
Goûtant au blé du Nil, me rassasiant de la nourriture
[des dieux !
Alors je me redresserai ; mon cœur sera grandement
[satisfait,
Pareil à celui des dieux qui habitent Kher-Aha…
Que les offrandes qui me sont destinées soient
[semblables aux vôtres !
Que je ne sois pas détruit par les émanations
[d'Osiris !
Que je ne sois pas désagrégé par elles,
Éternellement…[3]

Chapitre CL

(Variante du chapitre CXLIX)

1. Kerti : voir plus haut.
2. Une ville près de Memphis.
3. Les émanations d'Osiris agissaient, en vertu de leur sainteté, en vertu de la pureté même de leurs vibrations, comme un dissolvant sur les âmes des pécheurs.

Ton œil droit est la Barque Sektet ;
Ton œil gauche est la Barque Mandjit ;
Tes sourcils sont le dieu Anubis ;
Tes doigts sont le dieu Thoth ;
Tes cheveux sont Ptah-Sokari.
Voici que tous ces dieux préparent la voie pour toi
Et repoussent les démons, ces serviteurs de Seth.

I

Voici Isis. Elle dit :

« J'arrive et je te protège, ô Osiris !
Mon souffle est vivifiant
Comme est le souffle du vent du Nord créé par Tum.
J'ai rendu la vigueur à ta gorge,
Je t'ai réuni à la divinité.
Tes ennemis sont prostrés à tes pieds. »

II

Voici Nephthys. Elle dit :

« J'arrive en même temps que ma sœur, ô Osiris !
Je viens et te protège.
Je serai derrière toi, jusqu'à la fin des temps.
Par moi, Râ entendra tes appels,
Et grâce à mon secours, tu triompheras,
Ô fils d'Hathor !
Car nul, jusqu'à la fin des temps, n'osera ravir ta [tête ;
Et tu ressusciteras... »

III

[Une divinité dit :]

« Si quelqu'un arrive pour te ligoter,
Je ne le permettrai pas !
Si quelqu'un arrive pour te frapper,
Je ne le permettrai pas !
Je frapperai à mon tour, je ligoterai tes ennemis !
Car, en vérité, je te protège, ô Osiris ! »

IV

[Une autre divinité dit :]

« J'arrive ! Je vais t'aider !
Ensemble, nous repousserons cet Esprit
Qui s'efforce de cacher son visage.
J'illuminerai cette Région où règnent les Ténèbres.
C'est moi qui serai debout derrière Djed,
Le jour où il repoussera les attaques des démons.
Car je te protégerai devant Osiris ! »

V

Voici l'Esprit du Feu. Il dit :

« J'accumule les sables autour de ton tombeau [caché.
Je repousse les attaques des démons ;
Et grâce à mon Feu,

Les Montagnes peuplées de tombeaux se réveilleront
[à la Lumière.
Je traverse des routes plongées dans une éternelle
[Nuit...
Sache-le, ô Osiris ! Je te protège ! »

VI

Voici Anubis. C'est lui qui, assis sur ses Collines,
Commande dans la demeure des dieux ;
Car il est le Seigneur de la Terre Sacrée...[1]
Il dit : « J'arrive et je te protège, ô Osiris ! »

VII

Voici l'Âme de la Vie du défunt...
Elle dit : « Que Râ soit au Ciel glorifié,
Quand, dans un rayonnement de paix,
Il descend à l'Horizon Occidental ! »

VIII

Voici l'Âme de la Vie du défunt accompagnée de son
[Esprit.
Ils disent : « Que Râ soit glorifié
Lorsqu'il se lève à l'Horizon Oriental ! »

---

1. Anubis, dieu à la tête de chacal, résidait dans les collines qui bordent le désert de Libye ; il présidait à l'embaumement des morts et les accompagnait devant le Tribunal d'Osiris ; il était également le protecteur des cimetières (« Seigneur de la Terre Sacrée »).

IX

Le défunt dit :

« Ô vous, figures magiques qui m'accompagnez[1],
Écoutez-moi !
Si jamais je suis condamné à exécuter des travaux
Dans le Monde Inférieur,
À semer ou à remplir d'eau les canaux
Ou à transporter du sable : obéissez-moi !
Soyez toujours présents à mes ordres ! »

Voici Mestha. Elle dit :

« Je suis ta fille. J'arrive pour te protéger ;
Obéissant aux ordres de Râ et de Ptah
Je rends inexpugnable ta demeure. »

X

Voici Hapi. Il dit :

« J'arrive ici pour te protéger.
Je raffermis ta tête sur tes épaules ;
Je consolide tes membres
Et je frappe tes ennemis ; ils sont prosternés à tes pieds.
Sache-le : ta tête t'a été restituée à jamais ! »

1. Voir le chapitre VI.

XI

Voici Duamutf. Elle dit[1] :

« Je suis ta fille qui t'aime !
J'arrive ici pour venger Osiris !
Voici que je prosterne ses ennemis à tes pieds ! »

XII

Voici Kebhsennuf. Il dit :

« Je viens ici pour te protéger.
J'ai recueilli tes os et réuni tes membres…
Voici que je t'apporte ton cœur
Et que je le remets en sa place,
À l'intérieur de ton corps.
Je rends forte et solide ta demeure. »

Chapitre CLII

Pour construire une Maison sur Terre

Salut, Kêb ! Réjouis-toi !
Car je suis sorti de mon corps
Et je plane au-dessus de lui.
Voici que je parcours le Ciel en compagnie des
[dieux ;

1. Mestha, Hapi, Duamutf et Kebhsennuf : les enfants d'Horus, Gardiens des quatre Piliers du Ciel.

J'assigne aux Âmes des générations futures leurs
[parents[1].

En me voyant, elles me glorifient.
Voici que Sesheta[2] amène le démon Nebt ;
Il est solidement ligoté. Anubis me crie :
« Construis ta maison sur terre !
Ses fondements seront à Héliopolis ;
Ses limites atteindront Kher-abha ;
Son sanctuaire sera à Sekhem
Et son inscription sera renouvelée.
Les passants lui adresseront leurs offrandes
[et leurs libations. »

Puis Osiris dit aux dieux qui l'entourent :
« Voyez là-bas cette maison !
Elle vient d'être construite pour un Esprit sanctifié.
Des barrières magiques la protègent ;
Le défunt en sort tous les jours et demeure avec
[vous.

Sa jeunesse et sa vigueur ne cessent de grandir.
Témoignez-lui votre vénération, glorifiez-le ! »
Ô vous, Esprits, vous avez été témoins de mes
[exploits ;

Entendez-vous mes paroles et celles d'Osiris ?
Il dit : « Qu'il vienne ici, chaque jour !
Qu'il renouvelle sa jeunesse parmi vous ! »
Voici donc les offrandes que vents du Sud et vents
[du Nord

Apportent à Osiris : bétail, orge, froment.
Ils sont amenés de tous les coins de la Terre

---

1. Litt. : « Je donne (assigne) aux hommes les dieux qui donnent naissance à leurs pères. » Il est possible que « les dieux » ne forment qu'un déterminatif pour le mot « hommes », étant donné qu'il s'agit ici des hommes *non incarnés*, c'est-à-dire assimilés aux dieux. Nous obtenons alors le texte ci-dessus.
2. Sesheta : la déesse du Savoir.

Par ordre d'Osiris lui-même...
Tantôt je m'avance vers la gauche,
Tantôt me dirige vers la droite.
Les hommes qui vivent, me voient,
Ainsi qu'ils voient les dieux,
Les Esprits sanctifiés et les morts.
Ils saluent de leurs cris d'allégresse
Ma Barque qui passe...

Chapitre CLIII (A)

Pour échapper aux Esprits-Pêcheurs[1]

Ô toi, Esprit qui détournes la tête
Et regardes en arrière, salut !
En vérité, tu es le maître de ton cœur !
Voici qu'enveloppé de bandelettes,
Comme je l'étais au moment de mes funérailles,
Je pars pour la Pêche
Et me fraie un passage à travers la Terre.
Ô vous, Esprits-Pêcheurs,

1. Il s'agit ici de cette guerre implacable et sournoise, pleine de surprises et de pièges camouflés, qui sévit dans l'Au-delà. Elle est symbolisée dans le texte – plein d'allusions initiatiques – sous les traits de la *pêche*. Car le pêcheur n'attaque guère l'ennemi, c'est-à-dire le poisson, à visage découvert. Il se cache, il est invisible, guettant avec patience le moindre mouvement de l'adversaire. Les Esprits-Pêcheurs font de même dans cette lutte implacable où tous les coups sont permis ; ils combattent les démons ; mais malheur à un Esprit inaverti qui se hasarderait dans un de ces « champs de mines » ! C'est pourquoi le défunt, sachant que l'air autour de lui est saturé de haine, d'embûches, de pièges, de cordes, de filets, etc., – toutes ces armes étant camouflées –, redoute de tomber dans un piège tendu pour un démon ; il affirme donc qu'il est un « pêcheur » lui-même, c'est-à-dire qu'il combat les démons.

Qui avez donné naissance à vos pères[1],
Vous qui dressez vos pièges
Et qui circulez à votre aise
À travers les Régions sous-marines !
Ne me faites pas la chasse avec vos filets !
Attrapez plutôt les démons exécrables !
Ne m'immobilisez pas au moyen de vos cordes,
Comme avec les démons vous le faites,
Ces Compagnons de la Terre !
(Ils possèdent des échelles jusqu'au Ciel,
Mais la Terre est leur séjour favori...)
Voici que j'ai échappé à ces filets et à ces pièges.
Je m'élève jusqu'au dieu de la Barque sacrée Hennu
Et monte très haut, pareil au dieu Sebek.
À présent, je prends mon envol vers vous.
Les Esprits-Pêcheurs aux doigts dissimulés
Ne pourront plus s'emparer de moi,
Car je connais cet instrument magique dont le
[Nom est :
« Le-Doigt-puissant-de-Sokari ».
Je connais cet autre instrument :
« La-Cuisse-de-Nemu » est son Nom.
Je connais la porte secrète
Dont le Nom est : « La Main d'Isis ».
Je connais le couteau, instrument du massacre.
Son Nom est : « Isis-coupa-de-ce-couteau-la-chair-
[d'Horus ».
Je connais le Cadre de la Balance et je connais ses
[Poids.
Leurs Noms sont : « La-Jambe-et-la-Cuisse-du-dieu-
[Lion ».
Je connais la Corde qui sert aux Pièges :

1. Comparez : « O Figlia del tuo Figlio ! », de Dante. – Dans le domaine spirituel, un « fils » peut devenir le « père de son père ».

« La-Vigueur-de-Tum » est son Nom.
Je connais les Esprits-Pêcheurs qui posent leurs [Pièges.
« Les-dieux-Akeru-Ancêtres-des-dieux-Akhabiu » est [leur Nom.
Je connais les Noms de leurs Bras.
Les voici : « Les-deux-Bras-de-la-Grande-Divinité-
Qui-écoute-à-Iunu-les-Paroles-de-Puissance-
Pendant-la-Nuit-sacrée-des-demi-Mois-
Au-Temple-de-la-Lune ».
Je connais le Nom de la Cuisse ; le voici :
« La-Cuisse-de-Fer-sur-laquelle-un-dieu-se-tient- [debout ».
Je connais le Nom de l'Intendant divin
Qui reçoit la livraison du poisson :
« Couteau-et-Vase-de-l'Intendant-divin ».
Je connais le Nom de la Table
Sur laquelle ces objets sont placés :
« La-Table-d'Horus-où-il-est-assis-
Dans-l'obscurité-et-dans-la-solitude-
Et-où-personne-ne-le-voit-mais-les-méchants-le- [craignent-
Tandis-que-les-bons-le-glorifient ».
Voici que j'arrive et que je suis couronné dieu,
Pareil à ce dieu qui conduit la Terre...
Pendant que dans mes deux Barques j'accomplis ma [navigation,
Voici que le Prince des dieux me place au milieu du [Grand Temple.
Comme un Chasseur, j'arrive armé de mes [instruments :
Mon poignard, mon couteau à taillarder, ma [hache...
Ayant pris le départ, je parcours la Région
Et je tends mes filets...

Je connais le Nom de cette pince :
« Tmem-reu-émanation-du-grand-Doigt-d'Osiris ».
Je connais les Noms de ces deux morceaux de bois
Qui tiennent solidement : « Le-Doigt-des-Ancêtres-
[de-Râ »
Est le Nom de l'un.
« Le-Doigt-des-Ancêtres-d'Hathor »
Est le Nom de l'autre.
Je connais le Nom de la Corde du Harpon :
« La-Corde-du-Maître-des-Initiés ».
Je connais le Nom de la Table : « La Main-d'Isis ».
Je connais le Nom de ces Cordes :
« La-Corde-du-Dieu-premier-né ».
Je connais le Nom de ces Bandelettes :
« Les-Bandelettes-de-cette-Journée ».
Je connais les Noms des Esprits-Chasseurs et
[Pêcheurs :
« Les-dieux-Akeru-Ancêtres-de-Râ ».
Je connais les Noms des filets : « Les-Ancêtres-de-
[Kêb ».
Ce que tu as l'habitude de manger,
Je l'ai apporté avec moi
Et j'ai également apporté ma nourriture.
Or, tu manges ce que mangent Kêb et Osiris.
Ô toi, Esprit, dont le visage est tourné en arrière
Et qui possèdes la maîtrise de ton cœur,
Toi, Chasseur et Pêcheur,
Qui te fraies un passage à travers la Terre,
Et vous, Pêcheurs, qui à vos pères avez donné
[naissance,
Et qui placez des pièges dans la cité de Nefer-Sent !
Ne me faites pas la chasse avec vos filets,
Ne me prenez point avec vos pièges,
Avec lesquels vous attrapez les impuissants démons
Et les abominables Compagnons de la Terre !

Car, en vérité, je les connais tous !
Je connais le Cadre de la Balance et ses Poids.
Regardez ! Voici que j'arrive armé d'une fourche,
D'une perche à crochets, d'une table et d'un couteau.
Savez-vous, vous tous, que le Nom du Chasseur
[m'est connu ?
Je frappe, j'ouvre, je brise et le remets en place.
Qu'advient-il ?
Cette fourche que j'apporte avec moi
Devient « La-Cuisse-du-dieu-Nemu ».
La perche à crochets que j'apporte avec moi
Devient « Le-Doigt-du-dieu-Sokari ».
La table que j'apporte avec moi
Devient « La-Main-d'Isis ».
Le Couteau que j'apporte avec moi
Devient « Le-Couteau-du-dieu-Nemu ».
Puissiez-vous entendre, ô dieux, mes Paroles !
Puissé-je venir et m'asseoir dans la Barque de Râ
Et en me dirigeant au Nord parcourir le lac Tes-tes !
Puissé-je faire comme font ceux qui glorifient mon
[Double !
Puissé-je vivre leur vie !
Voici que je commence à monter les Marches de
[l'Escalier
Que Râ, mon Père céleste, m'a préparé d'avance.
Seth et Horus, chacun de son côté,
Tiennent mes deux mains...[1].

1. À noter la coopération étroite qui existe, dans ce passage, entre les deux « Adversaires » (Seth et Horus).

Rubrique

Réciter ce chapitre au-dessus d'une figurine représentant le mort assis dans une barque ; faire à sa droite une barque SEKTET et à sa gauche une barque MANDJIT. Faire des offrandes liquides et solides au jour de l'anniversaire d'Osiris. Alors l'âme du défunt vivra éternellement ; elle ne mourra pas pour la seconde fois.

Chapitre CLIV

Pour que le Corps ne périsse pas

Ô Osiris, mon Père divin, salut !
Voici que j'arrive devant toi pour embaumer tes [membres !
Fais embaumer mes membres,
Afin que je ne périsse point,
Afin que je devienne pareil au dieu Khepra,
Maître des Métamorphoses,
Qui, lui, ignore la putréfaction.
Accorde-moi, ô Osiris, une Forme
Qui soit pareille à celle de ce dieu !
Accorde-moi aussi la maîtrise sur ma respiration,
Ô toi, Seigneur de la Respiration.
Toi qui protèges tous ceux qui te ressemblent.
Rends-moi stable et immuable, ô Seigneur des [Cercueils !
Et fais que je pénètre dans la Région de la Durée [Illimitée,
Puisque cela t'a été accordé,

Ainsi qu'à Tum, ton Père divin,
Car son Corps n'a connu putréfaction ni
[destruction...
En vérité, je n'ai rien fait que tu détestes, ô Osiris !
Entre tous ceux qui aiment
Et qui vénèrent ton Double éthérique[1],
Je t'ai toujours glorifié !
Que mon corps ne devienne point la proie des vers !
Délivre-moi, sauve-moi,
Comme tu t'es délivré et t'es sauvé toi-même !
Puissé-je, après la mort, ignorer la putréfaction,
Cette destinée commune à tous les animaux
Et à toutes bêtes qui rampent
Créées par divers dieux et différentes déesses !
Car lorsque, après la mort, l'Âme prend son envol,
Le cadavre se liquéfie,
Ses os se disloquent et se dissolvent,
Et la chair, pleine de puanteur, pourrit,
Les membres tombent en loques
Et la chair se mue en un liquide nauséabond,
Une masse grouillante de vers, rien que de vers...
Et c'est la fin de l'homme...
Il périt sous l'Œil de Shu,
Comme périssent tous les dieux et toutes les
[déesses[2],
Tous les oiseaux, tous les poissons,
Les bêtes qui rampent et celles qui courent
Et tous les êtres, tous les êtres...
C'est pourquoi, me voyant, ô dieux,

1. C'est-à-dire le KA.

2. Les dieux étaient, pour les anciens Égyptiens, soumis au même cycle évolutif de naissance, de croissance et de désintégration (temporaire) que les hommes. Toutefois, leur « mort » ressemblait plutôt à un sommeil sans rêves et ne connaissait guère le terrible et angoissant « passage du Seuil » qui la rend si redoutable à l'homme.

Vous tomberez sur vos faces !
La terreur de mon Apparition vous frappe de [stupeur !
En vérité, tous les êtres, après la mort, auront peur [de moi :
Que ce soient des animaux, des oiseaux ou des [poissons,
Les bêtes qui rampent,
Ou les vers qui vivent sur les cadavres…
Que mon cadavre ignore la corruption !
Qu'il ne serve pas de nourriture aux vers !
Qu'ils ne viennent point, sous leurs différentes [formes,
M'attaquer, me détruire !
Que je ne sois pas remis au bourreau
Qui, dans sa cave, torture et massacre ses victimes
Et qui, lui-même demeurant invisible, les fait [pourrir en tas !
En vérité, il vit pour massacrer et détruire les [cadavres.
Ses ordres, – refuserai-je de les exécuter ?
Ses décrets, – ne les suivrai-je pas à la lettre ?
Pourquoi serais-je livré à ses doigts implacables ?
Qu'il ne s'empare pas de moi !
Car c'est à toi qu'il appartient de décider de mon [sort.
Ô Osiris, mon Père divin, salut !
Les membres de ton corps seront éternellement [à toi ;
Ton corps ne pourrit pas et ne devient pas la proie [des vers ;
Il ne se gonfle pas, tel un ballon ;
Il ne se décompose ni ne tombe en loques ;
Il ne devient pas un tas grouillant de vers…
Pour moi, je suis Khepra, le dieu du Devenir.

Et avec mon cadavre je demeure, pour toute
[l'Éternité.
Il ne se décompose pas, ne pourrit pas,
Ne tombe en loques ni n'est dévoré par les vers ;
Il ne se liquéfie pas sous l'Œil de Shu.
J'existe ; en vérité, j'existe !
Je vis ! Regardez-moi ! Je vis !
Je sens les forces de vie qui débordent en moi !
Voici que je me réveille en paix...
Je ne pourris pas, je ne me décompose pas ;
Autour de moi je ne répands pas de puanteur ;
Dans le néant je ne disparais pas ;
Mon œil ne s'éteint pas ;
Les traits de mon visage ne s'effacent pas
Sous un masque liquide ;
Mes oreilles ne se ferment pas aux sons de la parole ;
Ma tête ne sera pas séparée du tronc ;
Ma langue ne sera pas arrachée ;
Ma chevelure ne sera pas rasée ;
Mes sourcils ne seront pas épilés.
Sachez-le, ô vous, Esprits : aucun tort
Ne sera causé à mon cadavre.
Mon corps sera immuable et stable, éternellement.
Il ne sera pas détruit sur Terre,
De toute Éternité !

Chapitre CLV

POUR FIXER UN DJED EN OR[1]

Debout, ô Osiris !
Ton épine dorsale, tu la possèdes à présent,
Dieu-au-Cœur-Arrêté !
Ton cou a été consolidé et affermi.
Monte donc sur ton piédestal, ô Osiris !
Voici que je verse de l'eau lustrale sur tes pieds.
Je t'apporte un Dejd en or…
Sois joyeux, ô Osiris, à la vue de cette image magique !

RUBRIQUE

Ce chapitre sera récité au-dessus d'un Djed en or incrusté dans du bois de sycomore ayant séjourné dans l'eau des fleurs ANKHAM. Placer ledit DJED sur le cou du défunt, le jour des funérailles. Alors celui-ci deviendra, dans le Monde Inférieur, un Esprit sanctifié et parfait ; et le Jour de l'An, il sera pareil aux Esprits de l'entourage d'Osiris, réellement, continuellement, éternellement…

1. Djed – nous le rappelons – était une amulette en forme de pilier large à la base, plus étroit vers le milieu et portant, vers le sommet, quatre barres horizontales. C'était le symbole d'Osiris ressuscité : stabilité, immuabilité, éternité, résurrection, vie sans fin, incorruptibilité, force inépuisable.

Chapitre CLVI

Pour fixer un Talisman en cornaline

Ô Isis !
Que ton sang agisse !
Que ton rayonnement agisse !
Que la force de ta magie agisse !
Protège, ô déesse, ce puissant Esprit
Et garde-le, à l'écart des démons
Qui lui inspirent horreur et dégoût !

Rubrique

Réciter ces paroles au-dessus d'une boucle de cornaline laquelle aura séjourné dans l'eau des fleurs ANKHAM, incrustée dans une tablette du bois de sycomore. Ladite tablette sera placée sur le cou du mort, le jour des funérailles. Ceci fait, les pouvoirs d'Isis protégeront les membres du défunt ; Horus, fils d'Isis, se réjouira, en le voyant au milieu des Mystères du Sentier ; et pendant qu'un bras sera tendu vers le ciel, l'autre sera dirigé vers la terre ; réellement, continuellement...

Ne laisser voir ce texte à personne, jamais.

Chapitre CLVII

POUR FIXER SUR LE COU DU DÉFUNT UN TALISMAN REPRÉSENTANT UN ÉPERVIER

Voici Isis qui prend son envol au-dessus de sa Cité.
Elle part à la recherche de la demeure cachée
[d'Horus,
Au moment où il émerge de son marais de roseaux.
Elle soulève son épaule qui a été meurtrie…
Voici qu'il monte à bord de la Barque divine.
Il est sacré Seigneur des Mondes,
Car il a vaillamment combattu.
En vérité, ses exploits ne seront pas oubliés de sitôt !
Il a semé l'effroi et la terreur.
Sa Mère, Isis, la grande déesse,
Le protège par la force de sa Parole magique
Et elle lui transmet sa puissance.

RUBRIQUE

Réciter ce chapitre au-dessus d'un épervier en or sur lequel ces paroles auront été inscrites ; placer l'amulette sur le cou du défunt, afin de le protéger le jour des funérailles, continuellement et régulièrement.

Chapitre CLVIII

Pour fixer un Collier en or

Ô Osiris mon Père ! Ô Horus mon Frère ! Ô ma Mère
[Isis !
Voici que sont ôtées les bandelettes
Qui enserraient et ma tête et mon corps...
Mes yeux commencent à discerner les êtres qui
[m'entourent.
Je vois devant moi le dieu Kêb...[1]

Rubrique

Réciter ce chapitre sur un collier en or sur lequel le texte aura été gravé ; le placer sur le cou du défunt, le jour des funérailles.

1. Ce chapitre, malgré sa brièveté et son état manifestement incomplet – la fin manque –, présente un grand intérêt. Il nous donne une idée des premières impressions du défunt se réveillant dans l'Au-delà et apprenant – pour la première fois – à saluer dans les dieux ses parents et ses frères...
Voici une traduction littérale de ce chapitre :
« Mon père – mon frère – ma mère – Isis – Je suis délié – je vois – je suis parmi les déliés – ils voient – Kêb... »

À droite : la défunte Nesi-ta-neb pénétrant devant la porte de l'Au-delà. – À gauche : Osiris adoré par différentes divinités (Horus, Thoth, etc.).

Chapitre XV (Édit. E. Naville).

Chapitre CLIX

Pour fixer un Talisman Uadj en émeraude

Ô toi qui tous les jours sors de ton temple !
Voici la grande déesse... Écoute sa voix !
Elle accomplit ses révolutions
Autour des Portes du double Sanctuaire.
Elle s'empare de la puissance magique de son Père
(Cette puissance est un Corps Glorieux qui habite le
[Taureau sacré
De la déesse Rennut). Elle accueille avec faveur
Ceux qu'elle trouve sur son chemin, prêts à la suivre.
Car elle refait le voyage à rebours
Et elle parcourt les routes d'antan.
Elle accorde la bonne chance à ceux
Qui sont poursuivis par des malheurs...

Rubrique

Réciter ce chapitre sur une amulette Uadj en émeraude, placée sur le cou du défunt, avec les paroles du chapitre inscrites dessus.

Chapitre CLX

Pour fixer un Talisman Uadj en émeraude

Voici un talisman Uadj taillé dans une émeraude.
Il protège contre toute atteinte du Mal.

Thoth le confère à ses adorateurs
Lesquels évitent ce qui déplaît aux dieux,
Si ce talisman prospère, je prospère ;
S'il n'est pas atteint, je ne suis pas atteint ;
S'il est inusable, je suis inusable.
Voici Thoth qui parle. Ses paroles
Protègent mon épine dorsale.

Il dit :

« Voici que tu arrives en paix,
Ô toi, Seigneur d'Héliopolis et de Pé !
Shu marche à ta rencontre ; il se trouve à Shenmu ;
Ton Nom est Nshem.
Tu habites la forteresse du dieu puissant...
En vérité, tes membres ne subiront aucun dommage,
Car Tum lui-même les protège... »

Chapitre CLXI

Pour se frayer un Passage vers le Ciel

Voici les paroles révélées par Thoth pour pénétrer sans obstacles à l'intérieur du Disque solaire.

I

Voici que je me fraie un passage
Vers le Disque solaire...
En vérité, Râ vit !
La Tortue est morte !

II

Voici qu'est purifié mon cadavre,
Et que les os d'Osiris ont été purifiés...
En vérité, Râ vit !
La Tortue est morte !

III

Et l'habitant du Cercueil
N'aura pas à redouter l'atteinte du Mal...
En vérité, Râ vit !
La Tortue est morte !

IV

Voici qu'elle est protégée par Kehsennuf,
La chair inerte du mort !
Car c'est Râ qui vit !
La Tortue est morte !
Écoutez ! On tire les verrous des Portes !
Je puis en franchir le Seuil !

RUBRIQUE

Ces incantations ayant été récitées devant le cadavre, son Corps Glorieux (Sahu) traversera les quatre ouvertures du Ciel :

La première, celle du Vent du Nord, appartient à Osiris ; la seconde, celle du Vent du Sud, est commandée par Râ ; la troisième, celle du Vent de l'Ouest, dépend d'Isis ; la quatrième, celle du Vent de l'Est, obéit à Nephthys. Chacun de ces Vents, au moment où le défunt pénètre au Ciel, arrive vers ses narines.

Ceux qui n'ont pas été initiés, ne connaissent point ces choses cachées, car c'est un Mystère ignoré du vulgaire.

Ne le communique à personne, sauf à ton père ou à ton fils.

Sache-le : ce grand Mystère, que personne, nulle part, ne connaît, vient de t'être révélé…

Chapitre CLXII

Pour produire un sentiment de chaleur sous la tête du défunt

Salut, dieu-Lion, puissant Seigneur,
À la double Plume ornant ton Diadème
Et au redoutable Fouet, signe de commandement !
Toi, Mâle puissant, dont la splendeur
Rayonne aux profondeurs du Ciel,
Tes Formes multiples et métamorphoses
Sont, lors de ta naissance, cachées
Dans l'Œil solaire.
On t'invoque, ô puissant coureur aux grandes [enjambées,
Et tu accours vers celui qui implore ton aide ;
Tu protèges le malheureux contre celui qui [l'opprime.
Écoute donc mon cri de détresse !
Viens à mon secours !
En vérité, je suis la Vache Sacrée !

Ton Nom divin ne quitte point mes lèvres !
Écoute-moi donc quand je proclame :
HAKAHAKER est ton Nom !
AURAUAAKERSA-ANK-REBATI est ton Nom !
KHERSERAU est ton Nom !
KHARSATA est ton Nom !
Sache-le, ô dieu : tes Noms je les vénère tous !
Car je suis, en vérité, la Vache Sacrée !
Écoute donc, ô Seigneur, la voix de ma prière :
Quand tu feras surgir la chaleur de la Vie
Sous la tête de Râ d'Héliopolis,
Daigne, dieu, protéger le défunt devant la Porte
[céleste,
Pour qu'il devienne comme ceux qui habitent sur la
[Terre !
En vérité, il est ton Âme que tu as méconnue.
Approche de moi, car je suis Osiris !
Fais surgir la chaleur de la Vie sous ma tête,
Car je suis l'Âme vivante
De l'immense Corps sans vie d'un dieu.
Ce Corps repose à Héliopolis, et son Nom est :
KHU-KHEPER-URU-BARKHATA-DJAUA...
Viens donc, ô dieu ! Fais de moi un Esprit de ta Cour
[divine !
Car, en vérité : Je suis Toi[1]

1. C'est la fusion du Moi et du Toi sur le plan spirituel, exprimée par les Hindous en deux formules célèbres : « TAT TWAN ASI » et « AHAM BRAHMASMI » (« C'est toi » et « Je suis Brahma »).

Ces formules sont à prononcer sur l'image d'une Vache Sacrée faite d'or fin et fixée au cou du défunt. Faire en outre l'inscription qui suit sur du papyrus non usagé et placé sous sa tête. Alors le défunt ressentira une grande chaleur dans tout son être, comme s'il était en vic, sur tcrre.

Ce talisman possède une grande puissance de protection, car il a été créé autrefois par la Vache Céleste pour son fils Râ, lorsque sa force vitale était sur le déclin et que sa demeure était encerclée par les Esprits du Feu. De cette façon, le défunt deviendra une divinité dans le Monde Inférieur, et son Corps Glorieux ne sera repoussé devant aucune des Portes du Duat. Voici les paroles à réciter, pendant que tu places l'image de la déesse au cou du défunt :
« Ô Amon ! Amon ! Toi qui regardes
Du haut du ciel vers la Terre !
Tourne ton radieux visage vers le corps inerte
De ton fils bien-aimé !
Rends-le fort et vigoureux et redoutable
Dans le Monde Inférieur ! »

Cette formule est un grand Mystère. Ne la laisse voir à personne. Il serait terrible qu'elle devînt connue de tous. Cache-la soigneusement. Son Nom est :
« La-Formule-de-la-Demeure-cachée ».

Chapitre CLXIII

Rubrique

Incantations en vue d'empêcher le corps du défunt de subir des altérations et des malheurs dans le Monde Inférieur ; comment le protéger contre les attaques des Esprits qui dévorent les Âmes emprisonnées dans le Duat ; comment empêcher que les crimes affreux qu'il avait commis durant sa vie terrestre se présentent devant ses yeux d'esprit[1] ; comment garantir la vigueur de ses membres et de ses os contre les vers et contre les Esprits qui pourraient les attaquer dans le Monde Inférieur ; comment lui procurer la liberté de circuler, afin qu'il puisse tout faire à son gré.

Je suis l'Âme d'un dieu. Mais son Corps repose
Immense et inanimé, dans la cité d'At-Habu[2] ;
Le Génie de ce lieu étend sa protection
Sur le Corps inanimé d'Harthi.

---

1. La meilleure preuve que la morale courante égyptienne était d'une nature « hétéronome » et aucunement désintéressée, c'est que l'Égyptien cherchait, d'une façon ou d'une autre, à éluder la responsabilité « *pour les crimes affreux commis durant sa vie terrestre* » : soit en les niant en bloc, soit en prenant le biais de la magie, soit en suppliant les dieux, etc. Le but final était non pas la perfection morale d'un saint iranien, bouddhique ou chrétien, ni le sublime héroïsme d'un chevalier de Saint-Graal, mais une Paix contemplative, anodine, sans hauts ni bas, une Paix à tout prix ; un idéal, il faut l'avouer, assez « bourgeois »...

2. Toutes les descriptions et allusions qui suivent (le corps immense inanimé, prostré ; le bras arraché ; le cœur arrêté, etc.) se rapportent à Osiris avec qui le défunt s'identifie, en même temps qu'il l'implore... (Une attitude difficilement concevable pour un positiviste impénitent ; celui-ci oublie précisément que l'action du *Livre des Morts* se déroule sur un plan autre que celui de la matière...)

Son bras arraché repose dans les marais de
[Senhakarha...
Ô Âme divine ! Les battements de ton cœur
Ne sont perceptibles ni à ton lever ni à ton coucher !
Tu reposes, ô Âme, près de ton Corps divin
Étendu dans la cité de Senha-Parkana !
Délivre-moi de l'Esprit au visage effrayant
Qui s'empare des cœurs et ravit les membres !
Quand il commencc à grignoter les Âmes,
Des flammes jaillissent de sa bouche...
Toi, Âme, qui demeures à l'intérieur de ton cadavre
[prostré,
Ton feu brûle, solitaire,
Au milieu des vagues d'une mer déchaînée...[1]
Sache-le : tu devras renoncer à la puissance du feu
En présence de Celui qui lève le Bras :
Il aspire à la vie, éternelle,
Comme est le Ciel, sans bornes et sans limites.
Car, en vérité, au Ciel appartient ton Âme,
Mais la Terre en possède la Forme corporelle.
Sauve-moi donc de l'emprise des démons
Qui dévorent les Âmes chargées d'iniquités !
Puisse mon Âme demeurer dans mon Corps,
Mon Corps s'unir avec mon Âme !
Puisse demeurer caché ce corps dans la Pupille de
[l'Œil divin
Au Nom de SHARE-SHARE-SHARPU-ARI-KA
Qui repose en Nubie, au Nord-Ouest du
[Sanctuaire Apt.
C'est de ce lieu qu'il prend son envol vers l'Est.

---

1. Ce passage est un rappel et un avertissement contre les excès de l'égocentrisme de l'Au-delà. Le chaos qui y règne est comparé aux vagues d'une mer déchaînée au milieu de laquelle luit l'âme du défunt, pareille à un feu qui brûle. Le défunt ne doit pas oublier « Celui qui lève le Bras », c'est-à-dire Osiris, auquel il doit s'unir...

Ô Amon ! Taureau puissant ! Dieu aux Formes
[multiples !
Toi, Maître de deux Udjats, à la pupille terrible.
Sache : je suis né, émanation vivante, de deux Yeux
[divins,
L'un de ces yeux s'appelle : SHARE-SHARE-KHET,
Et l'autre : SHAPU-IRKA.
Mais son vrai Nom est : SHAKA-AMEN-SHAKANSA,
Et il demeure au Front de Tum,
Lumière des Deux Terres.
Laisse-moi donc séjourner
Dans cette Terre d'Harmonie et de Justice,
Afin que je ne sois pas abandonné dans la cruelle
[solitude !
Car je suis, à présent, le citoyen d'un Univers
Où l'œil, impuissant, ne perçoit rien.
Mon Nom est : AN.
Puissé-je vivre parmi les Esprits sanctifiés, parfaits
[et puissants !
Quant à mon Âme divine
Qu'elle repose donc dans l'immense Corps inanimé
Qui gît à Saïs, cité sacrée de Neith…

RUBRIQUE

Réciter ce chapitre sur la figurine d'un serpent muni de deux jambes et dont la tête serait ornée d'un disque solaire entre les deux cornes ; le réciter également sur les deux Udjats[1] munis d'yeux et d'ailes ; dans la pupille de l'un de ces deux Udjats se verra la

1. Udjat – nous le rappelons – était une divinité de combat et de Justice rétributive. Elle se manifestait sous forme d'un Œil ailé.

figure d'un dieu au bras levé ; il aura le visage d'une Âme divine ; son dos couvert de plumes, comme celui d'un faucon. Dans la pupille du second Udjat on verra la figure du dieu au bras levé, mais son visage sera celui de la déesse Neith ; son dos sera également couvert de plumes, comme celui d'un faucon.

Écrire ce chapitre avec de l'encre consacrée ANTI sur une tablette de pierre MEHT ou sur de l'émeraude du Sud, laquelle aura séjourné, préalablement, dans l'eau du Lac de l'Ouest, en Égypte, ou bien sur une bande du tissu UADJET, avec laquelle on enveloppera tous les membres du cadavre. Alors le défunt ne sera pas repoussé aux portes du Duat ; il y pourra manger et boire, comme il l'avait fait sur terre ; personne ne s'élèvera pour l'accuser, et il sera défendu contre ses ennemis, perpétuellement.

Si ce chapitre est récité pour le défunt sur Terre, celui-ci ne deviendra pas la proie des Esprits qui attaquent les malfaiteurs dans tous les coins de la Terre. Il ne sera pas tailladé ; les massacres pratiqués par Seth ne le feront pas mourir ; il ne sera pas emprisonné ; il pourra pénétrer dans toutes les régions du Duat et en sortir en triomphateur ; en outre, il fera des apparitions sur Terre pour inspirer la terreur aux hommes qui suivent la voie du Mal...

Chapitre CLXIV

Salut, Sekhmet – Râ – Bast, régente des dieux, ailée,
À qui les bandelettes « Ans » donnent la puissance
[magique !
Toi, déesse couronnée des diadèmes du Sud et du
[Nord,

Unique, souveraine de ton Père,
Et qui n'es assujettie à aucun dieu,
Maîtresse au grand pouvoir magique,
Toi qui fus consacrée et couronnée dans les lieux du
[silence,
Mère divine de Pashakasa,
Épouse royale de Parhaka-Khepru,
Maîtresse de la Tombe, Mère de l'Horizon céleste,
Toi, gracieuse et aimable,
Qui écrases la révolte des démons !
Regarde ! Vois dans tes mains, mes offrandes
[sépulcrales !
Tu te tiens debout, toute droite,
À la proue de la Barque de Râ, ton Père divin,
Prête à partir à l'attaque des démons...
Voici que tu places la déesse Maat
À l'avant de la Barque divine...
En vérité, tu es la déesse du Feu ;
Car rien ne subsiste après ton passage...
Ton Nom est : KA-HARESA-PUSAREM-KAKAREMT.
Tu es pareille au puissant feu de la déesse Saknakat
Qui est assise à l'avant de la Barque de ton Père
[divin.
HAREPUGAKASHARESHABIAU !
Voici ce que disent dans leurs propos
Les nègres et les Nubiens :
« Nous te glorifions, ô déesse,
La plus puissante parmi les dieux !
Les dieux Sesenu t'adorent[1],
Ainsi que les Esprits qui vivent dans leurs cercueils.
Vois ! Nous nous prosternons devant ton effroyable
[Majesté,

1. Sesenu = Khemenu (les huit grandes et anciennes divinités d'Hermopolis).

Toi, qui es notre Mère et la Source de notre Être,
Toi, qui prépares pour nous
Un lieu de repos dans le Monde Inférieur,
Qui rends vigoureux nos os et nous protèges contre
[la terreur,
Tu nous fais vivre et prospérer
Dans les Demeures de l'Éternité !
Tu nous délivres des souterrains de tortures
Où opère le dieu au visage de terreur,
Parmi ses hiérarchies divines.
En vérité, ton Nom est :
"L'Enfant-émané-du-dieu-au-visage-de-terreur-
Et-qui-tient-son-Corps-dissimulé".
Le Nom d'un fils de ce dieu est :
"Atare-Am-Djer-Quemtu-Ren-Parsheta".
Le Nom de l'Autre est : "Pa-Nemma-
L'Œil-divin-Udjat-de-la-déesse-Sekhmet-
La-grande-régente-des-dieux-émanation-de-la-
[déesse-Rennut-Maut".
Tu rends la vigueur aux Âmes des morts et à leurs
[Corps inertes,
Tu les délivres des griffes des démons
Qui opèrent dans leurs souterrains de tortures. »
De ses propres lèvres, la déesse leur répond :
« Je l'ai fait selon les paroles de Thaui[1],
Fils divin pour lequel les rites funéraires ont été
[ordonnés.
En vérité, je vous dis : vous ne serez ni entravés ni
[ligotés. »

1. *Thaui* signifie tantôt les dieux jumeaux (Shu et Tefnut), tantôt les déesses jumelles (Isis et Nephthys) et, ici : Osiris.

Réciter ce chapitre sur une figurine de la déesse Mut, la déesse aux trois têtes ; la première tête ressemblera à celle de la déesse-serpent Pekhat, ornée de deux plumes ; la deuxième sera pareille à celle d'un homme coiffé de la couronne du Nord et du Sud ; la troisième sera celle d'un vautour couronné de deux plumes. Cette figurine sera munie de griffes de lion et d'ailes ; elle sera peinte avec de la couleur ANTI sur une tablette de pierre verte ou sur des bandelettes de tissu ANS.

Placer devant cette statue un nain, et un autre nain derrière ; chacun d'eux aura un bras levé et sera coiffé de plumes ; en outre, ils auront, chacun, deux faces : l'une, celle de l'être humain et l'autre, celle du faucon ; ces deux nains seront tous les deux d'un embonpoint prononcé.

Ce rite une fois accompli, le défunt deviendra un dieu parmi les dieux du Monde Inférieur ; les Gardiens des Portes ne le forceront jamais, de toute éternité, à rebrousser chemin ; sa chair et ses os seront ceux d'un homme n'ayant pas passé par la mort ; il pourra boire de l'eau à la source des torrents ; sa demeure sera à Sekht-Ianru ; il deviendra une étoile sur la voûte céleste ; il partira en campagne contre Nekau et Tar, ces démons du Monde Inférieur ; il ne sera pas emprisonné, ni dévoré par toutes sortes de bêtes qui rampent ; mais, au contraire, il sera délivré du Mal...[1]

---

1. Ce passage – et tant d'autres, du même genre – a fait dire à certains égyptologues que les anciens Égyptiens étaient affligés d'une « imagination maladive », qu'ils souffraient d'« hallucinations collectives », etc.

Chapitre CLXV

L'arrivée vers l'Escale définitive[1], lorsque le corps du défunt aura été mis à l'abri et que les produits de sa liquéfaction auront été absorbés. Il débordera alors, de nouveau, de sève et de vigueur.

Il dira :

Ô pylônes majestueux ! Ô pylones !
Ô Prince des dieux ! Ô Prince !
Ô Amon, Amon !
Re-Iukasa !
Ô dieu, Prince des dieux de l'Orient du Ciel !
Ô Amon Nathkerti Amon !
Ô toi dont l'apparence visible est voilée,
Et dont les multiples formes sont mystérieuses,
Seigneur des deux Cornes, [fils] de la déesse Nut !
Tes Noms sont : Na-irik et Ka-irik et Kasaika ;
Ton Nom est Arthikasathika, Amen-na-en-ka-
[entek-share ;
Thekshare-Amen-Rerthi est ton Nom !
Écoute donc, ô Amon, ma supplication !
Ne connais-je pas ton Nom sacré ?
Et les Noms de tes Formes multiples

Cette affirmation serait juste, si tout visionnaire était nécessairement un névropathe, un hystérique ou un maniaque. Cette affirmation devient, par contre, fausse, quand on se rend compte que les dons de visionnaire d'un Jakob Böhme, d'un Paracelse, d'un Swedenborg, etc., florissaient autrefois sur les bords du Nil. Ces hommes *voyaient* des réalités ou des symboles que l'état d'esprit moderne rend les hommes *incapables* de voir, ni de comprendre…
Aujourd'hui, ce ressentiment et ce dépit des *aveugles* ne doivent pas surprendre. Quoi de plus « humain, trop humain » ?

1. L'Escale définitive : la mort.

Ne vivent-ils pas dans cette bouche qui est la
[mienne ?
Ton Image mystérieuse ne se révèle-t-elle pas à mes
[yeux ?
Regarde ! Voici que j'arrive vers toi,
Héritier de ton Trône, conçu sur ton Image sacrée,
Moi, Osiris !
Accorde-moi un séjour éternel dans le Duat ;
Donne à mes membres la Paix parfaite ;
Puisse mon Corps devenir le Corps d'un dieu !
Puissé-je échapper aux régions
Où les démons emprisonnent et torturent les morts !
Amon, prête l'oreille à mes discours !
Voici que j'invoque ton Nom mystérieux...
Tu as créé ma Forme charnelle ;
Tu m'as ouvert le sens de la Parole ;
Ta Science sacrée m'a enrichi l'Esprit...
En vérité, ton Nom est Amon-Rta-Sashaka,
Irkai, Markathi, Reri-Nasakbubu,
Thinasa-Thinasa...
Sharshathikathi est ton Nom !...
Ô Amon, Amon ! Dieu puissant !
J'invoque ton Nom mystérieux !
Accorde-moi ta sagesse éclairée !
Puissé-je jouir de la Paix dans l'Au-delà !
Puissé-je y posséder tous mes membres !
Voici que l'Âme du dieu qui réside dans le Ciel
Laisse entendre sa voix :
« En vérité, en vérité, j'y veillerai :
Ton Corps, intact tu le garderas... »

Rubrique

Réciter ce chapitre au-dessus de la figurine d'un dieu au bras levé dont la tête sera munie de plumes ; ses jambes seront écartées comme celles d'un scarabée ; il sera peint avec de la poudre de lapis-lazuli mélangée avec du liquide KAMI.

Réciter également ce texte au-dessus d'une figurine ayant tête d'homme et tendant ses deux bras ; sur l'épaule droite, on verra une tête de bélier ; et sur l'épaule gauche, on verra une autre tête de bélier.

Peindre, en outre, sur une bandelette de lin, un dieu au bras levé et, auprès de lui, séparément, peindre son cœur ; dessiner une autre figure sur sa poitrine.

Dissimuler tout cela au dieu Sugadi, du Monde Inférieur. Alors le défunt pourra boire de l'eau à la source des torrents ; et il rayonnera, pareil aux étoiles du ciel…

Chapitre CLXVI

L'Oreiller du Défunt

Voici que ton corps est exhaussé,
Ô toi qui demeures malade et prostré ;
Ta tête relevée regarde vers l'Horizon ;
Lentement, tu te redresses sur ton séant…
À présent, grâce aux bienfaits que les dieux t'ont [accordés
Tu peux triompher des obstacles.
Voici que Ptah, obéissant au décret du jugement,

Culbute tes ennemis.
Car tu es Horus, le fils d'Hathor, Nesert, Nesertet !
Après les massacres, il te restitue ta tête.
Sache-le : ta tête aura été sauvée !
Elle ne te sera pas ravie
De toute Éternité !

Chapitre CLXVII

Pour apporter le Talisman d'Udjat

Voici Thoth : il fait avancer Udjat, l'Œil divin !
Il le fait régner en paix...
Car Udjat a accompli la tâche que Râ lui avait
[assignée.
Il fut exposé aux dangers
Lors de l'Écroulement des Mondes...
Mais voici que Thoth l'ayant délivré,
Il est rendu à la Paix et à l'Harmonie.
Si Udjat est fort, moi je suis fort.
Si je suis fort, Udjat est fort.

Chapitre CLXVIII

POUR RECEVOIR LES OFFRANDES

Ô vous, divinités du Duat, vassaux de Râ-Osiris[1],
Qui pesez [les Paroles] de son Fils ;
Qui jugez, selon la Vérité et la Justice, les Méchants
Et très haut demeurez dans le Ciel,
Accordez-moi des sacrifices sur Terre,
Des offrandes dans l'Amenti,
Des libations dans les Champs de la Paix.
Vous, Esprits, qui pourvoyez à la nourriture de Râ,
Assignez-moi des sacrifices sur Terre.
Vous, serviteurs des dieux, grands et petits,
Allouez-moi des vases sacrificatoires sur Terre
Et des offrandes dans l'Amenti.
Ô Esprits qui adorez les dieux dans leurs sanctuaires,
Concédez-moi des sacrifices perpétuels sur Terre,
Lors de la parution du Fils
Devant le Pylône mystérieux des dieux,
Au milieu de leur sanctuaire céleste.
Qu'ils m'accordent sur Terre des vases de sacrifice,
Afin que mon cadavre continue sa vie
Dans le Monde Inférieur.
Ô vous, dieux et déesses qui suivez Osiris,
Pourvoyez à mes sacrifices sur Terre,
Afin que je puisse demeurer
Derrière vos mystérieux Pylônes,
Parmi les vassaux de la Grande Divinité.
Regardez comme ils se réjouissent,

---

1. Papyrus Mut-Hotep. Le texte en est incomplet et mutilé.
Le « Fils » dont il est ici question, c'est le défunt lui-même (Fils d'Osiris).

En voyant passer devant eux l'Âme du Fils,
Tel Osiris, son Père,
Tandis que cette Âme reçoit sa part des donations
Et que, pendant le jour et pendant la nuit,
Elle prend possession, sur Terre, de belles
[offrandes...
Voici que les dieux eux-mêmes m'apportent des dons
Et que l'Âme du Fils s'approche de l'autel,
Elle, l'Âme d'un dieu
Qui accomplit ses Métamorphoses
Dans le sein d'Osiris.

Chapitre CLXIX

Pour dresser le lit funéraire du défunt[1]

En vérité, tu es le dieu Lion !
Tu es le dieu à la double tête de Lion !
Tu es Horus, vengeur d'Osiris, son Père !
Tu es, dans ta seule personne, les quatre dieux
[glorieux !
On t'accueille avec joie et avec des cris d'allégresse.
(On te soutient à droite et à gauche.)
Voici le dieu Kêb qui soulève tes paupières et qui
[ouvre tes yeux.
(Jusque-là, ils étaient comme les yeux d'un aveugle.)
Kêb te fait étendre tes jambes...

---

1. Ici est brossé le tableau du réveil de l'âme de l'autre côté du Seuil. Le défunt est identifié avec le Lion : le récitant fait appel aux forces du Soleil. Kêb, dieu de la Terre, procède au réveil du défunt (cf. le chapitre CLVIII). Pendant que d'autres êtres soutiennent le défunt de deux côtés, Kêb soulève ses paupières, lui fait étendre les jambes, etc.

Voici que le Cœur « ib » de ta mère est réuni à la
[substance,
Ainsi que ton Cœur « hati ».
Ton Âme est au Ciel : ton Corps, enterré, est inerte.
Voici des offrandes pour tes entrailles, de l'eau pour
[ta gorge,
Du souffle agréable pour tes narines...
Tu rends la paix aux demeures des morts ;
Parcourant les routes, tu ouvres leurs tombeaux ;
Tu es stable par la vertu de tes émanations.
Voici que tu pars pour le Ciel
Et que tu attaches ta corde près du Trône de Râ.
Tu tends tes filets dans les torrents dont tu bois les
[eaux.
Tu te sers de tes jambes et tu es sûr de leurs
[mouvements.
Tu arrives jusqu'à la surface de la Terre ;
Mais tu n'as pas besoin de pénétrer
Sous les murailles de ta Ville,
Ni de les renverser.
En vérité, ce qui a été fait pour toi
C'est le dieu de la Ville lui-même qui l'a fait.
Tu es pur ! Tu es pur !
Le devant de ton Corps a été lavé à l'eau de source.
Ton dos a été purifié au salpêtre et rafraîchi avec de
[l'encens.
Ton corps tout entier a été lavé au lait de la vache
[Hap,
Avec de l'alcool de la déesse Tenemit et avec du
[salpêtre.
Tout le Mal qui était attaché à ta personne a été
[éliminé.
Tefnut, fille de Râ, a bien œuvré pour toi,
Comme elle avait œuvré pour Râ, son Père divin.
Elle a ordonné pour toi la Vallée funéraire

Où fut enterré Osiris, ton Père.
Je me nourris des choses agréables au goût
Appartenant à Râ et à Kêb,
Ainsi que du blé et des quatre sortes de pain.
Voici que je t'amène vers les Champs de la Paix...
Les offrandes sépulcrales se trouvent devant toi.
En ta qualité de Râ ; tu t'élances, tes jambes
[t'obéissent...
Lors de ton jugement, tu ne subis pas de
[condamnation.
Tes mouvements ne seront pas entravés ;
Tu ne seras pas emprisonné.
On ne te remettra pas aux mains cruelles des
[démons
Qui besognent dans leurs Chambres de Torture.
On n'amoncellera pas de sable devant toi.
On ne contrôlera pas l'usage que tu fais des
[offrandes.
On ne te fera pas rebrousser chemin.
Les gardiens ne t'empêcheront pas de partir...
Tu recevras une chemise, des sandales, un bâton,
D'autres vêtements et diverses armes de combat,
Pour que tu puisses trancher les têtes des ennemis
[capturés
En renversant leur nuque en arrière.
Tu pourras tenir à distance ta mort,
Afin qu'elle n'approche pas de toi.

Voici que, à ton sujet la Grande Divinité prend la parole :

« Qu'il soit amené ici, au jour des événements ! »
Et voici que le Faucon et l'Oie « Smen »
Se réjouissent de ton arrivée
Et que Râ ouvre toutes grandes les Portes du Ciel.

Kêb tire pour toi les verrous de la Porte terrestre.
Ton Esprit est puissant ;
Il garde dans sa mémoire les Noms cachés.
Ton Âme ouvre de force un passage à travers
[l'Amenti ;
Elle garde le pouvoir de la Parole.
Ton Corps Glorieux repose dans le sein divin
[de Râ,
Au milieu des Hiérarchies célestes,
Là où se croisent les deux Sentiers
Que parcourent les Esprits-Gardiens veillant sur
[l'humanité.
Le dieu-Lion te conduit vers les lieux où ton Double
[éthérique
Pourra se reposer en paix, sans crainte des attaques
[ni des pièges.
Les deux Terres et leurs habitants œuvrent pour toi,
Afin que tu puisses vivre et que ton Âme puisse
[prospérer,
Que ton Corps, embaumé et intact, soit établi pour
[l'Éternité ;
Que tu puisses contempler le Feu et respirer l'Air
[frais ;
Que tu puisses pénétrer, face en avant,
Dans la région des Ténèbres ;
Que tu sois protégé contre les périls des défilés
[menaçants ;
Que tu ne sois pas entraîné par des tourbillons
[néfastes ;
Que tu puisses suivre le Prince divin des Deux
[Terres,
Te rafraîchir sur les branches des Arbres sacrés
Qui poussent des deux côtés du Trône du Grand
[Magicien.

Voici que la déesse Seshetet s'est assise devant toi[1],
Tandis que le dieu Sa protège tes membres.
Tu bois du lait de la Vache Sacrée qui suit
[Sekhat-Heru[2].
Tu fais tes ablutions à l'embouchure du torrent
[Kher-Aha ;
Tu es le favori des princes de Pé et de Dep ;
Thoth te regarde avec grande bienveillance...
Entrant au Ciel, tu converses avec Râ.
Puis tu prends ton départ...
Bientôt tu arrives devant la demeure Anit
Et adresses la parole aux deux Combattants.
Ton Double éthérique t'accompagne
Et sa présence t'emplit de joie.
Ton Cœur te suit dans tes Métamorphoses.
Il t'écoute attentivement. Il te surveille.
Les Hiérarchies célestes réjouissent ton cœur.
Les quatre offrandes sépulcrales t'attendent
Sur l'autel de la Régente des Deux Terres,
Dans les cités de Sekhem, d'Akenu et d'Héliopolis.
Pendant la Nuit, les Esprits stellaires veillent sur toi ;
Les Seigneurs d'Héliopolis intercèdent pour toi...
Le dieu du Nectar divin, Hu lui-même, est dans ta
[bouche.
Tes jambes ne seront pas forcées de refaire à rebours
[le Voyage.
Tous les membres de ton Corps sont en possession
[de la Vie.
Voici que tu arrives à Abydos et tu t'empares de SMA.
Des offrandes sépulcrales sont amenées vers toi,

1. Sa et Sesheta : deux divinités qui président à la Sagesse et au Savoir sacrés.
2. Sekhat-Heru, une déesse, sous la forme de la Vache céleste, que l'on identifie avec Isis ou avec Hathor.

En même temps que des dons à l'occasion de la fête
[d'Osiris.
Durant la célébration des Mystères
Tu portes des ornements de pourpre et d'or ;
Les eaux du Nil se déversent sur ton Corps.
Ton Nom est inscrit sur les Tablettes mystérieuses
Placées des deux côtés du lac Tes-Tes.
À grandes gorgées tu bois cette eau lustrale.
Tu choisis toi-même tes divinités protectrices
Et tu pénètres en les accompagnant au Ciel.
Là tu fais triompher l'Ordonnance divine
Chère au cœur de Râ[1].
On te conduit devant les Hiérarchies célestes ;
Elles t'accueillent comme un dieu, leur égal…
En vérité, tu es Kharsa, le frère d'Ersa.
Voici Ptah en personne qui t'apporte les offrandes
[sépulcrales…

Chapitre CLXX

Pour préparer le Lit funéraire

Voici que je te rends ta chair et consolide tes os.
Avec soin, j'ai recueilli tes membres éparpillés.
À présent, tu exerces tes pouvoirs sur Terre ;
Les membres de ton Corps sont sous bonne garde.
En vérité, tu es Horus lui-même
Rayonnant au centre de ton Œuf Cosmique.
Debout, tu contemples les dieux qui t'entourent…

1. Râ (Soleil) est le principe de l'Ordre cosmique (Équilibre, Justice, Vérité) opposé à l'Anarchie et au Chaos déchaînés par les Forces du Mal.

Tu pars ensuite pour de lointains Voyages ;
Et voici que ta main atteint déjà l'objet de tes désirs :
L'Horizon du Ciel et les Lieux Sacrés.
Ton arrivée est saluée par des cris d'allégresse.
Les hymnes retentissent, quand tu atteins l'autel.
Horus en personne te met debout[1],
Comme il l'avait fait, tant de fois, envers des
[sanctifiés.
Salut ! Tu es dressé debout par Anubis,
Le grand Solitaire des Collines de l'Occident...
Il te rend ta vigueur ; tes bandelettes mortuaires,
Il en remanie l'ordonnance.
Ptah-Sokari t'apporte les ornements de son temple.
Voici Thoth dans ses mains le Livre des Paroles
[divines,
Il se dirige vers toi...
Ta main, grâce à lui et au gré de ton Double,
Atteint l'Horizon du Ciel...
Osiris fait régner la Nuit,
Pendant que tu pénètres dans la Région de la Vie.
Un diadème étincelant de blancheur est fixé sur
[ton front.
Le dieu Nemu t'accompagne ;
Il te fait présent de ravissants oiseaux.
Voici que ton Corps se dresse sur ta couche
[mortuaire ;

1. Le motif du « redressement » : le cadavre est couché horizontalement ; la position verticale symbolise le retour à la vie, la résurrection ; l'intersection de ces deux droites (horizontale et verticale) constitue le symbole de la Croix : Victoire de la Vie sur la Mort. Ce redressement s'impose, parce que l'horizontale est la négation, le principe du mal ; parallèle à la surface de la terre, elle est enchaînée par sa pesanteur et enfermée dans la cage terrestre ; incapable de tout essor vers le Ciel, elle est aplatie : tantôt rampante – comme le serpent, tantôt immobile – comme le cadavre.

Et c'est Râ, naviguant dans sa Barque, sur l'Horizon
[caché,
Qui te met debout,
Tandis que Tum, le père des dieux, t'établit à jamais.
Les dieux Amsu, Kebti et d'autres dieux
Te glorifient dans leurs sanctuaires.
Tu avances en paix ; et c'est en paix que tu te diriges
Vers ta Demeure de l'Éternité,
Vers ton séjour du Temps sans Limites.
Les Esprits de Pé et de Dep t'accueillent avec
[allégresse…
Devant le Sanctuaire que chérit ton Double
[éthérique,
Dans la grande et sainte Demeure que tu habites,
Les chœurs des Esprits glorifient ta puissance…
Les dieux t'ouvrent leurs bras ;
Car tu es devenu dieu
Conçu et créé pour accomplir d'innombrables
[Métamorphoses.
En vérité, tu es une grande divinité,
Et ton rayonnement éclaire les Âmes en détresse…
Ta puissance se révèle plus éclatante
Que celle des autres Esprits de cette Région.
Voici que Ptah, de la Muraille du Sud, élève sa voix…
Il te loue grandement
Et il fait avancer ta demeure vers la Demeure des
[dieux.
En vérité, tu es Horus en personne, le fils des dieux ;
C'est Osiris qui t'a engendré,
C'est Ptah qui t'a modelé,
C'est Nut qui t'a mis au monde ;
Toi, un Être de Lumière,
Pareil à Râ, lorsqu'il paraît à l'Horizon
Et dont la splendeur illumine les Deux Terres.
Les dieux te parlent. Ils disent :

« Viens donc ! Et vois tout ce qui t'appartient
Dans la Demeure de l'Éternité ! »
Voici la déesse Rennutt, Héritière et Première-née
[de Tum[1].
Elle te recommande aux Hiérarchies du Ciel...
En vérité, je suis l'Héritier des dieux !
Je suis égal au Grand Dieu qui produit la Lumière
[du Jour !
Voici que je sors des Entrailles du Ciel,
Et que, pour la deuxième fois, je viens au monde...
Je redeviens un petit enfant sans père,
[un nouveau-né...
Personne ne saura m'empêcher, le moment venu,
De répondre aux questions que l'on m'aura posées...

Chapitre CLXXI

POUR FIXER SUR LE CADAVRE UN « VÊTEMENT DE PURETÉ »

Je vous invoque, ô dieux !
Tum, Shu, Tefnut, Kêb, Nut,
Osiris et Isis, Seth, Nephthys,
Heru-Khuit, Hathor, Khepra,
Menthu, Seigneur de Thèbes,
Amon, Seigneur des Couronnes des deux Égyptes,
La grande Hiérarchie des dieux,
La petite Hiérarchie des dieux,
Vous, dieux et déesses
Qui demeurez dans l'Océan céleste,
Toi, Sebek des deux Mehdet,

1. Rennit (ou : Rennutt) : déesse-nourrice.

Sebek aux Noms innombrables[1]
Qu'on te prête, selon l'endroit où ton Double se [plaît !
Vous tous, ô dieux du Ciel et de la Terre,
Du Nord et du Sud !
À mon Esprit sanctifié accordez ce Vêtement de [Pureté !
Prêtez-moi la vigueur et la puissance
Par la force magique de ce Vêtement de Pureté !
Détruisez le Mal qui s'attache à mon Âme !
Afin que, lors du Jugement, à la face de l'Éternité,
Je sois reconnu pur et innocent !
Ô dieux ! Détruisez le Mal qui s'attache à ma [personne !

Chapitre CLXXII

Les Hymnes à réciter

Voici que j'aspire profondément…
Flottant dans l'air
Différentes espèces d'encens me parviennent.
En vérité, je suis pur !
Purs sont les hymnes que font entendre mes lèvres !
Plus purs, en effet, que la déesse Maat ;
Plus purs que les poissons dans les rivières…
Ptah me proclame son Esprit favori ;
Les autres dieux et déesses font de même.
En vérité, mes vertus et mes perfections
Sont nombreuses comme les vagues de la mer.
Elles ressemblent à des palais en fête

1. Sebek : dieu à la tête de crocodile.

Où chacun célèbre son dieu préféré.
Mes perfections sont comme des colonnes du temple
[de Ptah,
Comme un vaste espace rempli de l'encens de Râ.

I

... On t'appelle ! Entends-tu ?
Voici la première Salle !
Entends-tu comme on pleure autour de toi ?
Entends-tu comme on te glorifie, comme on exalte
[tes vertus ?
Dressé tout debout, ô Horus,
Tu es, en vérité, majestueux et puissant !
De même que toi, et après des cérémonies en ton
[honneur,
J'ai été dressé tout debout...
Ptah a anéanti tes ennemis ;
Faits prisonniers ils obéissent à tes ordres.
Tu es debout, et ta parole est une loi pour eux,
De même que pour les multitudes des dieux et des
[déesses.

II

... On t'appelle ! Entends-tu ?
Voici la deuxième Salle !
Ta tête, ô Seigneur,
Ornée de longues tresses de femme asiatique,
Navigue dans la Barque ;
Et l'éclat de ton Visage
Illumine la demeure du dieu de la Lune.

La partie haute de ton Corps est bleue comme
[du lapis-lazuli,
Les boucles de ta chevelure sont plus noires
Que les Portes du Séjour des Morts.
Les rayons de Râ illuminent ton Visage orné
[de pierres bleues.
Tes vêtements d'or sont agrémentés de lapis.
Tes sourcils sont deux déesses-sœurs
Dont les serpents sacrés surplombent la chevelure.
Ton nez respire l'Air du Ciel.
Tes yeux fixes regardent les montagnes de Bakhau
Qui s'étendent dans l'Au-delà.
Tes cils sont immobiles pour toute l'Éternité.
Ta paupière supérieure est faite de lapis-lazuli.
Ton œil, en vérité, est une offrande sépulcrale.
Ta paupière inférieure est teintée du fard sombre
[« mestem ».
Tes deux lèvres témoignent de la Vérité, fille de Râ ;
Elles apaisent le courroux des dieux.
Tes dents sont des têtes de la déesse-serpent Mehen.
Voici que ta langue devient adroite et intelligible.
Ta façon de parler est plus perçante que n'est à
[l'aube
La mélodie des oiseaux des champs.
Tes mâchoires s'étendent à l'infini,
Et atteignent les Espaces Étoilés[1].
Ta poitrine demeure immobile ;
Elle se dirige ensuite vers les Mondes de l'Amenti.

---

1. Une vision assez réaliste des Transformations si singulières que, d'après la Tradition, subit l'être humain dans l'Au-delà : tandis que les forces – et les substances – de l'organisme de la tête se dissolvent dans le Cosmos, celles des extrémités (bras et jambes) sont, par contre, en train de former une nouvelle « tête » : les « bras » s'étendant à l'infini deviennent la mâchoire supérieure ; les « jambes » forment la mâchoire inférieure d'une nouvelle « tête » – pour l'incarnation à venir.

III

... On t'appelle ! Entends-tu ?
Voici la troisième Salle !
On pare ton cou avec de l'or et du cuivre fin.
Ta gorge relève d'Anubis
Et tes vertèbres de la déesse Uadjit.
Ton dos est orné d'or et de cuivre fin.
C'est Nephthys qui gouverne ta forme humaine.
Ton visage est le Nil sans eaux[1].
Les deux moitiés de ton dos sont deux œufs en cristal.
Tes deux jambes sont assez vigoureuses pour
[marcher.
Tu es assis à ta place.
Voici que les dieux te rendent l'usage de tes yeux.

La poitrine, par contre (c'est-à-dire l'organisme respiratoire : les poumons, le cœur, etc.), est le siège et le substrat de la vision *morale* du cosmos, du jugement moral. Cet organisme appartient au passé et surtout au présent, mais non pas au futur ; il doit subir la loi du KARMA. Voilà pourquoi la poitrine « reste à sa place » et ne suit pas les « mâchoires » (car elle n'évolue pas vers l'avenir) : elle se dirige vers les lieux du rachat moral, c'est-à-dire vers l'Amenti.
Ce passage, qui témoigne – comme tant d'autres – de profondes connaissances des doctrines ésotériques chez les anciens Égyptiens, nous fait entrevoir l'immense complexité des transformations que, selon ces doctrines, l'être humain subit après la mort...

1. La préservation du cadavre incombait à Anubis ; or rien n'était aussi important, aux yeux de l'Égyptien, que le fonctionnement normal du larynx, l'organe de la Parole magique.
Les déesses Uadjit régissaient les forces éthériques du cosmos ; or le principe de la répétition rythmique, cette loi de base du cosmos éthérique, présidait à la formation en chaîne des vertèbres.
Le « Nil sans eaux », c'est-à-dire le dieu Nil se manifestant sans le voile des eaux qui le cachait.

IV

... On t'appelle ! Entends-tu ?
Voici la quatrième Salle !
En vérité, ta gorge est la gorge d'Anubis,
Et tes membres sont plaqués d'or fin.
Tes deux seins sont une paire d'œufs en cristal ;
Horus les a enluminés du bleu du lapis-lazuli.
Tes épaules sont transparentes comme du cristal ;
Tes bras sont solidement fixés en vue de te protéger ;
Ton Cœur « ib » est toujours satisfait ;
Ton Cœur « hati » est animé des deux divinités
[Sekhem[1].
Ta personne tout entière glorifie les Esprits stellaires.
Car, en vérité, le Monde Intérieur de ton Être[2]
Est le Ciel infini lui-même.
Ton ombilic est le Royaume des Morts[3]
Où la Lumière et les Ténèbres se tiennent
[en équilibre.
(Les offrandes qui conviennent ici sont les fleurs
[Ankham.)

1. Sekhem : la puissance (magique) de la *volonté*.

2. Le Monde Intérieur, c'est-à-dire les organes de notre corps dissimulés au regard (cœur, reins, foie, poumons), est – d'après l'immémoriale doctrine ésotérique de l'Homme-Microcosme – de la même nature que les planètes qui gouvernent le monde. Ainsi le foie est Jupiter ; le cœur est le Soleil ; la vésicule biliaire est Mars, etc. C'est une vérité estimée contrôlable par tout voyant ayant atteint un certain degré d'évolution. Selon cette doctrine, notre horoscope même, qui régit notre vie, c'est-à-dire le rapport complexe et plus ou moins harmonieux entre de multiples facteurs en présence, cet accord musical simultané au moment de notre naissance, l'homme le porte EN LUI, dans les limites de son corps physique, selon le dosage savamment équilibré des rapports anatomiques et physiologiques.

3. De même que l'ombilic constitue le centre du corps humain, de même le Duat occupait le centre du monde.

Je glorifie Thoth, le dieu que je vénère :
« Puissent tes beautés bienfaisantes protéger mon
[tombeau
Au moment où, dans les lieux purs et saints que je
[chéris,
Je serai proclamé dieu ! »

V

... On t'appelle ! Entends-tu ?
Voici la cinquième Salle !
Tes deux bras sont pareils à des étangs
À l'époque des inondations abondantes...
Vois, combien de statues du Maître des Eaux
Ornent les pourtours des étangs sacrés !
Regarde ! Tes deux hanches sont cerclées d'or ;
Tes genoux sont pareils aux plantes aquatiques
Abritant à profusion les nids d'oiseaux.
Tes jambes te conduisent vers la Voie de Félicité,
Et tes pieds sont stables à tout jamais...
En vérité, tes bras sont des étangs aux quais de
[pierre ;
Tes doigts sont des barres d'or ;
Et leurs ongles, tels des morceaux de silex,
Œuvrent pour toi !

VI

... On t'appelle ! Entends-tu ?
Voici la sixième Salle !
Ici l'on te pare de tes Vêtements de Pureté ;
On t'étend sur ta couche mortuaire ;
On t'apporte les cuisses d'animaux pour ton Double

Et leurs cœurs pour ton Corps Glorieux...
Voici que tu reçois des mains du prêtre de Râ
Tes vêtements de lin pur.
Tu dégustes les pains sur une nappe
Préparée d'avance pour toi par la déesse Taït.
Ayant goûté à la cuisse d'un animal,
Tu te diriges vers l'Héritage que Râ te destine ;
Tu laves tes pieds dans une bassine d'argent
Façonnée pour toi par le dieu Sokari ;
Tu absorbes le pain consacré sur l'autel
Et que les deux Pères divins ont béni ;
Tu goûtes aux pains et aux rôtis sur tes réserves ;
Tu jouis du doux parfum des fleurs.
Ton cœur se dirige vers l'autel
Où t'attendent les offrandes
Destinées aux Âmes divines d'Héliopolis.
Les serviteurs te les apportent et les rangent, suivant [tes ordres,
Devant toi, dans le Grand Temple.
Tu te lèves, pareil à Orion,
Et, pendant que Nut tend vers toi ses bras,
Voici que tu te portes à sa rencontre.
Orion, Fils de Râ, et Nut, la Mère des dieux,
Ces deux grandes divinités du Ciel,
Parlent de toi et se disent l'une à l'autre :
« Prenons-le sur nos bras, toi et moi, aujourd'hui,
Pendant que les dieux le glorifient,
Et rendons-le heureux aussi longtemps
Que son Nom est dans la bouche des jeunes gens et [des jeunes filles ! »
Debout, à la porte de ta demeure cachée,
Tu entends ces propos...

VII

... On t'appelle ! Entends-tu ?
Voici la septième Salle !
Ici, le dieu Anubis qui t'aime
T'apporte ton linceul.
Il te reçoit parmi les Grands Voyants et te couvre
[d'ornements,
Lui, Gardien de la Grande Divinité...
Tu te diriges vers le Lac de la Perfection
Et tu t'y purifies.
Tu accomplis les rites des sacrifices dans les
[demeures célestes.
Tu te concilies les grâces du Seigneur d'Héliopolis.
On te présente, en des vases précieux,
Du Lait Sacré et de l'Eau de Râ.
À présent, on te dresse tout debout.
Tu places tes offrandes sur les autels.
Tu te laves les pieds sur une Pierre sacrée,
Au bord du Lac des Dieux.
Cela fait, tu reprends ton voyage
Tu contemples Râ assis sur ses Piliers.
Pareils à des bras tendus, ils soutiennent le Ciel
[infini.
Une voie s'ouvre devant toi...
Et tu contemples les vastes horizons du Ciel
Où règne la Pureté que chérit ton cœur.

VIII

... On t'appelle ! Entends-tu ?
Voici la huitième Salle !
Rangées devant Râ s'étalent tes offrandes.

Selon les décrets d'Horus et de Thoth,
Tu connaîtras là-bas et le commencement et la fin…
Voici qu'ils t'appellent !
Le spectacle de ta splendeur les réjouit ;
Avec attention, ils suivent les progrès de ta divinité
Parmi les Esprits d'Héliopolis…
Tu avances sous les traits de ton Corps Glorieux
Et parcours la Grand'Route du Ciel.
Tu reçois sur tes deux bras tendus
Les offrandes sépulcrales de ton Père divin.
On te présente du lin fin pour l'usage de tous les
[jours,
Pendant que, en ta qualité de nouveau dieu,
Tu franchis le Portail du Grand Temple.

IX

… On t'appelle ! Entends-tu ?
Voici la neuvième Salle !
Ici je trouve de l'air pur pour mes narines,
Mille oies et cinquante paniers
Avec de belles et pures offrandes…
En vérité, tes ennemis ont été culbutés
Pour toute l'Éternité à venir…

Chapitre CLXXIII

Les Paroles d'Horus à son Père divin, Osiris, au moment où il pénètre chez lui, dans sa Demeure du Monde Inférieur[1]

Salut, ô Osiris, Prince de l'Amenti,
Grande divinité, Seigneur d'Abydos,
Roi de l'Éternité, Prince de la Durée,
Dieu mystérieux du Re-stau !
Me voici !
Sois glorifié, Seigneur des dieux, l'Unique,
Toi, vivant par la Vérité de la Parole !
Voici que j'arrive devant toi...
Moi, ton fils Horus,
Je viens ici pour te venger !
Vers les lieux où tu trônes
Entouré des Hiérarchies divines
J'amène la déesse de Vérité et de Justice...
J'ai repoussé tes ennemis :
Puissé-je donc séjourner près de toi !
Car j'ai soutenu et raffermi tous ceux
Qui sur la Terre participent à ton Être.

1. Ô Osiris ! Je suis ton fils Horus,
J'arrive ici pour te venger, ô mon Père,
[Osiris !
2. Ô Osiris ! Je suis ton fils Horus,
Je viens ici pour balayer tes ennemis !
3. Ô Osiris ! Je suis ton fils Horus,
J'arrive ici pour détruire le Mal qui
[s'attache à ta personne !

---

1. Dans ce chapitre, le défunt est identifié à Horus.

4. Ô Osiris ! Je suis ton fils Horus,
J'arrive ici pour abattre ceux qui
[t'attaquent !
5. Ô Osiris ! Je suis ton fils Horus,
J'arrive ici pour frapper les démons qui
[t'assaillent !
6. Ô Osiris ! Je suis ton fils Horus,
J'amène avec moi, enchaînés, les démons
[de Seth[1] !
7… J'ai combattu ceux qui t'étaient hostiles !
8… J'apporte les offrandes du Sud et du
[Nord…
9… J'ai labouré pour toi les champs…
10… J'ai rempli d'eau les canaux pour toi…
11… J'ai travaillé avec la houe pour toi…
12… J'ai construit des citernes pour toi…
13… J'ai veillé sur les terrains à toi…
14… Les démons massacrés par moi
Te seront, ô Osiris, des offrandes
[sépulcrales…
15… J'ai abattu pour toi des bœufs et des
[chèvres…
16… J'ai procuré de la nourriture pour toi…
17… J'ai apporté pour toi…[2]
18… J'ai abattu pour toi…
19… J'ai frappé pour toi les bêtes châtrées…
20… J'ai pris au filet des oiseaux pour toi…
21… Je t'amène tes ennemis enchaînés…
22… Je t'amène tes ennemis ligotés…
23… Je t'apporte de l'eau fraîche d'Éléphantine
Pour rafraîchir ton cœur…

1. Chacune des invocations (7-40) qui suivent commence par les mots : « Ô Osiris ! Je suis ton fils Horus… ».

2. Des lacunes.

24... Je t'apporte des plantes de toute espèce...
25... J'ai raffermi les cœurs de ceux
Qui sur Terre communient avec toi...
26... J'ai préparé pour toi des pains consacrés
Faits dans la ville de Pé avec du blé
[rouge...
27... J'ai préparé pour toi de la boisson fermentée
Tirée du blé blanc dans la ville de Dep...
28... J'ai semé pour toi, dans les Champs des
[Bienheureux,
Du blé et de l'orge...
29... J'ai procédé pour toi aux récoltes dans les
[champs...
30... J'ai glorifié ton Nom...
31... Je t'ai rendu tes Âmes...
32... Je t'ai rendu ta Puissance...
33-34... Je t'ai donné...[1]
35... Je t'ai rendu ta puissance de Terreur...
36... Je t'ai rendu ta puissance de Victoire...
37... Je t'apporte tes deux yeux et les deux
[plumes
Pour qu'elles ornent ta tête...
38... Je t'amène Isis et Nephthys
Qui te rétabliront dans ta puissance...
39... J'ai rempli pour toi, avec du liquide
[magique,
L'Œil divin d'Horus...
40... Je t'apporte l'Œil divin d'Horus,
Afin que ta Face illumine les mondes...

1. Une lacune dans le texte.

Chapitre CLXXIV

Pour faire franchir à l'Esprit sanctifié la Grande Porte

Ô Osiris ! Je suis ton fils Horus et je pourvois à tes
[besoins.
En vérité, les puissants tremblent,
Quand ils te voient sortant du Duat
Le grand couteau à la main !
Salut, ô dieu Saa, fils de Kêb,
Mis au monde par les Hiérarchies divines !
Voici Horus qui demeure dans son Œil divin !
Voici Tum au milieu de ses émanations !
Les dieux de l'Est et de l'Ouest reposent au sein de
[ce grand Être
Dont les Métamorphoses sont sans nombre...
En vérité, au moment où je suis né au monde de
[l'Au-delà
Naquit une divinité nouvelle : c'était moi !
À présent, de mes yeux, je puis voir...
Je regarde autour de moi ; j'existe[1].
Ma vision est claire et perçante.
Debout, je reprends le fil interrompu de mon
[existence...
J'ai accompli ce qui m'avait été ordonné par les
[dieux,
Car la torpeur et la somnolence me sont en horreur.
Je me tiens debout à Nedet ;
Mes offrandes me parviennent de Pé

1. « Je regarde, donc j'existe » : dans cette thèse s'exprime toute la mentalité égyptienne, visionnaire par excellence.

Et je les reçois à Héliopolis.
En vérité, Horus a accompli
Ce qui lui avait été ordonné par son Père ;
Et Seth, le Seigneur des Tempêtes, l'a dressé tout [debout.
Moi-même, j'ai été dressé, tout debout.
Par la Parole magique de Tum.
J'avance, et mes jambes ne me refusent pas [l'obéissance.
Les Hiérarchies m'ont engendré ;
J'ai été conçu par la déesse Sekhmet
Et mis au monde par elle à côté de Sirius,
Ce grand Esprit stellaire
Qui, traversant le Ciel à grandes enjambées,
Montre, chaque jour, à la Barque de Râ le chemin.
Voici que j'arrive à ma place prédestinée ;
La double couronne royale sur la tête, je franchis la [Porte…
Toi, ô dieu à la Double Plume et dont le Nom est [mystérieux,
Sache-le : je suis le Lotus sacré !
Mon rayonnement envahit le Ciel infini !
Le Royaume de la Pureté me reçoit dans son sein ;
J'y demeurerai éternellement
Auprès des narines de la divinité toute-puissante.
Car j'ai déjà séjourné dans le Lac de Feu ;
J'y ai reçu ma rétribution
Pour le Mal accompli par moi sur Terre.
Devenu le Gardien du Vêtement Sacré,
Je protège Isis et Nephthys
Pendant la Nuit de l'Écroulement des Mondes…
Voici que je suis couronné dieu Nefer-Tum[1],

1. Le dieu Nefer-Tum, de Memphis : fils de Ptah et de Sekhmet ; divinité solaire.

Car je suis le Lis sacré auprès des narines de Râ,
Au moment où, selon sa coutume,
Il paraît à l'Horizon.
Sa vue purifie les dieux...
Voici donc qu'en présence des Doubles éthériques,
Je fête mes triomphes...
Je réunis autour de moi les cœurs
Par la vertu de me sagesse,
Moi, favori auprès des dieux Saa et Amenti-Râ.
Je me dirige vers la place préparée pour moi
Auprès des Doubles éthériques.
Je réunis autour de moi les cœurs,
À cause de ma grande sagesse au sein des dieux Saa
[et Amenti-Râ ;
Mon talisman Djed me protège.
Alors je prononce, au Nom du Seigneur du vêtement
[Ansi,
Les Paroles de puissance qui se cachaient dans mon
[cœur...
En vérité, je suis moi-même le dieu de la sagesse,
[Saa !
Je suis Amenti-Râ ! Je force l'entrée
Et plonge dans les Abîmes du Ciel !...

Chapitre CLXXV

Pour ne pas mourir pour la deuxième fois

— Ô Thoth !
Dis-moi ce qu'ils sont devenus
Les dieux que Nut avait autrefois enfantés ?
J'entends la voix de Thoth qui parle :
« Ils ont engendré des luttes, déchaîné des désastres,
Commis des iniquités, créé des démons,

Causé des ravages et des destructions[1] ;
Mais à côté de ces Œuvres du Mal
Ils ont accompli de grandes choses. »
— Remets en vigueur, ô Thoth, les décrets de Tum,
Afin que le Mal ne puisse pas triompher
Et que les adversaires du Bien
Ne puissent continuer leurs assauts !
Ne vois-tu pas, ô Thoth, qu'en ce moment
Ils procèdent en cachette à leurs préparatifs
Contre la belle Ordonnance des Années et des Mois ?
Regarde ! Je suis ta fidèle Tablette, ô Thoth,
Prête à recevoir l'empreinte de ton Pinceau !
Et voici que je t'apporte ton Encrier...
En vérité, je ne suis pas un de ces Esprits
Qui en cachette préparent l'Œuvre du Mal !
Que le châtiment ne soit donc pas dirigé contre moi !

Ô Tum ! Qu'est-ce donc que cet endroit[2]
Où j'arrive à présent ?

---

1. Allusion à l'époque des Titans et des « Guerres dans le Ciel » qui précédèrent où suivirent celle de l'« Écroulement des Mondes ».
2. Le passage qui suit ne fait pas corps avec le reste du chapitre. Inséré, probablement, à une date ultérieure, il renferme une description assez sombre de l'Au-delà ; le caractère sombre de ce fragment le rend particulièrement intéressant, car il tranche sur le ton optimiste et outrecuidant du *Livre*. Plutarque, dans son traité « De l'âme », conservé chez Stobée, dit : « L'âme, au moment de la mort, éprouve la même impression que ceux qui sont initiés aux grands mystères (teleutân = teleîsthai). Ce sont, d'abord, des marches inquiétantes et sans fin à travers les ténèbres. La frayeur est au comble, le frisson, l'épouvante... Ensuite, une lumière merveilleuse s'offre aux yeux ; on entend des paroles sacrées ; des apparitions divines inspirent un respect religieux. Alors l'homme, dès lors initié, célèbre les mystères ; il vit avec des hommes purs et saints ; il voit, sur terre, la foule des non-initiés s'enfoncer dans le bourbier et les ténèbres... » On voit par ce passage que, pour Plutarque, de même que pour Pindare, Eschyle, Platon, Aristophane et Apulée, la connaissance des mystères était basée sur une expérience personnelle.

Hélas ! Je n'y trouve point d'air pur pour respirer ;
L'eau y manque !
Partout je ne sens ni ne devine, au milieu
[des ténèbres,
Qu'abîmes, précipices !...
Quelle obscurité opaque !
Mes pas hésitants explorent le terrain
Et je n'avance qu'à tâtons ;
Autour, on sent errer des Âmes en détresse...
En vérité, on ne peut ici vivre dans la paix de l'esprit
Ni y connaître les voluptés de l'amour.
Puissé-je y trouver
À défaut d'air, de l'eau ; et à la place des plaisirs de
[l'amour.
La sanctification de mon Esprit !
Et encore, à défaut des pains sépulcraux et du vin,
La paix pour mon Esprit !

Voici que me parvient un ordre de Tum :
Immobile, je dois contempler ton visage, ô Thoth !
Ne sois donc ni trop dur ni trop cruel pour moi !
Regarde ! Tous les dieux remettent entre tes mains,
Pour des millions d'années à venir,
Leurs Trônes, ô Thoth, pour que tu puisses en
[disposer !
Tandis que ton propre Trône est à ton fils Horus
[remis.
Car les grandes divinités ont envoyé Horus
Pour prendre possession de son Trône,
Lui, l'Héritier du Trône,
Qui séjourne au milieu du Lac du Double Feu.
Or, il a été décrété par les dieux
Que je serais le remplaçant d'Horus
Et qu'il me serait donné de contempler Tum, mon
[Seigneur...

Quelle sera donc la durée de ma vie ?
Il a été décrété qu'elle serait de millions et de
[millions d'années.
Voici que je reçois l'ordre
De demeurer auprès des plus anciennes divinités...
Car j'ai déjà racheté le Mal commis par moi
Depuis que cette Terre a paru,
À l'Aube de l'existence, dans l'Océan du Ciel,
Surgissant du Chaos des Premiers Temps...
En vérité, j'ai le même âge qu'Osiris...
Multiples furent mes Métamorphoses :
J'ai parcouru toute la série des Êtres variés.
Les hommes ignorent la beauté de ces Formes,
Et quant aux dieux, ils ne la connaissent guère.
Or, cette beauté qui, sous la forme d'Osiris, est la
[mienne
Est plus parfaite que celle des autres dieux.
Osiris m'a confié la Région des Morts...
Voici que son fils Horus, son Héritier légitime,
Est assis sur le Trône émergeant du Lac de Feu.
J'ai autrefois aidé ce dieu à monter sur son Trône
Qui se trouve dans la Barque des Millions
[d'Années...
En vérité, Horus est solidement établi sur son Trône,
Au milieu des amis qu'il aime et d'innombrables
[possessions ;
Tandis que l'Âme de Seth reste à l'écart des autres
[dieux.
Voici que je puis l'immobiliser dans ma Barque,
Cette Âme de Seth.
En vérité, à l'aspect de mon Corps divin, il prend
[peur !
Ô Osiris, mon Père, fais pour moi
Ce que ton propre Père, Râ, pour toi avait fait !

Puissé-je donc m'établir sur Terre pour toute
[l'Éternité !
Puissé-je maintenir en ma possession mon Trône !
Puisse mon héritier être vigoureux et solide !
Puisse fleurir ma tombe !
Puissent prospérer mes amis !
Puissent mes ennemis, ligotés, enchaînés,
Être détruits par la déesse-scorpion Serkit !
En vérité, je suis ton Fils, ô Râ, mon Père divin !
Pour moi, tu crées la Vie, la Force et la Santé !
Voici qu'Horus a été établi sur son Trône…
Accorde-moi, ô Râ, que les jours de ma vie
Me mènent au sein de la Béatitude.

Chapitre CLXXVI

POUR NE PAS MOURIR POUR LA SECONDE FOIS

En vérité, j'abhorre les Pays de l'Est !
Qu'on ne m'entraîne donc point
Vers les souterrains de la torture !
Car je n'ai pas commis d'actions abhorrées des
[dieux.
Et lors de mon passage à travers la région de Mesket
J'ai été reconnu pur.
Au jour de mes funérailles,
Le dieu Neb-er-djer m'accorde la sanctification
Devant le Seigneur des Mondes.

Chapitre CLXXVII

Pour faire revivre l'Âme dans le Monde Inférieur

Ô Nut !
Toi qui as fait surgir Osiris, mon Père divin,
Et qui lui as donné pour successeur Horus,
Dont les ailes sont puissantes
Comme celles d'un faucon royal à la tête surmontée
[de deux plumes,
Regarde ! Voici qu'il m'apporte mon Âme.
Parfaites sont mes Paroles de Puissance.
La place qui me fut adjugée
Se trouve parmi les Étoiles fixes,
Voici que, obéissant à mes ordres
Les Esprits sanctifiés accourent vers moi.
Horus aux yeux bleus vient vers moi
Suivi par Horus aux yeux rouges
Qui marche derrière lui et le protège...
....[1]

1. L'état du texte pour le reste du chapitre CLXXVII ne permet, à la suite des lacunes et des altérations commises par les copistes, aucune interprétation satisfaisante.

Chapitre CLXXVIII

Pour mettre debout le Cadavre et pour rendre la Vue aux Yeux et l'Ouïe aux Oreilles

Regarde !
C'est l'Œil d'Horus qui paraît devant toi.
Considère-le comme une offrande :
Il te nourrira, il te soutiendra...
Ô vous, laboureurs des Champs de l'Au-delà,
Ne perdez pas courage !
Purifiez vos Corps célestes ! Absorbez l'Œil d'Horus !
Car en vérité, c'est Lui,
L'Olive Sacrée d'Héliopolis !
Il détruit le Mal et la Corruption
Qui s'attachent au Corps d'Osiris.
Puissé-je ignorer faim et soif !
Que les esprits Khas apaisent en moi les souffrances
[de la faim !
Qu'ils remplissent d'aise et de satisfaction mon cœur
[angoissé !
Quant à vous, Esprits divins, ordonnateurs des
[inondations,
Faites qu'on m'apporte des pains et de la boisson !
Car Râ l'avait ordonné aux Esprits
Qui procurent à l'année l'abondance,
Et voici qu'ils s'emparent des offrandes
Et qu'ils apportent du froment, de l'orge et
[des pains ;
Car Râ est un Mâle puissant...
Ô vous, Gardiens des cinq Pains Sacrés
Entreposés au Sanctuaire du Grand Temple,
Regardez !

Trois de ces Pains sont placés devant Râ,
[dans le Ciel[1] ;
Deux demeurent sur la Terre, auprès des Hiérarchies
[divines...
Voici que je passe à travers les barrières du Ciel.
Je contemple Râ ! Je contemple Râ !
Ô Râ ! Accorde-moi tes faveurs
Dans cette journée, faste pour moi !
Car, obéissant aux ordres de Shu et d'Isis,
Je ne nourris que de pieux sentiments
Et avec ferveur je m'unis à mon dieu.
Voici que l'on m'apporte du pain et de la boisson
Et d'autres offrandes pures à souhait,
Dans cette journée, faste pour moi,
Des choses utiles et bonnes pour mes Voyages,
Issues de l'Œil divin d'Horus...
Que le vin de Râ soit sa boisson !
Voici qu'il parcourt le Ciel...
Ses révolutions célestes sont semblables à celles de
[Thoth...
En vérité, il déteste la faim et la soif !
Les offrandes sépulcrales lui ont été accordées
Par le Seigneur de l'Éternité...
Il a été conçu pendant la Nuit ;
Mis au monde en plein Jour,
Au milieu de ces dieux de l'entourage de Râ,
Adorateurs de Râ et Ancêtres des dieux.
Voici qu'il vous apporte des pains sépulcraux
Qu'il a trouvés dans la Pupille de l'Œil divin d'Horus
Et dans les branches de l'arbre sacré Then...
Le voici ! Il arrive !

---

1. Images-symboles : la triade caractérise le plan céleste (mental) ; le nombre deux, la « dyade », celui de la Terre.

Les divinités Khenti-Amenti lui apportent les
[offrandes d'Horus.
À l'égal d'Horus, il s'en nourrit et il les boit.
Il a, en outre, la faveur d'Anubis, habitant solitaire
[des Collines.
En vérité, ta Forme après la mort
Demeure celle que tu eus durant ta vie sur Terre !
À présent ta jeunesse est éternelle !
Voici que ton visage se dévoile.
Tu peux contempler le Seigneur de l'Horizon
Qui t'offre, aux heures appropriées de la Nuit,
Tes repas sépulcraux...
En vérité, Horus t'a vengé !
Il a fracassé les mâchoires de tes ennemis !
Il a emprisonné les violents dans ses places
[fortifiées.
À présent, tu obtiens la puissance sur les eaux
Et tu marches sur l'autel
Tenant dans tes bras les pains consacrés
Et les quatre vases remplis d'eau.
Car c'est Shu qui l'a ordonné pour toi :
« Qu'il ait du pain et de la boisson !... »
Réveille-toi donc !
Réveille-toi, ô toi qui es endormi !
Voici qu'on apporte des offrandes devant Thoth,
Ce dieu puissant qui sort du Nil céleste
Pendant qu'Up-uaut sort de l'Asert[1]
Et que les Hiérarchies divines t'offrent de l'encens...
En vérité, ta bouche est pure !
Ta langue est juste et véridique !
Tu abhorres les ordures et es exempt de toute
[souillure,
De même que Seth devient pur à Rehiu,

1. Up-uaut, divinité à la tête de chacal qui « ouvre les chemins ».

Lorsqu'il voit Thoth au Ciel...
Ô vous, Esprits divins, qui délivrez l'Âme du défunt,
Fortifiez-la de votre nourriture,
Désaltérez-la avec votre boisson !
Laissez-la donc s'asseoir là où vous-mêmes êtes
[assis !
Qu'elle soit forte de votre force,
Qu'elle puisse, de même que vous,
Parcourir le Ciel dans sa Barque !
Que sa demeure soit au milieu des Champs des
[Bienheureux !
Qu'elle puisse jouir des eaux courantes des Champs
[de la Paix,
Qu'elle puisse consommer ses offrandes en
[compagnie des dieux !
À présent, tes ennemis sont amenés
Dans la vaste Salle du Jugement ;
La Balance de la Justice des Mondes s'est prononcée
[pour toi.
Oui, tu es libre ! Libre comme Osiris,
Maître des offrandes de l'Amenti !
Tu vas où bon te semble.
Tu contemples le dieu grand pendant son Œuvre de
[Création...
....
Voici que la Vie est rendue à ses narines...
Il triomphe de ses ennemis.
Oui, en vérité, tu exècres le mensonge et l'iniquité !
Tu apaises le courroux du dieu de ce monde
Pendant la Nuit où les sanglots se taisent.
Voici que les dieux t'accordent la vie,
Une vie douce et agréable
En compagnie des Hiérarchies divines.
Prête l'oreille ! Leur bouche fait entendre un décret
Qui t'accorde, par volonté de Thoth,

Une vie douce et agréable.
Tu triomphes de tes ennemis
Pendant que, au-dessus de toi,
Ta Mère, la déesse Nut,
Étend l'immensité des Espaces célestes…
Par la magique puissance de la Grande Créatrice
[des Êtres,
Tu peux suivre le Dieu Grand ;
Tu es délivré des ennemis et de tout Mal…
Ô Forme immense
Environnée par les essaims des créatures que tu as
[enfantées,
Toi, Maître du Temps qui s'écoule, Ancêtre de Râ,
Ouvre-moi les chemins !
Laisse-moi parcourir l'orbite circulaire d'Osiris,
Seigneur de la Vie des Deux Terres,
L'Éternel !

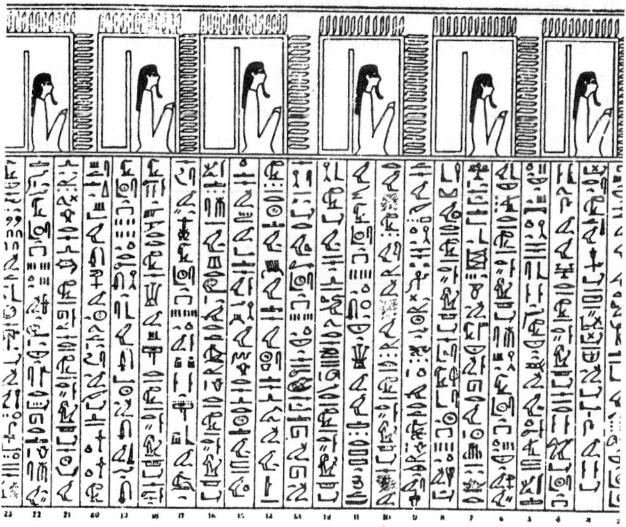

Chapitre CLXXIX

Pour marcher de l'Hier vers l'Aujourd'hui

L'Hier m'a enfanté ;
Voici qu'Aujourd'hui
Je crée les Demains.
Je suis le dieu Seps sortant de son Arbre ;
Je suis le dieu Nun manifestant sa puissance ;
Je suis le Seigneur de la Couronne blanche Ureret
Et l'Ordonnateur des Mystères du dieu Neheb-Kau ;
Je suis le Démon Rouge qui revendique l'Œil divin.
Hier j'ai franchi la Porte de la Mort
Et voici que, aujourd'hui, j'arrive au terme de mon
[Voyage ;
Car la puissante déesse ouvre pour moi la Porte

Qui garde l'entrée de la Route.
Voici que j'attaque mon Ennemi et que je le
[subjugue ;
Il s'est rendu et je ne le lâcherai point...
Je le réduirai au néant
Devant les Juges du Monde Inférieur qui entourent
[Osiris :
Il est là, dans toute la Gloire des ornements royaux.
Voici le dieu Khenti-Amenti[1] !
Au Jour des Métamorphoses,
Il me place à la tête des Esprits Rouges.
Mais je suis également le Seigneur des Épées
Et je me défendrai contre toute attaque.
En vérité, j'ai parcouru sans encombre
Les routes de l'Au-delà...
Je suis un scribe qui, un pinceau en main,
Prend note de tout ce qui se passe autour de lui.
Voici qu'on apporte aux Esprits Rouges
Beaucoup de choses agréables et douces ;
Ils me les livrent ; j'attaque mon Ennemi ;
Je le subjugue et je ne le lâcherai point.
C'en est fait de lui, devant les Juges de l'Au-delà !
Je le dévore, au milieu des vastes champs,
Sur l'autel de la déesse Uadjit.
Grâce à la déesse Sekhmet, je garde sur lui mon
[pouvoir.
Je suis le Seigneur des Métamorphoses...
Car je possède en moi, virtuellement,
Les Formes et les Essences de tous les dieux.

1. Khenti-Amenti : Osiris.

Chapitre CLXXX

Comment ouvrir aux Esprits sanctifiés les chemins du Monde Inférieur. Comment leur rendre la liberté de mouvements, afin qu'ils puissent parcourir à longues enjambées le Monde Inférieur et ensuite en sortir. Comment leur donner la possibilité d'effectuer toutes les Métamorphoses d'une Âme vivante.

Voici Râ qui descend vers l'Horizon Occidental !
Il se manifeste sous les traits d'Osiris,
Dans le rayonnement des Esprits sanctifiés
Et de tous les dieux de l'Amenti.
Car il est l'Unique, le dieu caché du Duat,
L'Âme sacrée qui préside aux destinées de l'Amenti,
L'Être-Bon dont la Vie est éternelle...
Voici que l'on t'apporte les offrandes du Duat
Grâce auxquelles tu pourras accomplir le Voyage...
Fils de Râ, tu procèdes de Tum ;
Les habitants du Duat te glorifient.
Ô toi, Roi de l'Aukert, Maître Suprême de la
[Couronne[1],

1. Aukert : le Monde Inférieur.

Dieu grand dont le Trône est mystérieux,
Seigneur qui sait peser la Parole,
Chef suprême des Juges infernaux !
Les habitants du Duat te glorifient et se réjouissent
[en toi ;
Les Esprits divins pleurent en t'apercevant
Et s'arrachent les cheveux ;
Ils t'applaudissent en te glorifiant ;
Ils poussent des cris en sanglotant ;
Ils se réjouissent ; car ils savent
Que dans ton Âme vivante est glorifié ton Corps
[inanimé...
En vérité, sublime est l'Âme de Râ qui habite
[l'Amenti !
Les Âmes des morts la glorifient avec des cris de
[joie...

Salut, ô Osiris !
Je suis serviteur de ton Temple
Et j'habite la divine Demeure où tu fais entendre
[tes ordres.
Puissé-je être reçu entre les Élus du Duat,
Pareil à un grand Luminaire
Qui nourrit le Duat de l'Essence de son Être[1] !
Je le parcours en ma qualité de Fils de Râ
Et je me manifeste sous les traits du Tum.
En vérité, le Duat m'est un lieu de repos...
Je règle à volonté l'obscurité qui y règne.
Sans encombre j'y entre et j'en sors.

---

1. Le défunt « nourrit » le Duat, les dieux et les Esprits avec son *être*. La « nourriture » est tout ce qui intensifie la vie, la rend plus capable de résister à la mort. Dans ce sens, le défunt, présumé pur – ou purifié par l'initiation –, ayant derrière lui l'expérience d'une vie vécue sur terre, devient, dans son *être* même, un réservoir de force, de santé morale et de nourriture spirituelle pour l'Au-delà.

Voici que tu tends, ô dieu Tatunen, les bras à ma [rencontre[1].
En dressant, tout debout, ma Forme couchée
Les habitants du Duat retrouvent la paix de leur [esprit.
Ô vous, Esprits divins, tendez vos bras pour me [soutenir !
Car je connais vos Noms mystérieux…
Montrez-moi le chemin à suivre !
Glorifiez-moi, ô vous, Esprits bienheureux !
Car, en vérité, quand je suis glorifié,
Ce sont Râ et Osiris qui s'en réjouissent !
Voici que je place les offrandes devant vous ;
Telle est la volonté de Râ.
Je suis son Élu, son Héritier sur Terre…
À présent, mon Voyage touche à son terme ;
J'ai parcouru toutes les routes de l'Au-delà ;
J'ai pénétré jusque dans les régions éloignées [du Duat ;
J'ai forcé mon entrée dans la belle Amenti ;
J'ai présenté son sceptre à l'Esprit stellaire de Sirius
Et le diadème Nemmès à la divinité
Dont le Nom ne doit pas être révélé…
Regardez-moi donc, ô vous, Esprits sanctifiés !
Vous qui guidez les Âmes des morts
Le long des routes qui sillonnent le Duat !
Puissé-je devenir un Esprit sanctifié,
Être promu Ordonnateur des Mystères !
Délivrez-moi du pouvoir des démons
Qui attachent leurs victimes au poteau !
Ne me livrez pas aux mains des démons ;
Car je suis l'Héritier d'Osiris !
Regardez le diadème Nemmès qui orne ma tête ;

1. Tatunen = Ptah.

Élu des dieux, je suis devenu la chair de votre chair !
Je m'égale à mon Père, Osiris,
Que vénèrent les quatre Régions de l'Espace.
Regardez-moi donc ! En me voyant, réjouissez-
[vous !
Puissé-je être exalté comme l'est ce dieu
Qui parcourt le cycle de ses Métamorphoses !
Ouvrez à mon Âme divine les Voies célestes,
Que je puisse demeurer dans la belle Amenti !
Tirez les verrous des Portes du Ciel !
Car c'est moi qui assigne aux dieux leurs places
Et présente des offrandes aux Âmes des morts ainsi
[qu'aux dieux...
En vérité, je suis le dieu Mehanuti-Râ !
Je suis l'oiseau mystérieux Benn, habitant du Duat ;
J'y fais mon entrée ; lorsque j'en sors,
L'oiseau mystérieux surgit dans le Ciel...
À la suite de Râ, je traverse le Ciel nocturne ;
Mes offrandes célestes, je les trouve dans les Champs
[de Râ ;
Et mes offrandes terrestres,
Je les trouve dans les Champs des Bienheureux.
Je pèse les Paroles de Puissance comme le fait Thoth
[lui-même.
J'avance sous les traits de mon Corps Glorieux,
Aux attributs mystérieux...
Grandes sont mes enjambées.
Mes Métamorphoses sont celles du double dieu
[Horus-Seth...
Voici que les Esprits divins précédant Râ
Me conduisent dans sa Barque céleste ;
Car je suis pareil à l'Âme mystérieuse
Qui demeure éternellement dans l'Amenti...

Chapitre CLXXXI

POUR PÉNÉTRER PAR-DEVANT OSIRIS ET SES HIÉRARCHIES

Salut, ô Prince de l'Amenti,
Être-Bon, Seigneur de la Terre Sacrée,
Toi qui, à l'égal de Râ, es couronné !
Voici que j'arrive pour te contempler
Et pour jouir du spectacle de ta beauté...
Car le Disque de Râ est ton Disque,
Ses rayons de Lumière sont tes rayons,
Son diadème Ureret est ton diadème,
Son immensité est ton immensité,
Ses levers à l'aube sont tes levers à l'aube,
Ses beautés sont tes beautés,
Son effroyable majesté est ta majesté,
Les parfums qu'il exhale sont tes parfums,
Son palais dans le Ciel est ton palais dans le Ciel,
Ses demeures sont tes demeures,
Son Trône est ton Trône,
Son Héritage est ton Héritage,
Ses ornements sont tes ornements,
Ses décrets sont tes décrets,
Son Amenti est ton Amenti,
Ses possessions sont tes possessions,
Sa puissance magique est ta puissance magique,
Ses attributs divins sont tes attributs divins,
Ses talismans sont tes talismans ;
Puisqu'il est immortel, tu l'es de même !
Puisqu'il est invincible, tu l'es de même !
Puisqu'il est inattaquable, tu l'es de même !...
Gloire à toi, ô Osiris, Fils de Nut,
Seigneur des Cornes de la Lune

Couronné de l'Atef, diadème resplendissant !
Voici que tu reçois,
Toi, Chef suprême des Juges infernaux,
La couronne royale Ureret.
Tum sème partout la terreur de ton Nom :
Au cœur des hommes, au cœur des femmes,
Des dieux, des Esprits sanctifiés et des morts.
Voici que l'on remet en tes mains
La couronne royale d'Héliopolis.
Innombrables, en vérité, sont à Djedu tes
[Métamorphoses !
Grandement craint dans les Deux Mondes
Tu fais preuve de bravoure dans le Re-stau.
Ton souvenir est doux aux maîtres du Grand
[Temple.
Voici que tu te lèves à Abydos
Et que tu triomphes devant les Hiérarchies divines.
Ta puissance guerrière est, en vérité, redoutable !
La Terre tout entière tremble devant toi !

Chapitre CLXXXII

Pour rendre stable Osiris pendant que Thoth repousse les ennemis

Je suis Thoth, maître des deux Cornes de la Lune[1] ;
Mon écriture est parfaite et mes mains sont pures.
Je déteste le Mal et j'abhorre l'Iniquité ;

1. À la distinction des deux autres divinités lunaires, Iah et Khonsu (qui exprimaient, respectivement, le rayonnement de la lune et sa mobilité), Thoth est l'incarnation des Maîtres de la Sagesse (les *pitri* des Hindous) dont le siège est la lune *invisible*. C'est de leur inspiration que procéderait toute la culture humaine sur Terre...

Je fixe par écrit la Justice divine.
En vérité, je suis le Pinceau avec lequel écrit le dieu
[de l'Univers ;
Je suis le Maître de la Droiture et de la Loyauté,
Le Seigneur de Vérité et de Justice.
Je détruis le Mensonge et témoigne de la Vérité
[devant les dieux.
Mes paroles sont puissantes dans les Deux Mondes.
J'abaisse l'injuste victorieux
Et je redresse le faible bafoué.
Je disperse les ténèbres et repousse les tempêtes.
Je fais parvenir vers Osiris, l'Être-Bon,
L'air frais et agréable des vents du Nord
Au moment où ce dieu abandonne
Le sein de la déesse qui l'a mis au monde.
Voici que Râ se couche à l'Horizon,
Pareil à Osiris ;
Et qu'Osiris se couche à l'Horizon,
Pareil à Râ.
C'est moi qui fis pénétrer Râ
Jusqu'au sein des Mystères sacrés
Où les Esprits divins rendent à la vie le Dieu-au-
[Cœur-Arrêté,
L'Âme mystérieuse de l'Amenti[1].
Entendez-vous les cris de joie
Devant le Dieu-au-Cœur-Arrêté, fils de Nut,
[l'Être-Bon ?
En vérité, je suis Thoth, le puissant,
Le bien-aimé de Râ !
Tout ce que Râ entreprend

1. Constatation hautement significative quant au contenu du culte initiatique : son thème central avait pour objet la résurrection d'Osiris mort. Ce thème de résurrection fut repris dans les mystères d'Éleusis, d'origine – ou d'inspiration – égyptienne.

Est, grâce à moi, couronné de succès.
Comme Thoth, je suis le Grand Magicien ;
Assis, comme lui, dans la Barque-des-Millions-
[d'Années,
Je suis le Seigneur de la Loi écrite
Et le Purificateur des Deux Terres.
Ma splendeur magique protège Nut qui l'enfanta ;
J'abats les ennemis et détruis les obstacles ;
J'accomplis les volontés de Râ dans son sanctuaire ;
Je suis Thoth qui triomphe des ennemis d'Osiris
Et qui, en vue des catastrophes qui les attendent,
Dispose les Mondes de Demain...
En ma qualité de Thoth, j'administre le Ciel, la Terre
[et le Duat,
En confère la vie aux Âmes des générations futures[1].
Par la puissance de mon Verbe magique
Je fais arriver l'air vers ceux
Qui passent par les épreuves des Mystères.
En vérité, j'ai vaincu les ennemis d'Osiris !
Voici que j'arrive vers toi, ô Seigneur de la Terre
[sacro-sainte,
Osiris, mâle puissant de l'Amenti !
Regarde ! Ton trône est stable pour toute l'Éternité !
Par la magique protection de mes mains,
Je confère à tes membres la Durée infinie ;
Protégeant ton existence et celle de ton Double
[éthérique,
Je monte auprès de toi la garde, tous les jours de ma
[vie...
Ô Roi du Duat, ô Prince de l'Amenti !
Toi qui t'empares, en conquérant, du Ciel,

1. Henmemit : les êtres désincarnés qui, ayant dépassé le point culminant de la vie dans l'Au-delà, se préparent à une nouvelle incarnation.

Toi qui poses sur ta tête la couronne Atef,
Qui te saisis du Bâton du commandement et du
[Fouet,
Vois comme les dieux accourent vers toi !
Ô toi, Être-Bon, Infini, Éternel,
Tu permets aux êtres humains
De renaître une autre fois à la vie,
De redevenir jeunes [et de s'incarner] à l'instant
[favorable.
Voici, debout devant toi, ton fils Horus !
Il te restitue les attributs de Tum.
Ton Visage, ô Un-Nefer, est parfait de beauté...
Lève-toi donc, lève-toi, ô Mâle puissant de l'Amenti !
Tu es stable dans le sein de Nut, ta Mère divine ;
Car elle avait été unie à toi
Et en ta personne elle sort de son Corps céleste.
Comme par le passé, ton Cœur « ib »
Mesure la durée de sa vie par celle du cœur « hati » ;
Tes narines sont pleines de Vie, de Force et de
[Santé ;
Comme Râ, tu renouvelles ta jeunesse, tous les jours.
Grand est ton triomphe, ô Osiris !
Regarde ! Je viens vers toi ! Je suis Thoth !
J'ai apaisé Horus et calmé la fureur des deux
[Combattants ;
J'ai dompté les Esprits Rouges et les démons de la
[Révolte ;
Je les ai soumis à de dures épreuves...
Je suis Thoth qui, à Létopolis,
Conduit au bon terme les Mystères de la Nuit.
Moi, Thoth, je parais tous les jours dans la ville de
[Buto.
Porteur d'abondantes offrandes aux Esprits
[sanctifiés
J'arrive ici pour te rendre l'épaule d'Osiris

Que j'ai embaumée et parfumée
Pour qu'elle soit agréable à l'odorat d'Un-Nefer.
Je suis Thoth qui chaque jour vient dans la ville de
[Kher-Aha.
Voici que j'amarre ma Barque ;
Je l'ai conduite de l'Est vers l'Ouest.
En vérité, je surpasse en splendeur tous les dieux ;
Car mon Nom est : « Celui qui est sublime ».
J'ai ouvert les chemins vers le Bien en mon Nom
[d'Up-Uaut[1].
Gloire à Osiris Un-Nefer, l'Infini, l'Éternel !

Chapitre CLXXXIII

Hymne à Osiris

J'arrive vers toi, ô Osiris, fils de Nut, Prince de
[l'Éternité,
Moi, un d'entre les dieux qui accompagnent Thoth ;
Je me suis réjoui de ce qu'il a fait pour toi ;
Il apporte de l'Air frais et agréable pour tes
[Poumons,
La Vie et la Force pour ton beau Visage
Et le Vent du Nord pour tes Narines,
Ô Seigneur de la Terre sacrée des Morts !
Il a mandé Shu d'illuminer ton Corps ;
Ses rayons éclairent ton Chemin ;
Par le Verbe de Puissance de sa Bouche
Il a détruit le Mal qui s'attachait à tes Membres ;
Il a pacifié les deux Horus, ces deux Frères
[combattants ;

1. Up-Uaut : dieu qui « ouvre les chemins ».

Il a repoussé les Tempêtes et les Inondations ;
Par lui, Horus et Seth, ainsi que les Deux Terres,
S'efforcent de t'être agréables par la paix qui règne
[cntrc cux ;
Il a réussi à apaiser la colère qui s'allumait dans
[leurs cœurs ;
Et il les a réconciliés...
Ton fils, Horus, triomphe devant l'aréopage des
[dieux ;
La royauté du monde entier lui a été conférée.
En outre, le Trône de Kêb lui sera adjugé,
Ainsi que le rang que Tum a décrété,
Fixé par écrit dans les Archives
Et gravé sur une plaque de fer,
Selon les mandements de ton Père, Ptah-Tanen,
Siégeant sur son trône royal...
Il a mandé son Frère, afin de redresser Shu,
Pour faire gonfler les eaux jusqu'au sommet des
[montagnes,
Pour faire germer les herbes sur les collines
Et le blé dans les vallées,
Afin que la terre et les eaux ne cessent pas de
[produire...
Voici que les dieux du Ciel et ceux de la Terre
Accompagnent ton fils, Horus, vers la Salle
Où il est aussitôt proclamé leur Seigneur et leur
[Roi...
Ton Cœur se réjouit, ô Maître des dieux,
Il se réjouit grandement ;
Car l'Égypte et le Pays Rouge connaissent les
[douceurs de la paix ;
Et sous ton égide ils s'adonnent au travail ;
Des temples et des villes sont bâtis en des sites
[appropriés ;

Les possessions des cités et provinces correspondent
[à leurs Noms ;
À présent, nous t'offrirons des sacrifices, selon ton
Nom
Qui est sacré, éternellement…
N'entends-tu pas comme on t'acclame,
Comme on adore ton Nom ?
Vois-tu comme on procède aux libations envers ton
[KA
Et comme on accourt de toutes parts avec des
[offrandes sépulcrales
Destinées aux Esprits sanctifiés qui
[t'accompagnent ?
Voici que l'on asperge d'eau lustrale les offrandes
Rangées des deux côtés des Âmes des Morts…
Tout ce que Râ a ordonné pour toi,
Au commencement des Temps,
Est d'ores et déjà achevé ;
C'est pourquoi tu seras couronné à présent, ô fils de
[Nut,
De même que le Seigneur de l'Univers fut
[couronné…
En vérité, tu vis, fixe et inébranlable ;
Tu redeviens jeune ; tu es juste et véridique.
Râ, ton Père céleste, consolide tes membres
Et les Hiérarchies divines t'accueillent avec des cris
[de joie…
Sans te quitter d'un pas, Isis demeure à tes côtés.
Tes ennemis ne pourront pas triompher de toi ;
Tous les pays et tous les hommes exaltent ta beauté,
De même qu'ils acclament Râ, lorsqu'il se lève à
[l'aube…
Haut sur ton piédestal tu rayonnes sur les mondes ;
Les cœurs des hommes remplis de joie devant ta
[beauté

Leur font accélérer les pas.
La royauté est accordée à Kêb,
Ton Père qui a façonné ta beauté ;
Quant à la déesse qui t'a mis au monde et modelé
[tes membres,
C'est Nut, la Mère des dieux.
En vérité, tu fus le premier des cinq dieux[1].
Serrant dans tes bras le bâton de commandement et
[le fouet,
La couronne blanche Atef sur la tête,
Voici que tu es intronisé roi des hommes et des
[dieux.
Car, en vérité, tu as été couronné le Seigneur des
[Deux Terres ;
Et tu portais sur ton front les emblèmes de royauté
[de Râ,
À l'époque où encore tu reposais au sein de Nut, ta
[Mère.
Quand, à présent, tu apparais,
Les dieux s'inclinent profondément.
Ils reculent, rebroussent chemin ;
Ils sont saisis d'une terreur qui vient de Râ ;
Et la force irrésistible de ta Majesté les remplit de
[crainte...
En vérité, la Vie t'accompagne, les offrandes
[te suivent ;
Tu les retrouves chaque jour devant ton divin
[Visage...
Accorde-moi donc, ô dieu,
Que je puisse me trouver parmi ceux qui suivent ta
[Majesté,
De même que je l'avais fait sur Terre...

1. Les cinq dieux, enfants de Kêb et de Nut, étaient : Osiris, Isis, Nephthys, Seth et Horus l'aîné.

Quant à mon Âme, puisse-t-elle être convoquée,
Afin qu'elle te trouve
Aux côtés des Seigneurs de Vérité et de Justice.
Voici que je viens vers la cité des dieux,
Cette région qui existait d'époque immémoriale ;
Dorénavant, mon Âme, mon Double, mon Esprit [sanctifié
Habiteront ce pays
Dont le Seigneur est dieu de Vérité-Justice ;
Lui, qui procure la nourriture des dieux.
Cette Terre, en vérité, exerce une attirance sur les [autres pays :
Ceux du Sud, en suivant le courant [du fleuve],
Et ceux du Nord, en profitant des Vents propices,
Y viennent, journellement, festoyer,
Selon les ordres du dieu,
Maître de céans, Seigneur de la Paix...
N'a-t-il pas dit, ce dieu :
« Que règne au moins la joie au cœur des hommes
Qui se conforment à la Justice et à la Vérité
Envers le dieu de ces lieux » ?
Car il donne une longue vie à ceux qui agissent [ainsi ;
Il les comble d'honneurs sur Terre
Et, plus tard, leur prépare de belles funérailles
Les unissant au sol de la Terre sacro-sainte...
Regarde donc, ô dieu !
J'arrive vers toi,
Mes bras tendus en prière,
T'offrant la Vérité et la Justice...
Dans mon cœur tu ne trouveras ni fraude ni [mensonge...
Car je sais que tu vis et subsistes
De Vérité et de Justice...
Apprends-le donc, ô dieu !

Je n'ai pas commis de péchés dans ce monde,
Je n'ai à personne fait de tort
Ni ne me suis approprié son bien.
Je suis Thoth, l'Hiérogrammate parfait, aux
[mains pures,
Maître de Vérité et de Justice,
Seigneur de la Pureté, destructeur du Mal,
Scribe de la Vérité qui abhorre le Péché...
Jette un regard sur moi, ô dieu !
Je suis le Pinceau du Seigneur de l'Univers,
De ce Maître des Lois, qui fait le don des Paroles
[de Sagesse,
Qui détruit le Mensonge et la Fraude,
Et dont la Parole est puissante dans les Deux Pays.
Je suis Thoth, Seigneur de Vérité et de Justice,
Qui donne la victoire au faible persécuté,
Et qui venge l'opprimé sur la personne de
[son oppresseur.
Voici que je chasse les Ténèbres et repousse les
[Tempêtes.
J'apporte le souffle du Vent du Nord à l'Être-Bon ;
Ce souffle vivifiant qu'a mis au monde sa Mère
[céleste
Je le fais pénétrer aux Demeures mystérieuses,
Afin que ce souffle puisse réveiller le Cœur
Du « Dieu-au-Cœur-Arrêté »,
Ce dieu de Bonté, Fils de Nut,
Horus, l'Invincible...

Chapitres CLXXXIV-CLXXXV

(Variantes du chapitre précédent)

Chapitres CLXXXVI-VII

(Très courts, nous sont parvenus
dans un état mutilé.)

Chapitre CLXXXVIII

Pour construire une Demeure dans le Monde Inférieur et pour y paraître sous les traits d'un Être humain

Que la paix soit sur toi !
Voici que, devenu un Esprit sanctifié,
Au sein de l'Œil divin tu pénètres, en paix.
Tu es sanctifié dans ton Âme ;
Et ton Ombre regarde attentivement, en silence...
Qu'elle me regarde donc –,
Au moment où j'aurai à passer en jugement –,
Partout où je serai jugé,
Avec toutes mes Formes, avec tous mes dons
[d'esprit,
Avec tous les attributs divins de mon Âme !
Que mon Âme m'éclaire donc au sein de Râ !
Qu'elle me sanctifie dans le Temple,
Chaque fois qu'elle approchera, accompagnée de
[l'Ombre,
Vers l'endroit où je serai jugé,
Et qu'elle me contemple !
Que mon Âme puisse rester debout ou s'asseoir
Ou entrer dans la demeure de mon Corps devenu
[une Dinité stellaire
Obéissant aux ordres d'Osiris.

Elle est en mouvement, nuit et jour,
Et suit les Rythmes des Fêtes...

Chapitre CLXXXIX

(Variante du chapitre LII)

Chapitre CXC

Ce Livre traite du perfectionnement de l'Esprit sanctifié dans le sein de Râ, lui confère la maîtrise auprès de Tum, le magnifie auprès d'Osiris, le rend puissant auprès du Seigneur de l'Amenti et digne de vénération auprès des Hiérarchies des dieux.

Réciter ce Livre au premier jour du mois, lors de la fête du sixième jour et lors des cérémonies d'Uak et de celles du dieu Thoth ; lors de l'anniversaire d'Osiris, lors des fêtes de Sokari et de la nuit Haker.

Ce Livre révèle les secrets des Demeures mystérieuses du Duat ; il sert de guide d'initiation aux Mystères du Monde Inférieur ; il te permettra de passer à travers des montagnes et de pénétrer dans des vallées mystérieuses où n'aboutit aucun chemin connu ; il monte la garde auprès de l'Esprit Sanctifié, élargit ses enjambées, lorsqu'il marche ; élimine sa surdité et lui permet d'entrer en contact avec les dieux.

En récitant ce Livre ne te laisse voir par aucun être humain, sauf par ceux qui te sont chers et par le prêtre Kheri-Heb ; tes serviteurs ne bougeront pas de chez eux ; enferme-toi dans une pièce tendue de tissus étoilés. Alors l'Âme de tout défunt pour lequel ces textes auront été récités pourra circuler parmi les vivants, en pleine Lumière du Jour ; elle sera puissante auprès des dieux ; elle ne sera pas repoussée par eux ; mais les dieux, l'ayant examinée, reconnaîtront dans le défunt leur égal.

Ce Livre t'enseignera les Métamorphoses par lesquelles passe l'Âme sous l'effet de la Lumière.

En vérité, ce Livre est un Mystère très grand et très profond. Ne le laisse jamais entre les mains du premier venu ou d'un ignorant.

— FIN —

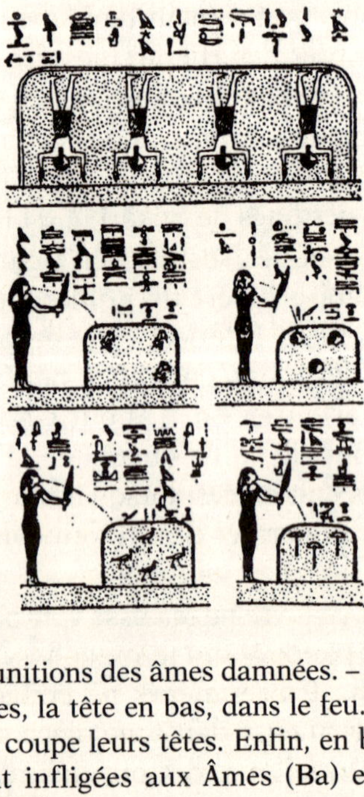

Différentes punitions des âmes damnées. – En haut on les voit précipitées, la tête en bas, dans le feu. Au milieu, on les massacre, coupe leurs têtes. Enfin, en bas, des peines spéciales sont infligées aux Âmes (Ba) et aux Ombres (Khaïbit) des défunts.

Table descriptive des illustrations

spécialement aménagé doit recevoir le souffle rafraîchissant du vent du nord.

Page 117 : Les dieux-gardiens armés de couteaux.

Page 122 : Une morte adorant la déesse Sekhmet.

Page 124 : Les dieux-gardiens armés de couteaux.

Page 143 : La morte devant un Sanctuaire fermé.

Page 145 : Le défunt se présente devant les portes gardées par des divinités armées de couteaux.

Page 153 : Anubis montrant le cœur du défunt à Osiris.

Page 159 : Le cœur du défunt, siège des transformations magiques. À noter la ressemblance avec le scarabée.

Page 161 : Vignette représentant le pesage du cœur du défunt.

Page 175 : Le mort naviguant dans l'Au-delà.

Page 177 : Différentes divinités dont les noms sont inscrits en haut : Nu, Râ, Up-uaut, Isis, Neith, Osiris, Aa-sefsef, etc.

Page 182 : Le mort (double) adorant Anubis.

Page 184 : Le défunt accompagné de son âme.

Page 186 : L'âme (Ba) du défunt.

Page 190 : Le mort adorant des divinités.

Page 193 : L'âme du défunt.

Page 218 : Chapitre LXXI. – En haut : Le mort adorant la vache céleste, Mehurt.

Page 223 : Le mort adorant des divinités. Le chat attaquant le serpent symbolise la victoire de Râ sur Apopi, démon de l'abîme.

Page 225 : Le mort naviguant dans l'Au-delà.

Page 234 : Représentation du symbole sacré des anciens Égyptiens, « Djed » : l'Osiris ressuscité.

Page 243 : Le mort adorant Bennu, âme de Râ, symbole de la vie éternelle.

Page 246 : Chapitre LXXXV.

Page 247 : Le mort adorant des divinités.

Page 249 : Le mort adjurant un serpent.

Page 255 : Adoration de Mehurt, vache céleste. Le coffre surmonté d'une tête humaine est un sarcophage.

Page 258 : Le mort adorant Bennu, le phénix.

Page 259 : Le mort adorant des divinités.

Page 272 : Adoration de Mehurt, vache céleste. Les divinités assises, armées de couteaux, sont les surveillants.

Page 281 : L'activité du défunt dans les Champs Élysées (Sekht Ianru) : labourage, battage, moisson, navigation sur les canaux. À gauche : Le défunt en train d'adorer les dieux. À droite : Il est purifié et reçoit de nouveaux vêtements.

Page 290 : Les dieux-gardiens armés de couteaux. Ils étaient placés à l'entrée des différentes « demeures » du Monde Inférieur.

Page 291 : En haut : Râ-Harakhte adoré par sept cynocéphales (Iaani). En bas : Osiris, sous forme de Djed, tenant dans ses bras les symboles du pouvoir et adoré par Isis et Nephthys.

Page 293 : Le mort, assis, adorant son propre cœur.

Page 297 : Le mort – nu – devant Osiris.

Page 303 : Chapitre CXXV. – Vignette illustrant la psychostasie (le jugement après la mort).

Page 305 : Adoration de Mehurt, vache céleste.

Page 307 : Le mort adorant des divinités. Le dieu dans la barque, ayant un scarabée sur la tête, est Khepra.

Page 312 : L'âme du mort survole sa momie placée entre Isis et Nephthys. Le mort adore Râ-Harakhti.

Page 318 : Chapitre CXXV. – En haut : La psychostasie. À droite : Les deux déesses Maat. Le texte : La confession négative.

Page 321 : Les quatre fils d'Horus : Hapi, Mestha, Duamutf et Quebhsennuf protégeant la momie du mort qu'Anubis est en train de manipuler. L'âme (Ba) du mort représentée sous les traits d'un oiseau. Les deux figures féminines accroupies sont Isis et Nephthys.

Page 339 : En haut : La procession des barques divines sur le Nil céleste, les funérailles. En bas : Les funérailles : les pleureuses et l'« ouverture de la bouche » de la momie.

Page 343 : Une opération magique devant le pilier osirien, Djed.

Page 398 : En haut : Chapitre XV. En bas : La défunte Nesi-ta-neb pénétrant devant la porte de l'Au-delà. À gauche : Osiris adoré par Horus et Thoth.

Page 415 : Le symbole sacré des anciens Égyptiens, « Djed » : L'Osiris ressuscité.

Page 450 : Le mort adjurant un serpent.

Page 451 : Chapitre CLXXIX.

Page 453 : Vignette représentant le pesage du cœur du défunt.

Page 470 : Les différentes punitions des âmes damnées.

8966

Composition
NORD COMPO

Achevé d'imprimer en Slovaquie
par NOVOPRINT SLK
le 26 novembre 2019

EAN 9782290017470
1er dépôt légal dans la collection : mai 2009

ÉDITIONS J'AI LU
87, quai Panhard-et-Levassor, 75013 Paris

Diffusion France et étranger : Flammarion